복지국가를 만든 사람들

영국편

"이 책은 관훈클럽신영연구기금의 도움을 받아 저술 출판되었습니다."

대한민국학술원 우수학술도서

복지국가를 만든 사람들

영국편

이 창 곤

인간과복지

차례

책을 펴내며

역사는 인물사다. 모든 역사적 사건의 성취와 비극은 당대의 인물들의 생각과 행위의 결과다.

이 책은 영국 복지국가 건설에 큰 영향을 끼친 11명 영국인들의 생애와 활동을 소개한다. 이를 통해 당대의 사회정책 화두와 과제를 짚고, 궁극에는 영국 복지국가 발달의 역사를 조명하고자 했다. 필자가 기획한 시리즈물인 '인물로 본 복지국가 발달사'의 첫 번째 편이기도 하다.

인물 선택과 순서에는 특별한 기준이 없다. 영국 복지국가의 형성과 발달에 지대한 영향을 끼쳤다고 필자가 평가하는 인물들을 선별한 뒤, 역사적 시간대와 중요도 등을 감안해 게재 순서를 정했다. 그래서 굳이 선정 기준을 밝힌다면 글쓴이의 주관적 판단에 따른 것이라는 게 맞겠다. 기실, 이 책이 소개하는 복지국가 인물사는 장강대하의 역사 속에 작은 부분일 지도 모른다. 하지만 역사란 본디 지나간 사실 중 의미 있다고 선택한 일부분이며, 이 책은 그 중에서도 인물에 대한 기록일 뿐이다. 하지만 인간의 모든 역사란 그 시대 인물들의 생각과 행위의 결과물이기에, 인물을 통해 본 역사도 당대의 핵심을 충분히 증언할 수 있다고 본다.

시드니와 비어트리스 웹 부부가 첫 장을 연다. 응당 충분한 이유가 있다. 이들 부부가 영국 복지국가의 사상적 씨앗을 뿌려 그 기원을 열었다는 생각에서다. 전후 복지국가의 청사진을 체계적으로 수립한 윌리엄 베버리지는 긴 말이 필요가 없을 것이다. 다만 한마디 덧붙인다면 영국 복지국가를 연 세기적 보고서인 이른바 〈베버리지 보고서〉가 아직도 국내에 번역돼 출간되지 않아, 일반 독자는 물론 사회복지를 공부하는 학자와 학생들조차 접하지 못하고 있다는 사실이다.

한 나라의 복지 발전에는 빈곤 등 삶의 실상에 대한 이해가 필수적이다. 이를 가능케 하는 사회과학적 방법 중 하나가 사회조사다. 찰스 부스와 시봄 라운트리의 생애를 통해 우리는 이들의 사회조사가 어떻게 빈곤에 대한 인식을 바꾸었는지를 이해하게 될 것이다. 빈곤퇴치 등 삶의 질의 개선은 사회복지실천이 수반되지 않고선 이뤄질 수가 없다. 옥타비아 힐의 열정을 통해 우리는 사회사업과 주거복지의 의미와, 사회복지실천가의 열정을 확인하게 될 것이다.

근대 사회 이래 개혁은 민주적 입법 절차를 통해 제도화함으로써 정당성을 얻고 현실화 과정을 밟게 된다. 이를 위해선 개혁정치, 그리고 좋은 정치인이 있어야 한다. 로이드 조지와 어나이린 베번, 두 인물의 생애를 통해 독자들은 좋은 정치인이 어떻게 한 사회를 획기적으로 바꾸고 삶의 질을 드높일 수 있는지를 생생히 목도하게 될 것이다. 때로는 정치와 정치인을 비난하고 혐오하더라도, 분명한 것은 좋은 정치와 훌륭한 정치인 없이는 더 좋은 사회, 더 좋은 삶을 기대하기가 매우 어렵다는 점이다.

복지국가의 태동은 빈곤으로부터 자유롭고자하는 진보적 자유주의 사상과 함께, 극소수가 부를 지배하는 자본주의 사회의 불평등을 교정하려는 의지와 관련이 크다. 복지국가는 빈곤으로부터 보호와 예방을 통한 삶의 질 향상만이 아니라 평등을 추구함을 목표로 한다. 리처드 토니의 삶과 사상적 궤적을 통해 독자는 이를 더 명확히 인식할 것이다. 좋은 사회란 본질적으로 평등과 형평의 가치가 실현되는 사회인 것이다.

그렇다. 복지국가는 단순히 빈민의 삶을 어제보다 좀 더 낫도록 하는 국가에 머무를 수 없다. 복지국가는 곧 인권국가다. 인간다운 생활을 위한 기본권을 보장하는 국가일 때 "잠정적 유토피아"를 위한 "가장 현실적이고 폭넓은 노력"일 수가 있다. 이런 생각을 시민권 이론을 통해 체계적으로 정립한 이가 토머스 험프리 마셜이며, 학문으로 이론화한 사람이 리처드 티트머스다. 두 사람의 생애와 업적을 통해 사회권과 사회정책의 의미를 각각 곱씹게 될 것이다.

이 책은 한겨레신문사가 발행하는 경제월간지 〈이코노미 인사이트〉Economy Insight에 연재한 기획기사 '이창곤의 인물로 본 복지국가 이야기'를 바탕으로 했다. 그러나 연재 당시의 오류를 바로 잡고, 지면의 한계로 미처 싣지 못했던 사실을 더했으며, 독자의 이해를 돕기 위해 각주를 세심히 달아 새롭게 꾸몄다. 또 각 인물마다 해당 분야의 전문가들의 비평을 추가해 심층이해를 돕고자 했다.

이 책을 집필하는 데는 참으로 많은 분들과 저작의 도움이 있었다. 우선 가장 그 첫 자리에 놓일 분은 박광준 일본불교대학 교수다. 격려와 함께 조언을 아끼지 않았을 뿐만 아니라, 무엇보다 그의 저서 〈사회복지의 사상과 역사〉는 이 책을 집필하는 데 중요한 길잡이 구실을 했다. 또 그가 일본에서 보내준 비어트리스 웹의 일기, 페이비언 소사이어티 출간물 등의 자료들과 여러 조언은 큰 도움이 됐다.

필자의 석사·박사과정의 지도교수인 영국 사회정책학자, 로버트 페이지 버밍엄 대학 교수와 그가 직접 서명을 해 주었던 저서 〈*Modern thinkers on welfare*〉 (Vic George and Robert Page, 1995)를 빠트릴 수가 없다. 이 책을 집필하는 데 가장 큰 영감을 준 책이다. 영국 유학시절 이런 아이디어를 갖고, 영국엔 비슷한 류의 책이 있지 않을까하고 도서관을 뒤지다 끝내 찾지 못했을 때, 페이지 교수가 안내한 책 〈*Founders of the Welfare State*〉도 유익한 참고서가 됐다. 영국의 사회과학잡지인 '뉴소사이어티'에 연재한 글을 묶은 것으로 아마도 인물의 전기를 통해 영국 복지국가 발달사를 조명한 보기 드문 작은 책자다. 1987년 한국복지연구회의 이름으로 〈사회복지의 사상〉이란 이름으로 번역된 바 있다. 더불어 집단지성에 의해 만들어진 위키피디아 영문판도 각 인물들에 관한 많은 사실을 채집하는 데 도움이 됐음도 밝힌다.

어디 이뿐인가? 필자의 요청에 기꺼이 각 인물의 전문가 평을 써 주신 고세훈 고려대 교수를 비롯해 김연명(중앙대), 문진영(서강대), 김윤태(고려대), 남기철(동덕여대), 이진석(서울대 의대), 박순우(공주대) 교수들께도 감사말씀 올린다. 평상시에도 필자에게 자문을 아끼지 않는데다가 옥고까지 써주어 동지적 연대감과 함께 큰 감사를 드리지 않을 수가 없다.

마지막으로 책 발간에 수고를 아끼지 않은 인간과복지 편집진에게도 고마움을 전한다. 그 수고로 이 책이 2015년 대한민국 학술원 우수학술도서로 선정될 수 있었다고 본다. 얕은 지식과 역량 부족에도 부끄러움을 무릅쓰고 이 단행본을 발간 한 까닭은 복지와 복지국가 담론의 대중화의 필요성이 크다는 현실적인 절박성 때문이며, 복지국가를 희원하는 시민, 사회복지사, 대학생, 활동가 등이 이 책에서 소개한 매력적이고 열정적인 인물들의 생애를 통해 복지국가를 더 쉽게 이해하길 바라는 마음에서다. 그들의 성공과 실패를 교훈삼아 다함께 '잠정적 유토피아'를 향한 뜨거운 열정과 의지를 함께 불태우기를 바란다.

오늘 여기, 대학과 연구기관에서, 국회와 정당에서, 정부에서, 그리고 무엇보다 현장에서 이 땅의 복지국가의 형성과 발전을 위해 뜨거운 땀을 흘리는 모든 분들에게 이 책을 바친다. 필자는 기회가 닿는 대로 스웨덴, 독일, 프랑스 등지의 복지국가 건설자들을 잇따라 탐색할 계획이며, 종국에는 한국 복지국가 형성과 발전에 큰 힘을 쏟은 인물을 소개하는 책을 내놓을 계획이다. 독자 여러분의 많은 관심과 채찍을 바란다.

서울 공덕동 만리재에서

필자 이 창 곤

1장

시드니 · 비어트리스 웹 부부

사회개혁에 생애를 바친 '내셔널미니멈' 창시자

〈한겨레〉 제공

시드니 웹
Sidney James Webb
1859-1947

비어트리스 웹
Beatrice Webb
1858-1943

시드니 웹(Sidney James Webb)은 영국의 사회학자이자 경제학자 사회개혁가다. 1884년 버나드 쇼(George BernardShaw)와 함께 페이비언 협회의 초기 멤버로 참여했다. 부인이 비어트리스 웹(Beatrice Webb)인데, 이 웹 부부는 애니 베전트(Annie Besant), 그라함 월러스(Graham Wallas), 에드워드 피즈(Edward R. Pease), 허버트 블랜드(Hubert Bland), 시드니 올리버(Sydney Olivier) 등 당대의 지성들과 함께 이 협회에서 활동했다. 특히 시드니는 1917년 영국 노동당의 논쟁적 강령, 이른바 경제의 국유화(nationalisation)를 담은 노동당 당헌 4조(Clause IV)[1]를 집필한 장본인이기도 하다. 그가 만든 이 당헌은 1918년 영국 노동당에서 공식 채택되었다.

비어트리스 웹은 영국의 사회학자, 경제학자, 사회주의자 그리고 사회개혁가로서 '단체교섭'collective bargaining이라는 말을 만든 이다. 남편 시드니를 비롯해 여러 사람들과 함께 런던정치경제대학을 창설했고, 페이비언 협회를 만드는 데도 중요한 역할을 하였다. 페이비언 협회의 지원으로 그는 사회주의,

1 "육체노동자와 정신노동자의 근면성에 대한 과실을 충분히 보장하고, 또 그 과실을 가장 공평하게 분배하기 위해서는, 생산과 분배 그리고 교환의 수단을 공동소유하고, 각 산업과 서비스의 관리를 노동자의 통제하에 두어야 한다." '생산수단의 공유화'라는 사회주의 정당으로서 원칙을 담고 있다. 그러나 1995년 토니 블레어가 당수가 되면서 당헌 4조의 생산수단의 공유화는 폐기됐다.

산업민주주의, 노동조합의 역사와 협동조합 운동에 대한 책과 소논문을 남편과 공동 저술하였다. 비어트리스 웹은 또한 영국 복지국가의 중요한 문헌인 〈소수파 보고서〉Minority Report를 작성한 이로 유명하다. 1942년 〈베버리지 보고서〉를 저술한 윌리엄 베버리지(William Beveridge)는 웹이 이 보고서 저술할 당시 그의 조사원으로 일하기도 했다. 1943년 비어트리스 웹이 죽었을 때, 그의 유골은 패스필드 코너(Passfield Corner)에 있는 부부의 집 정원에 묻혔다. 1947년 시드니 웹도 그곳에 묻혔다. 후일 그들의 유골은 런던의 웨스트민스터 대사원(Westminster Abbey)으로 옮겨졌다.

주요 약력

1858년 비어트리스 출생

1859년 시드니 출생

1884년 페이비언 협회 초기 멤버로 참가

1895년 런던정치경제대학 창설

1905년~1909년 비어트리스, 왕립빈민위원회 위원으로 참여

1913년 비어트리스, 주간지 New Statesman 창간

1922년 시드니, 총선에서 하원의원으로 당선

1935년 부부 〈소비에트 연방, 새로운 문명인가?〉 발간

1943년 비어트리스 사망

1947년 시드니 사망

복지국가 지도원리의 창시자

영국 복지국가의 기원을 말할 때 반드시 언급해야 하는 두 사람이 있다. 시드니1859~1947 · 비어트리스1858~1943 웹 부부다. '내셔널미니멈' National Minimum[1]이라는 유명한 복지 명제(복지국가 지도 원리의 하나로 간주되기도 한다)를 처음 천명한 이들로 영국 복지 발전에 지대한 영향을 끼친 〈소수파 보고서〉Minority Report[2]도 이들에 의해 탄생했다. 이 부부가 어떻게 영국 복지국가 발전에 영향을 끼쳤는지 알아보기 위해서는, 먼저 복지국가 형성 이전의 빈민법 변천과정과 당시 상황을 살펴볼 필요가 있다.

1 국가가 사회보장, 기타의 공공정책에 의해 모든 국민에게 보장하는 최저 생활수준을 말한다. 영국의 시드니 부부에 의해 처음으로 제창되어 1942년의 베버리지 사회보장계획에서 구체적인 정책목표로 설정되었다. 이것은 규범적 개념으로 사용되는 경우도 있고 베버리지 계획처럼 구체적인 정책개념으로 쓰이는 경우도 있다. 후자의 경우에는 필요 최저생활비를 계측해서 결정하지만 그 수준은 시대에 따라 변화한다. 출처: 이철수 외, 《사회복지학사전》, 블루피쉬, 2009.

2 1905~1909년 영국의 왕립빈민법위원회는 빈곤문제에 대한 국가의 대처 방향을 제시하기 위해 기존의 빈민법 실시현황을 조사하고 새로운 대안을 제시하기 위해 활동했는데, 위원은 위원장을 포함해 20여명이었다. 이 위원회는 3년간 활동 결과를 정리하는 과정에서 의견일치를 보지 못하자, 14인이 서명한 〈다수파 보고서〉와 4인이 서명한 〈소수파 보고서〉라는 두 보고서로 각각 나눠 제출한다. 두 보고서는 향후 영국 복지국가 발전과 사상에 영향을 끼치는데, 특히 〈소수파 보고서〉는 빈곤 예방과 내셔널미니멈(국민생활최저선)이란 개념을 담아 향후 베버리지 등에 큰 영향을 끼쳤다.

〈한겨레〉 제공

영화 〈올리버 트위스트〉의 한 장면. 웹 부부는 영화에서 상징되는 악명높은 빈민법을 폐지하는 데 앞장섰다.

찰스 디킨스가 고발한 영국 빈민의 삶

19세기 영국 빈민의 삶은 소설가 찰스 디킨스Charles Dickens의 소설을 통해 생생히 엿볼 수 있다. 그 대표작 중 하나가 1837년 출간된 《올리버 트위스트》Oliver Twist다. 사생아로 태어난 소년 올리버가 고아로 비참하게 자라다 우여곡절 끝에 부모의 유산을 되찾아 행복을 얻는다는 스토리다. 문학적으로 대중성과 예술성, 사회성까지 두루 갖춘 명작으로 평가받는 이 작품은 사회복지 관점에서도 의미가 크다. '빈민 구제'란 이름으로 빈민을 억압하는, 이른바 악명 높은 빈민법(빈민통제법)[3]Poor Law, 정

3 그간 Poor Law는 '구빈법'으로 해석하여 왔으나, 이는 빈민을 구제하는 성격이 아니라 통제하는 성격이기 때문에 이 책에서는 '빈민법(빈민통제

확히 말하면 '신빈민법' New Poor Law의 실상이 아주 사실적으로 잘 그려져 있기 때문이다.

영국 빈민법(빈민통제법)의 전개·변천 과정

1601년 엘리자베스 빈민법	빈민 구제를 처음으로 국가의 책임으로 인정
1662년 정주법	빈민들의 이동을 제한
1722년 작업장법	노동능력의 엄격히 조사하여 노동가능한 빈민은 국가에서 고용(공동작업장 설치)
1782년 길버트법	빈민의 비참한 생활과 착취를 개선하기 위해 제정(노동능력이 없는 빈민에 대해서 현금급여 제공, 나태한 자는 교정을 원칙으로 함)
1795년 스핀햄랜드법	빈민에 대한 처우 개선을 위해 임금보조 시행
1833년 공장법	공장에서 비인도적인 처우를 받는 아동을 위해 만들어진 법
1834년 신빈민법	열등처우의 원칙 등 원외구제를 중지하고 작업장 내 구제만을 인정하되 구제수준은 최하로 함

출처: 박광준, 《사회복지의 사상과 역사》 등을 참조해 재구성.

어느 나라에서나 빈민 등 취약계층에 대한 구빈의 전통은 오랜 역사를 거쳐 있어 왔다. 영국도 예외는 아니었다. 이런 전통은 범죄나 사회질서 혼란 방지 등 왕조의 통치적 차원에서 이루어졌다. 1388년 빈민법 The Poor Law Act, 1576년 빈민구호법 Poor Relief Act, 1601년 엘리자베스 빈민법, 1662년 정주법(거주지제한법) The

법)'이라고 표기하였다.

Act of settlement and Removal[4] 등 각종 법률은 '빈민 구호'의 온정적 측면도 있었으나 대체로 노동력 이동을 억제하거나 일을 시키기 위한 빈민 통제법이었다. 예컨대 정주법의 경우 구호 신청자들은 자신이 태어나고 자라난 거주 지역에서만 구호를 받아야 했고, 일거리를 찾아 거주 지역을 옮길 수 없었다. 만약 이를 어기고 이동하다 붙잡히면 교도소에 수감되어 한동안 강제노역을 받은 뒤 원래 살던 곳으로 보내지는 조처를 받았다.

빈민법 아래에서 구호 신청자는 세 유형으로 나뉘어 각각 다른 처우를 받았다. △환자나 나이 든 구호 신청자는 (빈민)구호소Almshouse(나중에 질 낮은 병원으로 바뀐다)이란 곳에 수용 보호하고 △일할 수 있는 건강한 빈민은 근로원(작업장)Workhouse[5]에서 일을 시키고 △이런 조처를 거부하는 신청자는 교정원House of Correction에서 처벌받도록 했다. 당시 통치자들이 생각한 '구빈'의 개념은 일하는 사람은 국가의 지원이 필요하지 않다는 가정 아래, 일을 할 수 있는 이가 구빈을 요청하면 일을 시키고, 이를

4 1662년 영국에서 성립된 부랑자 금지법. 빈민 구제가 교회구 단위로 행해지던 당시, 의회가 빈민의 증가로 교회구의 부담이 늘어나는 것을 억제하기 위해, 흘러들어온 빈민을 전 거주지로 강제 송환하는 권한을 빈민 감독관에게 부여한 것이다. 1795년 수정되어 교구가 부담하지 않는 한 송환은 하지 않기로 되었다. 출처: 두산백과.

5 구빈원 또는 구빈소로 번역하지만, 내용상 구빈보다 강제근로작업장에 가까워 이 책에서는 근로원이라고 한다. 워낙 가혹해 '빈민의 바스티유'라고 불리기도 했다.

거부하면 벌을 받아야 한다는 것이었다.

소설 《올리버 트위스트》에서 올리버가 태어나 7년 동안 핍박과 강제노역을 겪으며 처참한 생활을 보낸 곳이 근로원이다. 말이 근로원이지 사실상 강제노역장이다. 찰스 디킨스는 빈민 구제를 한다는 법과 제도 아래 만든 근로원이 실은 구제와 거리가 먼, 비인간적이고 잔인하고 열악한 곳임을 올리버의 이야기를 통해 폭로하고 비판한 것이다.

사실 초기 빈민법에 따른 빈민 구제는 낙인도 덜하고 올리버가 겪은 것처럼 그렇게 가혹하지는 않았다. 18세기 말, 빈곤층이 늘어나자 오히려 원외구호(시설인 근로원에 수용 보호하는 원내보호와 달리 빈민을 거택에서 보호하는 것) 형태로 지역별로 좀 더 관대하게 빈곤퇴치를 하려는 노력도 나타났다. 대표적인 게 스핀햄랜드 제도Speenhamland system[6]였다. 이 제도는 본질적으로 산업예비군을 유지하기 위한 것으로, 나중에 고용주들이 임금을 적게 주는 구실로 악용되기도 했다.

자유주의, "구빈은 무책임을 장려하는 것"

6 1795년 잉글랜드남부 버크셔주의 치안판사들이 스핀햄랜드에서 빈민의 원외구제를 목적으로 실시한 것이다. 빵의 가격과 가족의 수에 따라 최저생활기준(speenhamland bread scale)을 선정해 실업자와 저임금노동자에게 구빈세에 의한 수당을 지급하는 과도적인 임금보조 제도이다. 출처: 이철수 외, 《사회복지학사전》, 블루피쉬, 2009.

그러나 전쟁, 흉작, 인플레이션 등으로 구호비용이 크게 증가하자 구빈세를 납부하던 부유층이 반발하기 시작했다. 특히 산업혁명의 결과로 이른바 '부르주아' 계층이 형성되었는데, 이들은 종래 지주 부농에 의해 좌우되던 의회에 진출해 구빈 비용 지출 증가나 최저임금제를 반대하는 계급적 성향을 드러내며 구빈제도의 대척점에 섰다. 이런 흐름과 함께 빈민 구제를 하는 것은 무책임을 장려한다든지, 임금의 자유로운 결정을 방해한다든지 등 기존 구빈제도에 대한 사상적 비판이 대두되었다. 토머스 맬서스Thomas Malthus[7], 데이비드 리카도David Ricardo[8] 등이 그들이다.

인구론으로 유명한 맬서스는 사회악의 근원을 체제나 제도보다 인구에서 찾았다. 그는《인구 원리에 관한 에세이》An Essay on the Principle of Population, 1798란 글에서 "인간의 생존에 필요한 인구는 기하학적 비율로 증가하는 데 비해 식량은 산술적으로 늘어난다"면서 인구를 억제하지 않으면 실업과 빈곤이 대량 발생한다고 주장했다. 따라서 빈민은 이런 사실을 인식하지 못하고 무책임하게 아이들을 낳은 이들로, 이들을 위해 구호를 하는 것은 무책임을 장려하는 것이나 다를 바 없다고 설파했다.

7 1766~1834년. 영국 고전파 경제학자의 한 사람이다. 케임브리지대학을 졸업한 목사이기도 한 그는《인구론》*An Essay on the Principle of Population* (1798)을 집필하였다. 출처: 두산백과.

8 1772~1823년. 영국의 경제학자. 고전학파의 창시자인 스미스 이론을 계승·발전시킨 고전학파의 완성자. 노동가치설에서 출발, 분배론에 이르는 이론을《경제학과 과세의 원리》에 저술하였다. 출처: 두산백과.

'노동가치설'로 유명한 경제학자 데이비드 리카도 등 애덤 스미스Adam Smith[9]의 후예들도 노동자의 임금은 시장의 수요·공급 법칙에 의해 결정되어야 하는데, 구빈제도는 이런 자연스런 흐름을 방해해서 급기야 폐지되어야 한다고 주장했다. 이들은 빈민을 위하고 국가와 사회를 위하는 길은 구제받는 것을 어렵게 해 그들을 종국에는 자립(자조)으로 이끄는 것이라고 생각했다.

신빈민법, '열등처우의 원칙'

1834년 신빈민법은 이런 사회·경제적 상황과 기존 구빈제도에 대한 경제학자들의 비판 등을 배경으로 등장했는데, 앞서 자유주의 경제학자들이 구빈비용을 억제해야 한다고 주장한 것과 같은 여러 조언을 기존 구빈제도에 반영해 새로이 제정되었다. 전문 109조로 되어 있는 이 법은 통일된 구빈 행정기구를 마련하는 등 빈민 구제를 국가의 책임으로 인식하게 한 면에서 역사적 의의가 있으며, 무엇보다도 '1834년 원칙'으로 일컫는 구빈 행정체계의 원칙을 담았다는 점에서 사회복지 발달사에서 중요한 의미가 있다. '1834년 원칙'의 핵심은 오늘날까지 빈민 구제를 위한 각종 공공부조 제도에 강력히 영향을 미치는 이른바

9 1723~1790년, 영국의 경제학자, '보이지 않는 손'이라는 유명한 말이 포함된 《국부론》의 저자.

'열등처우(수급)의 원칙' the Principle of the Less Eligibility[10]이다.

열등처우의 원칙은 근로원의 구호 수급자인 빈민의 처우는 자력으로 살아가는 최하급 독립노동자의 수준보다 더 나아져서는 안 된다, 곧 최하급 노동자 최저임금보다 낮아야 한다는 것이다. 이런 원칙은 '근로원 적부심사'Workhouse Test라고 하는 또 다른 '1834년 원칙'에 의해 강화되었다. 근로원 적부심사 원칙은 건강한 자에 대한 구호는 근로원에 수용되는 경우에만 실시하도록 한다는 것이다. 이로써 스핀햄랜드 제도에 의해 지원받던 노동자나, 그 밖에 원외구호의 일부를 받던 노인과 장애인 집단은 더는 구호를 받을 수 없게 되었다. '1834년 원칙'은 사실상 비인간적 근로원에 의한 구제 이외에는 어떤 구제도 인정하지 않는 것이었다. 복지가 후퇴한 것인데 그 원칙은 현대 각국의 사회보장제도에도 여전히 큰 영향을 끼치고 있다.

신비로운 여인과 가난한 사내의 만남

시드니·비어트리스 웹 부부는 19세기 영국빈민의 삶을 더 가혹하게 옥죈 빈민법 폐지에 앞장선 사회개혁가였다. 영국 복지국가는 이 부부의 활동에 의해 그 기원이 시작됐다고 말할 수 있

10 영국 빈민법이 개정된 1834년에 확인된 원칙의 하나로 복지서비스의 이용자에 대한 처우는 엄격하게 제한하는 것이 당연하며, 그렇지 않을 때 그들의 의존심을 조장한다는 것을 나타내는 말로 오늘날에도 쓰인다. 출처: 이철수 외,《사회복지학사전》, 블루피쉬, 2009.

다. 이 부부는 '페이비언 협회' Fabian Society[11]를 창설하는 등 영국 사회주의와 노동당의 역사에도 큰 영향을 끼친 인물로도 영국 인들에게 기억되고 있다.

이들 부부는 어떤 인물이었을까?

시드니는 1859년 런던에서 부인용품 소매점을 경영하던 어머니와 회계사인 아버지 사이에서 태어났다. 그의 가정은 비어트리스의 가정과 비교하면 보잘것없는 낮은 계층이었다. 아버지는 시드니가 큰 영향을 받은 공리주의 사상가 존 스튜어트 밀John Stuart Mill의 열렬한 지지자였다. 시드니는 16살의 나이에 관청 서기가 되었고, 런던대학의 야간부를 졸업한 뒤 고급공무원 시험에 합격했다. 공무원이었지만, 그는 런던의 진보적인 젊은이들과 교류하면서 경제학에 깊은 지식을 쌓았다. 또한 기독 사회주의자 운동에 뛰어들어 활동했으며, 런던 노동자대학에서 학생들을 가르치기도 했다. 1891년까지 공무원으로 식민성에서 근무했으며, 1886년에는 페이비언 협회 초기 구성원으로 참여해 이론가로 유명세를 떨쳤다.

비어트리스는 1858년 잉글랜드 남서쪽 글로스터셔의 스탠디시 하우스에서 명문가인 포터Potter 집안의 1남 9녀 중 여덟째 딸로 태어났다. 아버지 리처드 포터Richard Potter는 부유한 철도 기업가였고, 어머니는 리버풀 무역상의 딸인 로렌시아 헤이워

11 1884년 소수의 지식인에 의해 설립된 사회주의 지향의 싱크탱크로 주로 지식인들의 조사, 연구, 토론을 위해 창설되었다. p34~35참조

스Laurencina Heyworth였다. 할아버지는 다소 급진 성향의 휘그당원[12]이자 하원의원이었다. 그는 공식 교육은 거의 받지 않았지만 어릴 적부터 똑똑한 아이로 평가받았다. 부모를 좇아 여행을 많이 다닌 덕분이었다. 철학·과학·수학 책 등을 탐독해 스스로 지적 역량을 키웠다.

두 사람은 집안배경도 달랐지만 기질적으로도 딴판이었다. 시드니가 중·하류 계층의 런던 기질을 지닌 사내였다면, 비어트리스는 상류층의 세계주의자Cosmopolitan이자 신경질적이지만 아름답고 신비로운 여인이었다.

결혼, 인간 구원을 향한 파트너십

지적 배경에서도 두 사람은 많이 달랐다. 비어트리스는 친구이자 후견인이던 허버트 스펜서Herbert Spencer의 사회진화론[13]과 오귀스트 콩트Auguste Comte[14]의 저작에 깊은 영향을 받았다. 일찍부

12 휘그당은 토리당과 더불어 영국 정당의 시초다. 초기엔 정치그룹에 가까웠다. 귀족을 지도자로 하면서도 상인이나 비국교도의 지지를 받아 반왕권적(反王權的) 성격이 강했다.

13 19세기 찰스 다윈의 생물진화론에 입각해 사회 변화 모습을 해석하려는 견해로, 생물이 진화하면서 몸의 기능이 분화하거나 통합하는 것처럼 사회도 발전하면서 그 기능이 분화하거나 통합한다고 본다.

14 1798~1857년. 프랑스의 철학자로 사회학의 창시자. 여러 사회적·역사적 문제에 관해 추상적 사변을 배제하고, 과학적·수학적 방법에 의하여 설명

터 '공동체의 선을 위한 자기희생이 인류가 성취할 수 있는 최고의 가치'라고 생각했으며, 자연스레 공공서비스 정신에 심취했다. 다른 한편으로 선의의 사회운동이 가져다줄지 모를 원하지 않는 결과에 대한 불안감도 갖고 있었다. "우리는 죽은 사람 100명의 신음 소리를 듣고 있으나, 살아 있는 500명의 신음 소리는 그들이 거의 죽을 때까지 듣지 못하고 있다."

이에 반해 시드니는 마르크스Karl Marx의 《자본론》Das Kapital에 깊은 감명을 받았다. 하지만 마르크스보다는 리카도David Ricardo[15]나 벤담Jeremy Bentham[16], 밀John Stuart Mill[17]의 사상체계에 더 많은 영향을 받았다. 시드니는 경제적 불평등이 토지·자본·노동 등 서

하려고 하였다. 주요 저서 《실증철학 강의》(1830~1842). 출처: 두산백과.

15 영국의 경제학자, 하원의원. 유태 상인의 아들로 런던에서 태어나 주식중매를 직업으로 삼다. 1799년 우연히 아담 스미스의 《국부론》을 읽고, 이것을 계기로 경제학을 연구하게 되었다. 하원의원 스미스에 이어 고전 경제학을 완성한 대표적인 경제학자로서, 스미스보다도 노동가치설을 철저하게 파고들어 상품가치의 대부분을 결정하는 것은 그 상품의 생산에 투여된 노동량이라고 주장했다. 출처: 철학사전편찬위원회, 《철학사전》, 중원문화, 2009.

16 1748년 런던에서 출생한 그는 변호사로 활동하였으며. '최대 다수의 최대 행복'을 주창한 공리주의 철학자로서 영국의 법철학과 사회과학의 발전에 기여하였다. 존 스튜어트 밀이 그의 제자다.

17 영국의 철학자·경제학자·역사학자. 스코틀랜드 포퍼셔 출생. 저서 《인간정신의 현상분석》. 출처: 철학사전편찬위원회, 《철학사전》, 중원문화, 2009.

위키피디아 제공

시드니 웹(왼쪽)과 비어트리스 웹의 젊었을 때 모습.

로 다른 생산요소의 상대적 희소성에 비례해 부가되는 사용료, 곧 지대에 기인한다고 생각했다. 따라서 그는 "지주뿐만 아니라 자본가도 그 소득을 사회에 돌림으로써 그들의 부당이득이 전체 사회의 복지를 위해 사용되어야 한다"고 주장했다. 따라서 시드니는 중앙집권화된 관료국가가 통제를 확대하고 사회서비스를 제공함으로써 빈곤 등 사회악을 제거할 수 있다고 믿었다.

이렇듯 살아 온 환경과 다른 지적 배경을 지녔지만, 그들은 확실한 공통점이 있었다. 그것은 사회개혁에 대한 강한 열정이었다. 이 둘은 부부의 연을 맺으면서 '시간이 있는 동안' 인간의 구원을 위해 자신과 자신들의 결혼생활을 바치기로 결심했다고 한다. 이를 위해 그들은 두 가지 방법이 가능하다고 생각했다. 하나는 사회문제에 대한 합리적 진단을 위해 '사회를 위한 과학' Science of Society을 발견해 내는 것이며, 또 다른 하나는 영국 사회제도를 개혁하는 것이다. 실제 빈민법 개혁 등 이들의 발걸음은 곧 영국의 사회정책과 복지국가 발달사 그 자체가 되었다.

또한 영국 사회주의 발전사이기도 했다.

〈베버리지 보고서〉의 모태, 복지국가의 역사적 문헌 〈소수파 보고서〉의 탄생

〈베버리지 보고서〉Beveridge Report는 흔히 영국 복지국가 역사상 가장 중요한 문헌으로 꼽힌다. 그런데 실상 이 보고서 이전에 영국 복지국가의 사상적 모태 격인 보고서가 있었다. 〈소수파 보고서〉Minority Report가 그것이다. 이 보고서는 어떤 내용을 지니고 있기에 그런 평가를 받을까?

"부자는 성 안에 머물고 빈자는 성문을 지킨다. 신은 귀한 이와 천한 이를 만들었고, 그것이 질서고 계급이다."

19세기 이전 영국인들은 이 시구처럼 부자와 빈자는 타고난 것이라고 생각했다. 가난한 이들이 비천하게 사는 이유는 고된 일을 마다하고 게으름을 피우거나, 낭비가 심하고 타락한 탓이며, 그들은 대체로 술과 도박으로 인생을 망치는 부류라는 게 지배적인 생각이었다[18]. '빈민 구제'와 관련한 법과 제도는 대체로 가난에 대한 이런 생각의 소산이었기에, '구제'란 명목으로 제정된 숱한 법과 제도는 실제로는 '형벌'의 성격이 강했다.

1786년 조셉 타운젠드Joseph Townsend 목사의 저작 〈인류에 대해 선한 의도를 가진 한 사람의 빈민법에 대한 소고〉는 당시 영

18 서선호 외, 《세계사회복지 발달사》, 새한기획출판부, 2010.

국 지배층의 이런 빈곤관을 잘 드러내 보여준다. "빈민들로 하여금 어느 정도는 무계획적으로 살아가게끔 내버려 두고 또 그 사회에서 가장 굴종적이고 불결하고 비천한 일자리를 채우도록 일부 사람을 언제나 예비해 두어야 하는 것은 자연의 법칙인 것 같다. 이렇게 함으로써 인간이 누리는 행복의 양은 크게 증가될 수 있고, 또한 이렇게 함으로써 더 품위 있는 사람들은 고된 일과 사람을 고통스럽게 만드는 일로부터 해방될 수 있을 뿐만 아니라……."

이렇게 극단적이지는 않더라도 사실 빈곤을 개인의 탓으로만 보는 견해는 오래되고 강력해 복지국가를 경험하고 사회권을 말하는 오늘날에도 여전히 짙게 남아 있다. 영국 보수당 당수이자 현 총리인 데이비드 캐머런David Cameron이 2010년 총선 때 한 발언이 그 실례다.

"우리는 가난한 사람들과 사회적 배제에 있는 사람들에 대해서, 마치 비만과 알코올중독, 약물남용 등이 기근이나 이상기후처럼 순전히 외부적 사건인 것처럼 말합니다. ……(하지만) 사회 문제는 그 사람들이 만든 선택의 결과인 것입니다."

우리 사회는 어떨까? 지난 2011년 한국보건사회연구원의 조사를 보니 '가난을 사회 탓'이라 보는 비율이 58.2%에 이른 것으로 나타났다. 빈곤에 대한 우리 사회의 인식도 점차 바뀌고 있음을 보여 주는 수치이긴 하나 거꾸로 생각하면 10명 중 3명 이상이 아직도 빈곤을 자신이나 개인의 탓이라고 생각하고 있음을 보여준다.

가난의 원인은 누구? (단위 %)

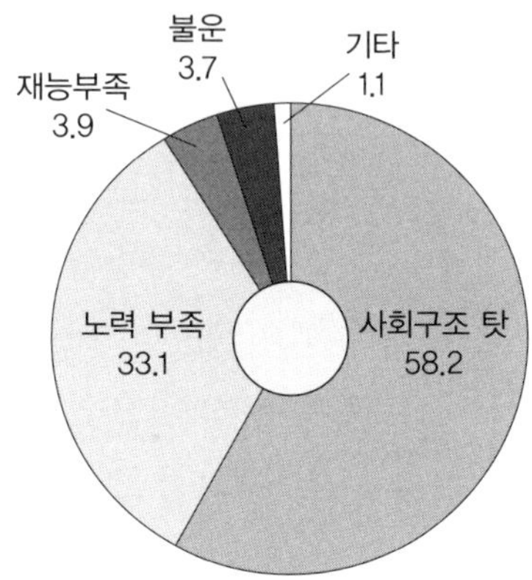

출처: 한국보건사회연구원 〈공정사회를 위한 친서민정책 개선방안〉, 2011.

가난을 개인 탓으로 보는 빈곤관을 뒤집어

시드니와 비어트리스 웹 부부는 19세기 무렵 영국인들의 가난에 대한 이런 태도를 뒤집으려 했다. '가난구제'란 명목으로 가난한 이들을 강제노역장이나 수용시설로 밀어 넣도록 강제한 빈민법 사상을 거부하고 폐지하고자 했다. 그것은 당시로선 망치 하나로 거대한 성벽을 깨뜨리겠다는 것 같은 도전이었는지 모른다.

〈소수파 보고서〉Minority Report가 바로 그 도전의 결정체다. 이 보고서에서 그들은 기존 빈민법의 완전 폐지와 빈곤 시스템의 재구성을 주창했다. 〈소수파 보고서〉가 발간될 당시인 20세기 초, 영국에서는 당시 공적 구빈을 둘러싸고 사회적으로 논쟁이 뜨겁게 일었다. 빈민법에 대한 불만이 표면적 배경이기도 했지만, 높은 실업률과 사회불안이 또 다른 요인이었다. 이런 갈등과 불만을 개선하기 위해 당시 내각은 1905년 12월 4일 빈민법에 대해 조사를 벌이는 '왕립빈민법위원회'를 꾸렸다. 20여명이 위원으로 임명되었다. 그 가운데는 빈민법을 집행하는 관료조직인 구빈국 쪽을 대변하는 고위 관료가 4명, 이들과 입장을 같이한 자선조직협회 6명 등이 위원으로 참여했는데, 비어트리스 웹도 이 위원회의 위원 중 한 명으로 참가하게 되었다. 이 같은 위원 구성은 빈민법에 대한 사회적 대립의 축소판이었다.

왕립위원회 위원으로 임명되기 전, 비어트리스는 1883년 런던의 자선조직협회에 가입해 자원봉사 활동을 했다. 그는 빈민들과 함께 활동하면서 종교적 자선활동으로는 빈곤 문제가 결코 해결될 수 없다는 사실을 깨달았다. 낮은 수준의 교육이나 열악한 주거시설, 질 낮은 보건 등 빈곤을 둘러싼 환경이 개선되지 않고선 문제가 풀릴 수 없음을 알게 된 것이다. 시드니와 결혼하기 전의 일이었다.

흥미로운 사실은 시드니와 결혼 전, 비어트리스는 급진주의적인 자유당 정치 지도자 조지프 체임벌린Joseph Chamberlain[19]과 한때 연인 사이였다는 점이다. 그러나 둘의 관계는 그렇게 오래가지

19 1836~1914년. 버밍엄 시장, 식민장관.

못했다. 비어트리스의 전기를 쓴 마가렛 콜에 따르면 그는 결혼을 심각하게 생각했으나 체임벌린의 남성 우월주의적인 모습으로 인해 포기했다고 한다. 1886년 비어트리스는 유명한 사회문제 연구자이자 사촌 형부인 찰스 부스Charles Booth[20]의 사회조사 사업에 참여해 조사연구 사업의 경험을 쌓는다. 부두노동자 또는 주물공장 등 노동착취가 심한 공장 노동자들의 노동조건 등에 대한 조사가 그것이다. 비어트리스는 이 경험을 바탕으로 1890년께 협동조합운동에 관한 연구를 벌이는데, 이 연구는 그가 시드니를 알게 되는 계기가 되었다. 1891년 노동계급 생활을 연구하던 그는 시드니를 만나 조언을 듣게 되면서 가까워졌고, 급기야 둘은 1892년에 '1과 1을 더해 11을 만든다'고 한 화제의 결혼으로 가정을 꾸렸다. 비어트리스에겐 많은 것을 포기하는 결혼이었다고 하나 이들은 파트너십을 통해 사회활동과 저술활동을 활발히 벌인다. 당시 비어트리스는 아버지로부터 상당한 재산을 물려받았고, 이 돈 덕분에 시드니는 공무원 생활을 그만두고 마음껏 정치 활동과 연구를 할 수 있게 되었다고 전해진다.

페이비언 협회 활동과 런던정치경제대학 설립

20 1840~1916년. 빈곤조사나 사회조사의 선구적 인물로 노인문제에도 관심을 가져 양로연금법 제정에 큰 역할을 하였다. 이 책 3장 참고.

이 부부를 말하면서 빠뜨릴 수 없는 단체가 있는데, 부부가 열성 회원이었던 '페이비언 협회' Fabian Society가 그것이다. 1884년 1월 설립된 이 협회는 혁명적 방법보다는 의회를 통한 점진적 개혁으로 자본주의 사회의 불평등과 비효율을 제거해 궁극에는 사회주의를 실현하겠다는 취지로 결성되었다. 조지 버나드 쇼 George Bernard Shaw, 버트런드 러셀Bertrand Russell, 경제학자 존 케인스John Maynard Keynes 등도 이곳의 회원으로 활동했다. '현실을 발견하고 처방하는 단체'를 자청하며, 그 목적을 '최고의 도덕적 가능성과 조화되는 사회'의 재건에 두었다. 협회는 1900년 영국 노동당의 창립을 이끌기도 했다. 페이비언 협회는 토론을 통해 숱한 이상적 아이디어를 회원들끼리 주고받았으나, 구체적 근거를 얻기 위한 사회조사의 필요성을 인식하고, 이를 위해 현장에 파견된 이가 비어트리스다. 비어트리스가 공장이나 노동자 거주 지역에 들어가 조사를 벌인 데는 이런 배경이 있었다[21].

웹 부부는 자본주의 개혁의 이상을 확고히 다지며 많은 연구 저작물을 출간했다. 특히 시드니는 〈사회주의자의 현실〉1987, 〈런던 시민의 현실〉1888, 〈8시간 노동일〉1891 등 일련의 팸플릿 형태의 보고서를 잇달아 발간했고, 결혼 직후에는 비어트리스와 함께 《노동조합주의의 역사》1894, 《산업민주주의》1897 등을 펴내기도 했다. 이들은 또 1895년에는 새로운 대학을 설립하는데, 세

21 Potter, Beatrice, *The Co-operative Movement in Great Britain*, London: Swan Sonnenschein & Co., 1891

Encyclopedian Dictionary 제공

페이비언 협회 Fabian Society

19세기 말 영국은 불평등이 극심하게 노출된 시기였다. 노동자와 도시민들의 삶은 비참 그 자체였다. 1884년, 이런 상황에 변호사(solicitor)였던 에드워드 피스(Edward Pease)의 런던 자택에서 소수의 지식인들이 모였다. 페이비언 협회 탄생의 서막이었다. 지식인들의 모임이란 게 대체로 그렇듯, 이 모임은 '방에 모여 앉아서 한사람이 맑스나 다른 사상가의 저술을 크게 읽고 나서 그 속의 문장과 문단들에 대해서 토론하는 것'이었다. 이들은 혁명을 말하기도 했지만 혁명주의자들은 아니었다. 점진주의적인 사회개혁을 추구하는 개량주의자, 개혁주의자들이라고 말할 수 있다.

'페이비언'이란 이름에서 이미 그들의 성향이 담겨 있었다. 페비비언이란 이름은 로마의 장군 파비우스 막시무스(Quintus Fabius Maximus)에서 따왔다. 그는 카르타고 전쟁에서 한니발의 대군을 맞닥뜨리자 직접 대전을 피해 로마 시민들의 비난을 샀음에도 불구하고 결국은 꾸물거리며 적을 지치게 한 뒤 호기를 노려 한니발을 격퇴하고 로마를 구했다. 페이비언의 이념은 자본주의의 급진적 전복이 아닌 점진적 개혁이었다. 그래서 이 단체의 로고도 거북이다. 서두르지도 않고 그리고 쉬지도 않고 사회개혁을 추진한다는 의미다. 하지만 로마 장군 파비우스처럼 "때가 올 때까지 참을성 있게 기다리다 기회가 오면 사정없이 내리쳐야 한다"는 게 페이비언 협회의 전략이었다. 방법은 '침투'와 '설득', 그리고 '교육'이었다. 비어트리스 웹(Beatrice Webb)을 찰스 부스의 사회조사에 참여하도록 한 것도 그런 맥락이었다. 비어트리스는 이스트엔드(East End)라는 런던 동부의 노동자 거주 지역에 들어가 방직공장, 정미공장 등에 들어가서 빈곤의 실태를 파악하고 근거와 데이터를 수집하기 시작하면서 당시 사회문제에 대한 실질적인 고찰을 진행했던 것이다. 1905년 당시 극심했던 실업문제와 사회불안에 대응하기 위해서 보수당 정부에서 구성한 왕립빈민법위원회(Royal Commission on the Poor Laws and the Relief of Distress)에 비어트리스가 참여한 것도 '침투' 활동의 일원이었다고 할 수 있다. 20명으로 구성된 이 위원회에서 비어트리스 웹과 노조 대변자 찬들러(Francis chandler, 1849-1938, 목공노조 지도자)는 소수여서 비록 빈민법 철폐라는 뜻을 이루지 못하였지만 이들은 별도로 〈소수파 보고서〉(Minority Report)를 발간하여 당시 현실에 대한 엄밀한 고발과 함께 빈곤에 대한 새로운 이해를 제공했으며, 그것은 향후 복지국가의 이론적 기반을 제공하는 역사적 문헌이 되었다(Horton, 2009). 1884년 페이비언 협회 결성, 1900년 노동당 결성, 1909년 〈소수파 보고서〉 발간, 1942년 〈베버리지 보고서〉 발간, 1945년 노동당 집권, 그리고 이후 복지국가 건설 등 120여 년의 역사 속에서 페이비언들이 연관되지 않는 역사가 없을 정도로 이 단체의 역사는 영국 진보정치의 역사였다. 노동당을 이끌고 총리에 올랐던 클레멘트 애틀리(Clement Attlee) 등 영국 정치·사상사의 주요 인물들 가운데는 페이비언 협회 회원이 적잖다.

참고 문헌

김보영, "베버리지 복지국가에서 캐머런 정부까지: 복지 패러다임의 변화와 싱크탱크의 역할에 대한 영국의 사례", 미발표 논문.

마가렛 콜, 박광준 역, 《비아트리스 웹의 생애와 사상》, 대학출판사, 1993.

박광준, 《사회복지의 사상과 역사》, 양서원, 2002.

계적으로 명성을 떨치고 있는 런던정치경제대학London School of Economics and Political Science이 그것이다.

〈다수파 보고서〉와 〈소수파 보고서〉의 차이

1905년 '영국 빈민 구제 관계 법령들의 적용상황'을 조사하기 위해 구성된 왕립빈민법위원회에 비어트리스가 위원으로 임명되자 부부는 악명높은 빈민법을 철폐할 절호의 기회가 주어졌다고 생각했다. 시드니는 공식 위원이 아니었지만 자료 수집을 통해 비어트리스가 제도 운영 현황을 파악하도록 도왔고, 비어트리스는 위원으로서 제도개혁 논쟁에 직접 참여했다. 1909년 왕립빈민법위원회는 조사 활동을 마친 뒤 위원들의 의견이 다수파와 소수파로 둘로 나뉘어 지고 각 파는 결국 제각기 보고서를 내놓게 된다. 빈민법의 집행을 맡은 관료와 자선조직협회 회원들로 구성된 다수파 14명은 〈다수파 보고서〉Majority report를, 비어트리스가 이끄는 소수파 4명은 〈소수파 보고서〉Minority Report를 발간한 것이다.

다수파와 소수파는 왜 제각기 보고서를 냈고, 두 보고서의 차이는 무엇일까? 첫째는 빈민법에 대한 개혁의 강도가 달랐다. 두 보고서는 모두 처벌 위주의 19세기 빈민법의 문제에 공감하고 구빈제도를 '공공부조'라는 새 개념으로 재구성해야 한다고 생각했다. 하지만 다수파는 기존 구빈 행정의 억압성이 지나쳤다는 것이 문제이지 억압성 자체가 없어져야 한다는 것은 아니라고 생각한 반면, 비어트리스 등 소수파는 빈민법을 아예 폐지하고 대신 새 제도를 마련해야 한다고 주창했다.

예컨대 구빈제도 대신 아이들에게는 지역교육위원회 같은 걸 설립해 지원하는 식이다. 비어트리스는 빈곤에 대한 처방이 이제는 예방적 치료와 공적 지원이란 방식으로 이동해야 한다고 역설했다. 다수파도 몇 가지 예방적 서비스에 대해서는 지지 의사를 보였다. 예컨데 직업소개소 제도나 실업보험 도입 등이 그것이다. 하지만 다수파의 핵심인 자선조직협회 쪽 위원들은 본질적으로 빈곤이 '기질의 실패', 곧 가난은 그들의 기질 탓이며, 이런 자기책임 원칙은 반드시 복지 작동 원리에 중심적으로 유지되어야 한다는 생각을 떨치지 못했다.

웹 부부는 구빈 대상을 빈곤 유무에 따라 나누는 것이 아니라, 서비스의 필요 유무에 따라 나누어야 한다고 생각했다. 서비스 제공 주체, 곧 사회행정의 주체를 어디에 우선적으로 두느냐도 엇갈린 문제였다. 다수파는 자선조직이 사회행정의 주체이며, 국가는 극히 예외적인 경우에 한정되어야 한다고 한 반면, 웹은 정책과 집행은 공적 기관에 의해 반드시 이뤄져야 한다고 생각했다.

다수파는 구빈과 관련된 세금을 낮추는 데도 큰 관심을 보였다.

〈다수파 보고서〉와 〈소수파 보고서〉의 내용 비교

구 분	다수파 보고서	소수파 보고서
이념적 배경	보수주의	페이비언 사회주의
빈곤원인 진단	빈민의 게으름과 무책임 (개인적 원인)	불합리하고 불건전한 사회질서 (사회구조적 원인)
빈곤해결	관대한 동정보다는 가혹한 조치	공공지출의 확대
빈민법 운영방식	현행 구빈제도의 개혁을 통한 유지·존속	현행 구빈제도의 완전한 폐지

출처: 사회복지교육연구센터, 《사회복지정책론》, 나눔의집, 2014.

〈소수파 보고서〉를 쓴 이유

반면 소수파는 세금을 더 걷어서라도 특히 영국인들이 자랑하는 국가보건서비스National Health Service 제도와 유사한 보편적 건강 서비스 계획을 도입할 것을 최초로 주창했다.

"건강 서비스는 질병 예방에 가장 중요한 목적이 있다. 현재 공중보건의, 자선조직협회, 빈민법의 병원 서비스를 만약 국가 서비스로 관리할 수 있다면 공공보건과 가난한 이들에게 큰 이익이 될 것이다."

소수파는 보고서에서 "지방정부는 자체의 건강·교육 등의 서비스를 통해 아이들이나 병든 이, 노인, 그리고 정신적으로 문제 있는 사람들에게 필요한 지원을 해 주어야 하고, 이런 서비스의 부담은 세금과 이용자로 나뉘어 각각 치러져야 할 것”[22]이라고 기술했다. 실업에 관해서는 “일할 수 있는 이들이 겪는 빈곤은 정부 시스템을 통해 해결되어야 하며, 따라서 실업을 예방하거나 최소화하기 위해 나라의 노동시장을 조정하는 책임은 의회가 임명한 장관, 곧 노동부 장관에게 주어져야 할 것이다”라고 강조했다.

소수파는 또 저임금 문제를 해결하기 위해 최저임금제 도입과 가족수당의 개념도 언급했다. “아이들을 책임지는 모든 어머니들은 가족의 충분한 유지를 위해 국가의 공적 지원을 받을 수 있어야 한다.” 소수파는 결론적으로 치료보다는 예방에 중점을 두고, 빈곤의 원인을 찾아 근원적으로 해소할 것을 주창했다. 즉 노령, 질병, 재해, 정신병, 가장의 사망, 저임금, 실업 등이 빈곤을 일으키고, 이는 다양한 예방적 조처로 대처해야 한다는 것이었다.

이쯤이면 〈소수파 보고서〉가 왜 영국 복지국가 발달사에 주요한 문헌인지, 〈베버리지 보고서〉의 모태 격이라고 말하는지 가늠될 것이다. 한마디로 〈소수파 보고서〉가 없었다면 〈베버리지 보고서〉는 탄생할 수 없었을 것이다. 실제 〈소수파 보고서〉 작성 때 베버리지는 비어트리스 웹의 연구원으로 참여했다. 웹 부부는 이런 복지 서비스는 일방적으로 이뤄져선 안 된다는 생각이었기에 공적 서비스 제공 못지않게 서비스 수혜자들의 의

22 Minority report(Poor Law), wikipedia (http://en.wikipedia.org/wiki/Minority_report_(Poor_Law)

무에 대해서도 강조했다. 이렇게 해야 시민공동체 의식이 발전할 수 있다고 믿었다. 비어트리스는 〈소수파 보고서〉를 쓴 목적에 대해 후일 이렇게 회고했다.

"시민적 삶의 내셔널미니멈National Minimum을 확보하기 위해서였다. 성sex과 계급class을 떠나 모든 이들에게 다 같이 적용되는 기준, 그것은 어린이들에게는 충분한 교육을 받도록 하는 것이며, 신체장애가 없는 건강한 이들에겐 생활임금을, 아픈 이들에게는 치료를, 그리고 일할 수 없거나 나이 든 이들에게는 충분하지는 않더라도 적정한 생활이 보장되도록 하는 것이다."

기초생활보장 개념의 시대적 변천 과정 비교

	초기 웹부부 (1890년 대)	후기 웹부부 (1910년 대)	베버리지보고서 (1940-50년대)	복지국가 전성기 (1960-70년대)	복지국가 위기 이후 (1980년대 이후)
주요 대상	현업 근로자	현업근로자와 노동능력 있는 취약계층	노동능력 없는 취약계층	일반 국민	노동능력 없는 취약계층
보장 수준	최저생활	최저생활	최저생활	상대빈곤 해소	약화된 상대빈곤
보장 방법	사업주에 의한 노동조건 개선	공공부조	사회보험	사회보험과 공공부조의 결합	노동연계급여
권리성	사적 계약 관계	조건부 권리성(생존권적 개념 포함)	소극적 생존권	적극적 청구권	소극적 생존권

출처: 박능후, "기초생활보장제도의 역사적 전개 과정과 함의", 2000.

'내셔널미니멈' National Minimum 개념을 창안한 웹 부부는 20세기 초, 이 개념을 확대·발전시킨다. 예컨대 생산성과 효율의 틀에서 벗어나 생존권적 의미를 부여한 것이 대표적이다.

'내셔널미니멈', 서울시민복지기준(박원순 복지)의 이론적 발원지

'서울시민복지기준'은 박원순 서울시장의 주요 선거공약 중 하나였다. 그의 측근들은 장차 '박원순 복지'의 상징이 될 것이라고 말한다. 서울시민이면 소득·주거·돌봄·교육·건강 5개 분야에 누구나 인간다운 생활을 누려야 할 최저기준을 보장하겠다는 것이다. 박원순 서울시장이 주창하고 세운 '서울시민복지기준'도 이 내셔널미니멈 개념에 입각해 고안된 것이다. 이 기준은 사실 박 시장이 한때 시민운동가로서 이끈 참여연대의 '국민복지기본선' 개념의 서울 지역판이라고 할 수 있다.

참여연대는 창립 초기인 1994년 이른바 '국민생활최저선(1996년부터 '국민복지기본선'으로 명칭을 바꿈) 확보 운동'을 벌였다. 국민생활최저선은 한 사회에서 최소한의 인간적 삶을 영위할 수 있는 기준을 뜻한다. 참여연대는 이 최저선 보장의 책임이 국가에 있고 정부는 이를 보장하라고 요구했다. 당시 이 운동에 참여한 조홍식은 "국민생활최저선 운동은 영국의 '내셔널미니멈' National Minimum 개념을 본떠 시작한 것"이며 "이 운동은 나중에 국민기초생활보장제도를 도입하는 데 단초가 되었다"고 말했

다.[23]

서구 복지국가의 핵심 개념: 내셔널미니멈(국민최저기준)

'국민생활최저선', '국민복지기본선', '기초보장' 등으로 번역되는 내셔널미니멈National Minimum은 세계 각국의 복지제도에 큰 영향을 끼쳤다. 윌리엄 베버리지William Beveridge에 의해 복지국가의 핵심적 개념으로 구체화되었고, 2차대전 후에는 정부 정책으로 현실화했다. 1960년대 복지국가 번성기에는 '적정수준 보장'이란 개념으로 업그레이드되었다.

웹 부부는 언제 어떤 뜻에서 이 개념을 생각해 냈을까? 영국의 전기작가 호세 해리스José Harris는 《복지국가의 건설자들》Founders of the Welfare State, 1986이란 책에서 "웹 부부는 1896년 내셔널미니멈National Minimum이란 유명한 원칙을 처음으로 천명했다"면서 "이 용어는 강력한 노동조합에 의해 성취된 최저임금과 노동조건의 '일반 규약'이 국가 강제력에 의한 뒷받침과 집단적 협상에 의해 전국적으로 확대되어야 한다는 원칙에 근거했다"고 말했다. 하지만 이 개념은 공식 문서상으로는 웹 부부의 대표적 저서인 《산업민주주의》Industrial Democracy, 1897에서 처음 등장

23 조흥식(서울대 교수), "국민회의 국민복지기본선 정책기획단의 '국민복지기본선 보장을 위한 10대 정책과제'에 대한 검토", 월간 〈복지동향〉 12호, 참여연대사회복지위원회, 1999.

한다. 박능후는 "애초에는 빈곤계층을 양산하는 착취산업의 문제를 해결하기 위한 방안으로 제안된 것"이라며 "당시 노동자들을 생산자, 그리고 시민으로서 실력을 가진 상태로 유지하는 것에 필요한 최저한도의 생활수준이라는 의미였다"고 풀이했다. 웹 부부가 말한 내셔널미니멈은 초기엔 "현직 노동자들이 누려야 할 최소한의 생활수준"을 뜻했다는 것이다[24]. 한국에서 이 개념이 처음 주창된 것은 1994년 그러니까 거의 100년이나 지난 뒤였다.

박능후에 따르면, 웹 부부는 이 개념을 노동자들의 고용조건을 개선하고 연소자의 고용을 규제해 착취산업을 뿌리 뽑는 데 사용하고자 했다. 그러하기에 웹 부부가 생각한 노동자들의 최저기준을 보장해야 할 주체는 처음엔 국가가 아니었다. 그들이 생각해 낸 보장 방법은 오늘날과 같이 국가가 직접 개입해 보장해 주는 이른바 '공공부조' 방식이 아니었던 것이다. 이처럼 초기에는 최저생활보장의 주체는 국가가 아닌 고용주였다. "국가가 고용계약상의 최소 요건을 법으로 규제함으로써 노동자와 이들의 가족이 고용주에 의해 최저생활을 제공받는 방법"을 채택했다.[25] 웹 부부의 내셔널미니멈은 국가와 국민 간의 직접적 권리·의무 관계를 설정하지 않고, 국가가 사적 계약 관계를 통제

24 박능후(경기대 교수), "한국의 기초보장·자활정책 평가와 개선방안", 한국보건사회연구원, 2002.

25 위와 동일.

하는 방식으로 노동자를 보호하려 한 것이었다. 이 때문에 노동능력을 가지지 못한 취약계층이나, 실업으로 장기간 일을 하지 못하는 계층은 생활상의 어려움이 더 큼에도 웹 부부의 국민생활최저선 보장 대상 논의에서 원천적으로 제외되었다.

웹 부부 정책의 한계와 의의

웹 부부의 이런 발상에는 당시 사회·경제적 배경이 다분히 작용했다. 19세기 말에는 비록 직업을 가진 노동자라고 해도 상당수가 노동으로 최소한의 생활을 영위할 수 없는 상황이었다. 그러기에 웹 부부는 노동자 계층에게 고용주가 최소한의 생활을 보장하기 위해 이 개념을 창안했던 것이다. 그들은 단순히 노동자를 보호하기 위해서라기보다, 그들의 육체적·정신적 자질을 높여 생산성을 제고해 '국민적 효율'을 향상시킬 수 있다는 식의 논리를 폈다.

20세기 초에 이르러 이 개념은 효율의 관점을 넘어 생존권적 관점으로 발전한다. 1910년대 전국궁핍방지위원회(웹 부부가 결성한 1909년의 전국빈민법철폐위원회의 후신)가 발간한 팸플릿에서는 국민생활최저선의 영역을 △최저임금제 △8시간 노동제 △실업방지 △아동 양육 △주거 △의료 6개를 설정하고 있다. 웹 부부는 당시 기초보장 대상을 '현업 노동자와 노동 경력이 있는 취약계층'으로 확대하고, 보장 영역도 이 위원회의 팸플릿이 서술한 대로 6개 영역으로 확대해 제시했으며, 보장 방법도 기업주

〈한겨레〉 제공

노년기의 시드니 웹(왼쪽)과 비어트리스 웹.

가 아닌 '국가가 전액 부담하는 공공부조 방식'을 주장했다.

하지만 웹 부부의 국민생활최저선 개념은 다소 조건부 권리 개념에 가깝다는 한계를 지녔다. 웹 부부는 수급자들의 정신적 해이를 우려해 노동능력이 있지만 직장을 가지지 않은 실업계층에게는 직업훈련 이수를 전제로 급여가 주어질 것을 주창했다. 부부의 이런 생각은 강제적 사회보험 방식에 대한 반대로 나타나기도 했다. "보험급여는 무조건적으로 주어지는 것인데다, 취약계층에 대한 사회적 통제가 불가능하다"는 이유에서였다. "사회보험에 대한 반대는 웹 부부만이 아니고, 많은 페이비언 협회 회원, 그리고 다수의 사회주의자들도 그러했다. 이는 일률적인 인두세로 간주되었던 갹출주의에 대한 반대이기도 했다. 이런 이유로 이들 부부는 건강보험도 반대했고, 실업보험도 자신들의 보고서에서 권고하긴 했으나 그것은 어디까지나 노동조합이 운영하는 임의적 실업보험이었다."(박광준, 2002)

이런 한계에도 불구하고 내셔널미니멈은 당시로는 획기적인 개념이었다. 그리고 오늘날 복지국가의 주요 원리가 되었다. 박능후는 그 의미를 세 가지로 짚었다. "최저생활 보장 대상자를 극빈층에서 취약계층으로 확대했다는 점과, 비록 조건부 수급을 방법으로 채택했으나 공공부조에 의한 기초보장을 강조했다는 점, 그리고 기초보장에 생존권적 의미를 부여했다는 점" 등이다[26].

베버리지에 의해 되살려지다

그러나 내셔널미니멈은 불행히도 당시에는 정치적 지지를 얻지 못했다. 한낱 아이디어에 머물러야 했다. 낡은 책자 속에만 존재하던 웹 부부의 아이디어를 되살려낸 이는 베버리지였다. 베버리지는 1909년 웹 부부를 위해 일한 여러 연구원 중 한 명이었다. 그는 흔히 〈베버리지 보고서〉로 불리는 〈사회보험과 관련 서비스〉란 보고서에서 사회보장의 일차적 의미를 "생존에 필요한 최소소득을 보장하는 것"security of income up to a minimum이라고 정의했다. 이를 위해 그는 세 가지 전제조건을 제시한다. △6살 미만 아동이 있는 가정에 아동수당 지급 △포괄적 의료·재활 서비스 제공 △완전고용 유지가 그것이다.

그러나 베버리지가 생각한 내셔널미니멈 개념은 웹 부부의 생각과 약간의 차이가 있었다. 베버리지는 노동능력이 있는 취

26 전과 동일.

약계층, 즉 일할 수 있는 실업자까지 보장 범위에 포괄하지는 않았다. 또한 중산층 이상의 계층은 스스로 책임져야 한다는게 베버리지의 생각이었다. 영국에서 기초생활 보장 개념이 노동능력이 있는 취약계층까지 확대되고, 공공부조 수급권이 개인의 국가에 대한 적극적 권리인 사회권으로 인정된 것은, 1966년 보충급여법[27]이 도입되면서 부터였다. 이 법은 '수급자의 소득과 최저생계비의 차액을 급여액으로 지급해 줌으로써 모든 국민에게 기초보장을 제공할 것을 천명'(박능후)하고 있다. 기초생활 보장의 개념은 1960~70년대 복지국가 전성기를 맞아 이처럼 확대되었다, 나아가 내셔널미니멈 개념은 이후 국민복지적정선으로 확장되었으며, 최근에는 기본소득 논의로 더욱 확장되고 있다.

영국 복지국가의 발달은 물론 세계 사회정책 담론장에 끼친 웹 부부의 영향은 이렇듯 컸음에도 의외로 그들의 역할은 잘 알려지지 않았다. 베버리지의 명성에 비하면 미미하기 그지없다. 그 까닭은 〈베버리지 보고서〉는 제2차 세계대전 당시 국민에게서 대대적인 환영을 받고 전후에는 실제 구체적인 정부 정책으

27 보충급여제도(supplementary benefit scheme)는 현행 영국의 공공부조제도로서 1948년 이래 국가부조제도에 대신해 1966년부터 실시된 자산조사를 수반한 급여제도이다. 이 제도로 이행된 주된 이유는 수급자격이 있으면서도 수급하지 못하는 자를 감소시키는 데 있으며 이를 위해 수급수속의 간소화나 부조에 따라다니는 낙인(stigma)을 불식하기 위해 보험행정과의 긴밀화가 도모되었다. 보충급여기준은 연금연령 이상의 수급자 등을 대상으로 한 장기기준과 그 이외의 자에 대한 일반기준이 있으며 전자의 수준이 약간 높다. 출처: 이철수 외,《사회복지학사전》, 블루피쉬, 2009.

영국 런던정치경제대학 제공

조지 버나드 쇼(중앙)와 그의 아내 샬럿(왼쪽 두 번째), 그리고 시드니 웹(맨 왼쪽)과 비어트리스 웹(앉은 이 중 오른쪽) 부부가 1932년 러시아로 여행을 떠나기 전 한자리에 모여 사진을 찍었다. 버나드 쇼는 영국의 극작가 겸 소설가이자 비평가로, 웹 부부와 함께 '페이비언 협회' 회원으로서 주도적으로 활동했다.

로 실현된 것에 반해, 내셔널미니멈National Minimum이 담긴 〈소수파 보고서〉는 정부 정책으로 현실화하지 못했기 때문이 아니었을까? 빈민법을 철폐하고 내셔널미니멈을 통해 빈곤을 추방하려 한 웹 부부의 계획과 운동이 좌절된 원인을 두고 해석이 분분하지만, 정치에 대한 이해가 부족했기 때문이라는 평가가 많다.

웹 부부 1910년대 식민지 한국에 오기도

빈민법 철폐의 뜻을 이루지 못한[28] 웹 부부는 기분 전환을 위해

28 〈소수파 보고서〉가 나름 평판과 지지를 얻었지만 끝내 정부 정책으로 실현되지 못하자 이들 부부는 빈민법철폐위원회를 조직해 대중운동을 일으켰으나 결국엔 목적을 이루지 못했다. 빈민법은 1909년 이후에도 특별한 개선 없이 계속 시행되었다.

캐나다, 일본, 중국, 인도 등 세계일주 여행을 떠난다. 흥미로운 바는 이 과정에 이들이 한국을 방문했다는 사실이다. 일본 방문길에 당시 식민지 한국을 찾은 것이다. 그들은 일주일 간 서울의 손탁호텔에 머물렀다고 한다.[29] 이들 부부는 1930년대 소련도 방문했는데, 이 방문은 이들 부부에게서 사건이었다고 한다. 방문 전까지 냉소적이고 적대적인 태도를 보인 이들은 소련 방문 뒤 살아 있는 페이비언주의라고 찬양하며 《소비에트 공산주의》란 저서도 펴냈다. 혹자는 스탈린 전제체제를 두고 일말의 비판 없이 찬사일색의 입장을 취한 것은 이들 부부가 '강자의 논리'에 빠져 있었다고 비판하기도 한다.

복지국가 발달에 끼친 웹 부부의 공로는 실로 베버리지에 못지않다. 〈소수파 보고서〉와 내셔널미니멈 개념이 있었기에 〈베버리지 보고서〉가 가능했고 복지국가가 현실화할 수 있었기 때문이다. '영국 복지국가의 청사진'으로 불리우는 〈베버리지 보고서〉의 핵심 논의인 완전고용, 국영의료서비스, 최저임금제 등은 이미 30여 년 전 웹 부부의 〈소수파 보고서〉에 서술되었기에 웹 부부의 〈소수파 보고서〉를 두고 '현재 복지국가라고 일컫는 국가체제를 전망한 위대한 문서'라는 평가가 나오는 것이다.

1932년 이후 부부는, 서서히 정치·사회적 활동에서 벗어났다. 하지만 페이비언 협회에 대해서는 끊임없는 애정을 쏟았고,

29 박광준, 《사회복지의 사상과 역사》, 양서원, 2002. 이 호텔은 일제 강점기 독립군 활약상을 담은 영화 〈암살〉에서 등장한다.

비어트리스는 81살에 협회장이 되기도 했다. 부부는 말년에 자서전을 집필하였는데,《우리의 협동생활》이 그것이다.

비어트리스는 남편 시드니에 앞서 1943년 4월 30일에 생을 마쳤다. 비어트리스가 숨진 뒤, 시드니는 자신의 집 벽난로 위 선반에 그의 유골을 보관했다. 방문객이 찾아오면 그는 "저기 비어트리스가 있어요"라며 슬피 말했다고 한다. 4년 뒤인 1947년 10월 13일 시드니도 그를 따라 영면했다.

부부가 숨지자 당시 버나드 쇼는 그들을 웨스트민스터 사원 Westminster Abbey[30]에 합장해야 된다고 주장했는데, 실제 그의 주장대로 부부의 유골은 지구촌 관광 명소인 그곳에 안치되었다.

참고 문헌

마가렛 콜, 박광준 역,《비아트리스 웹의 생애와 사상》, 대학출판사, 1993.
박광준,《페비안사회주의와 복지국가의 형성 》, 대학출판사, 1990.
박능후, "기초생활보장제도의 역사적 전개과정과 합의", 2000.
이영찬,《영국의 복지정책》, 나남, 1994.
칼 드 슈바이니츠 저, 남찬섭 역,《영국 사회복지 발달사》, 인간과복지, 2001.
Carole Seymour-Jones. *Beatrice Webb-Woman of Conflict*, Allison & Busby, 1992.

30 영국 성공회 대사원으로 찰스 디킨스(Charles Dickens) 등 영국사의 걸출한 인물들이 많이 묻혀 있는 곳이며, 왕의 대관식이 열리는 곳으로도 유명하다. 잉글랜드와 웨일즈를 아우르는 영국 가톨릭의 성소인 웨스트민스터 대성당(Westminster Catheral)과는 구별된다.

문진영 교수가 말하는
웹 부부와 한국의 기초보장

인류의 역사에서 빈곤의 문제는 항상 존재해 왔으나, 이것을 사회 구성원의 집합적인 노력으로 해결하여야 하는(혹은 할 수 있는) 사회문제로 인식하게 된 것은 근대 시민사회의 성립 이후라고 할 수 있다. 즉 시민의 사회·경제적 권리가 신장되면서, 빈곤을 개인적인 운명을 넘어서서 사회 공동체의 연대적 책임이라고 인식하게 되었는데, 이러한 인식의 변화를 추동한 것은 영국의 페이비언 협회(Fabian Society)를 중심으로 한 진보주의자들이었다. 영국 제국의 최전성기를 구가하고 있던 빅토리아 시대가 저물어가던 19세기 말에 등장한 이들 페이비언 사회주의자들은 제국의 번영에 따른 경제적인 풍요에도 불구하고 영국 내에 상존하고 있었던 절대빈곤과 하급 노동자의 비참한 생활을 목격하면서, 빈곤을 더는 개인적인 무능과 나태로 인한 것이 아니라 사회구조적 산물이라는 인식을 가지게 되었다. 이러한 페이비언 사회주의자들의 새로운 사회인식과 사회개혁의 의지, 특히 이들의 특장(特長)이라고 할 수 있는 사회문제에 대한 경험주의적인 방법론은 이후 20세기 사회개혁의 논리적 토대를 제공하였으며, 특히 이들이 주창한 내셔널미니멈(국민복지기본선)은 20세기 후반기 복지국가를 건설하는 사상적인 토대가 되었다.

한편 페이비언 협회의 창립자이자 정신적 기둥이라고 할 수 있는 비어트리스 웹(B. Webb)은 영국의 왕립빈민법위원회(Royal Commission on the Poor Law and the Unemployed, 1905~1909)에 참여하여 이러한 진보주의자들의 입장을 적극적으로 개진하게 된다. 이 위원회는 당시 영국에서 사회정책에 관한 최고의 권위 있는 인사 20여 명으로 구성되어, 약 4년에 걸쳐 빈곤의 원인과 상태 그리고 해결방안을 놓고 치열한 논쟁을 전개하였다. 이들은 200번이 넘는 회의, 1300명 이상의 증인으로부터의 입증자료, 그리고 800회 이상의 출장 방문에도 불구하고, 빈곤에 대한 인식과 빈민법(빈민통제법)의 발전방안에 관해서 결코 좁혀질 수 없는 의견 차를 보였다. 그 결과 1909년 위원회가 해체되면서, 위원장이었던 해밀턴 경을 포함하여 보수적인 인사들 14명은 다수파 보고서(Majority report)를 작성하게 되고 진보적인 인사들 4명은 소수파 보고서(Minority report)를 작성하게 된다.

이러한 왕립빈민법위원회에서 빈곤을 둘러싸고 나타난 보수와 진보 양대 진영의 현격한 인식차이와 이에 따른 갈등구조는 비단 100년 전 영국 사회에 국한된 것은 아니다. 2차 세계대전 이후 유럽에서 복지국가를 건설할 때 빈곤을 둘러싸고 나타난 논쟁의 지형이 이미 이 위원회에서 결정되었으며, 국민기초생활보장제도를 실시하는 등 복지국가의 면모를 갖추어 가고 있는 우리나라에서도 같은 맥락에서 보수진영과 진보진영의 갈등이 재현되고 있다. 예를 들어서 2000년도부터 매년 개최되는 최저생계비 전문위원회에서 나타나는 빈곤에 대한 인식차이와 이에 따른 갈등구조, 그리고 최저생계비가 결정되는 과정을 유심히 살펴보면, 지역적 차이와 100여 년이라는 시차를 넘어서서, 영국의 왕립위원회와 상당한 유사성이 발견된다. 따라서 한 사회가 빈곤을 어떻게 이해하고 어떠한 정책적 수단을 가지고 빈곤의 문제에 대응하는가는 결국 그 사회의 이념적 지형과 밀접한 관계가 있다는 보편적인 원리가 다시 한 번 확인되는 셈이다.

이런 점에서, 농경사회에나 어울릴 단색(單色) 이데올로기를 가진 한국 사회에서 전 국민의 기초적인 생활을 보장하는 국민기초생활보장법을 제정(1999년)한 것은 한국 복지국가의 역사에서 큰 획을 긋는 발전임에는 틀림이 없다. 하지만 제도의 운영과정에서 여전히 가혹한 부양의무제와 불합리한 재산의 소득환산제 등으로 인하여 광범위한 비수급 빈곤층이 존재하여, 국민기본선 보장의 정신을 퇴색시키고 있다. 게다가 최근 현 박근혜 정부와 집권여당에서는 국민기본선의 중핵이라고 할 수 있는 최저생계비 제도를 폐지함으로써 사회적 권리를 부정하고, 국민기초생활보장제도를 행정부의 재량형 공공부조 프로그램으로 전락시키려고 하고 있다. 따라서 한국 사회에서 국민기본선의 보장은 여전히 미완의 과제로 남아있다.

2장

윌리엄 베버리지

'복지국가의 아버지'
복지 기틀을 닦은 하이브리드 지식인

http://webstudycentre.blogspot.kr/2013_03_01_archive.html

윌리엄 베버리지

William Henry Beveridge

1879 - 1963

'영국 복지국가의 아버지'로 학자, 공무원, 언론인 등을 두루 경험한 하이브리드 지식인이자 사회개혁가다. 옥스퍼드대학교 베일리얼 칼리지에서 교육을 받은뒤, 1903년 토인비홀의 부관장으로 임명되면서 평생의 연구주제가 된 실업문제에 관심을 갖게 된다. 1919년부터 런던정치경제대학 학장(총장)으로 재직하고, 1937년에는 유니버시티 칼리지의 학장에 선출되었으며, 왕립 경제학회 회장 등을 역임하였다. 1942년 유명한 〈베버리지 보고서〉를 발간했다. 이 보고서는 2차세계대전 이후 영국 노동당 집권 아래 가족수당법(1945) · 국민보험법(1946) · 국민산업재해보험법(1946) · 국가보건서비스법(1946) · 국민부조법(1947) · 아동법(1948) 등의 법안이 성안되는 데 주요한 근거가 되었다. '요람에서 무덤까지'라는 보편적 복지국가의 이념적 산실이 바로 이 보고서라고 할 수 있다.

주요 약력

1879년 인도 랑푸르(현재 방글라데시)에서 출생

1903년 토인비홀 부관장

1909년 〈실업: 산업의 문제〉 발간

1919–37년 영국런던정치경제대학(LSE) 학장(총장, Director)

1937년 옥스퍼드대 유니버시티 칼리지 학장(Master)

1926년~1928년 런던대학 부총장, 왕립경제학회 회장

1940년 노동 차관, 사회 보험 및 연합국 전시 근로 위원회

1942년 베버리지 보고서 발간

1946년 상원의원(자유당)

1963년 사망

'복지 기틀'을 닦은 하이브리드 지식인

'복지' 또는 '복지국가'를 말할 때, 많은 이들이 가장 먼저 떠올리는 인물은 윌리엄 베버리지William Henry Beveridge, 1879~1963일 것이다. 그는 명성에 비해 의외로 우리 사회에 알려진 것이 별로 없다. 영국인이고 〈베버리지 보고서〉를 쓴 인물이라는 게 전부라고 할까. 한국 사회가 복지국가를 정치·사회적 화두로 논한 것이 기껏해야 2000년대 후반이라고 해도 참으로 부끄러운 일이다.

하루하루 먹고살기에도 빠듯한 보통 사람들까지 그의 일생을 상세히 알 이유 또한 없을 것이다. 하지만 학계나 언론인, 정책 당국자들조차 마찬가지거나 심지어 잘못 알고 있다면 곤란하다. 안타까움을 넘어 답답하고 개탄스럽기도 하다.

베버리지가 누구인가? 복지정책, 복지국가 건설 등 우리가 경험하는 많은 복지제도의 탄생이 그와 무관하지 않다. '복지'에 끼친 그의 영향은 막대하다. 영국 학자 토니 린즈Tony Lynes는 "〈베버리지 보고서〉 발간 이후 40년 간 영국 사회보장제도의 장단점에 대한 논의가 베버리지가 발표했던 원리에서 여전히 이뤄

1930년 7월 대공황 시절 영국의 한 노동조합 건물 앞에 모인 실업자들

진다는 사실은 놀랄 만하다"고 설파했다. 그만큼 복지를 말할때 가장 중요하게 다루어야 할 인물이 베버리지다.

사회의식 강한 옥스퍼드대학 학생

그럼에도 사회복지를 공부한 전공자들조차 베버리지란 인물을 제대로 모른다. 어떤 이는 사회복지학자로, 어떤 이는 경제학자로 알고 있다. 국내에 베버리지 보고서는 물론 전기나 평전조차 없는 실정이니 그럴 만도 하다.

베버리지는 1879년 3월 5일 영국 식민지인 인도 벵골 지방(현재 방글라데시)의 북부 도시 랑푸르에서 태어났다. 그의 아버지는 식민지 인도의 판사였고, 어머니는 전직 교사였다. 인도에서 유복한 시절을 보낸 그는 일찍이 영국으로 보내져 한동안 독일인 가정교사의 지도 아래에서 자란다. 1892년 여름, 소년 베버리지는 그래머스쿨(영국의 7년제 중·고등학교로 상류층 자제가 주로 입학하는 명문 학교) 중 하나인 차터하우스Charterhouse에 장학생으로 입학한다. 베버리지는 고전문학과 수학에서 우수한 재능을 보였다. 그 외의 과목들에는 흥미를 느끼지 못했다는데 특히 스포츠에는 형편없었다. 그래서 친구들에게 놀림을 받기도 했다고 한다. 베버리지는 차터하우스에서 치열한 학습 태도를 익혔다. 그러나 정작 그 자신은 후일 지적·정서적으로 메마른 나날이었다고 회고했다.

1897년, 18살 때 그는 옥스퍼드대학의 베일리얼 칼리지에 진학한다. 초기엔 수학을 공부하다 1년 뒤 고전문학으로 바꾸었다. 그곳에서 그는 영국 현대사의 걸출한 지성들과 교류했는데, 그 중 한 명이 리처드 토니Richard Henry Tawney[1]다. 토니는 한국에서는 거의 알려지지 않았지만, 교육개혁을 비롯해 영국사에 큰 영향을 끼친 인물이다. 두 사람은 사회개혁에 의기투합했는데 사회개혁의 주요한 장애물은 뜻밖에도 사회에 대한 정확한 정보와 이해의 부족에 있다는 생각을 공유했다고 한다.

옥스퍼드대를 졸업한 1901년, 그는 사회 경력의 첫 인연을 법

1 1880~1962년. 역사학자이자 도덕주의자로서, 16세기와 17세기의 영국사를 전공한 영국의 경제사와 사회사의 대가이다. 주요 저작으로는 《종교와 자본주의의 발흥》(1926), 《획득사회》(1933), 《평등》(1931) 등이 있다. 이 책 6장 참조.

조계와 맺는다. 한 변호사 사무실에서 일하면서 변호사가 사회 문제를 실질적으로 해결하는 데 무력하다는 생각에 옥스퍼드 유니버시티 칼리지의 펠로십 자격을 얻자 이내 그만둔다. 이듬해 런던의 대표적 빈민가 이스트엔드 지역에 있는 토인비홀Toynbee Hall[2]의 부관장으로, 사회개혁가로서의 첫발을 내딛는다. 이곳에서 그는 가난과 실업의 의미를 깨닫는다. 이스트엔드의 가난은 비단 그뿐만 아니라 전후 노동당 내각을 이끌며 영국의 복지국가를 현실화한 주역인 클레멘트 애틀리Clement Attlee[3] 총리 등 많은 지식인들의 삶에 큰 영향을 끼친다.

토인비홀에서의 경험은 베버리지에게 '정책이란 반드시 치열한 연구와 상세한 분석을 기반으로 해야 한다'는 신념을 갖게 한다. 또한 그 경험은 그를 단순히 연구자로만 있게 하지 않았다. 런던실업기금 창설에 조력하고, 실업자 단체의 중책을 맡고, 실업을 퇴치하기 위한 전국 직업소개소를 도입하는 캠페인에도 나선다. 그는 점차 실천적인 지식인으로 변모해 가고 있었다.

2 19세기 영국 런던 동부의 빈민지역에 세워진 인보관. 지역사회에 거주하면서 빈곤 퇴치를 위해 연구조사 활동을 벌이는 사회센터로 사회복지기관의 기원이라고 할 수 있다. 적잖은 지식인들이 이곳에 들어가 활동을 벌인다.

3 1883~1967년. 영국의 정치가. 사회주의자로서 노동당 당수, 부총리 등을 지내고, 전후 노동당 단독 내각의 총리가 되어 사회보장제도 확립에 기여하였다.

〈한겨레〉 제공

클레멘트 애틀리(왼쪽)와 윌리엄 베버리지는 같은 옥스퍼드대학 출신이며, 둘 다 토인비홀에서 일했다. 애틀리가 런던정치경제대학 교수로 있을 때 베버리지가 총장으로 재직했다.

베버리지는 초기 사회보장제도보다 실업문제에 더 큰 관심을 보였다. 그는 실업을 가장 근원적 사회문제로 보았고, 그 해결방안을 고심했다.

평생의 주제 '실업문제'에 눈뜨다

그는 자선이나 온정적 도움만으로는 실업문제를 해결할 수 없다고 보았다. 정부의 개입과 행동이 반드시 필요한 게 실업문제라고 생각했다. 이런 생각을 상세히 담은 최초의 저작이 《실업: 산업의 한 문제》Unemployment: a Problem of Industry, 1909이다. 그는 이 책에서 노동력이 수공업적이고 비효율적인 방법으로 '매매'된다고 지적하면서, 이런 비효율적인 거래를 해소하면 실업과 불완전고용이 상당히 해결될 수 있다는 견해를 피력했다. 구체적인 정책적 대안으로 그가 제시한 방안은 바로 '직업소개소 제도 도입' 이었다. 사용자가 노동자를 필요로 할 때, 노동자가 고용을 원할 때 언제든 갈 수 있는 곳인 직업소개소를 정부가 도입해 운영하면 실업문제를 상당 부분 해결할 수 있다는 아이디어였다.

베버리지는 직업소개소가 실업문제를 해결하는 데 큰 기여를 할 것으로 확신했다. 하지만 그는 제1·2차 세계대전 때 만연한 장기실업이나 자본주의의 본질적 모순, 경기순환에 의한 구조적 실업은 미처 생각하지 못했다. 직업소개소는 본질적으로 직업, 일자리가 충분히 있을 때나 사려는 사람과 팔려는 사람이 적절히 있을 때 효과를 보지만, 실업이 만연해 일자리를 찾는 사람이 넘쳐나고 경기가 어려워 일자리가 거의 없는 때는 근본적인 처방이 될 수 없었다.

그래서 그가 고안한 또 다른 실업 대책은 보험이었다. 실업문제에 대한 그의 핵심적 대안은 실업보험이었다. '직업소개소는 직장을 구하는 기간을 최소로 줄이기 위해 필요하지만, 보험은 그 기간을 극복하기 위해 필요하다' 는 생각에서였다.

베버리지는 애초에는 보험제도에 부정적이었다. '영국인의 체질과 전혀 맞지 않는 규제와 획일성을 가져오는 제도' 라고 생각했다. '보험' 이란 제도 자체에 호의적이지 않았던 것이다. 이런 생각을 바꾸게 된 계기는 독일을 다녀온 뒤였다. 독일은 비스마르크Otto von Bismarck[4]가 1880년대에 사회보험제도를 도입해 실시하

4 1815~1898년. 독일국가의 철혈재상. 1848년 프러시아 의회의원이 된 이

고 있었다. 그 곳에서 그는 사회보험의 보편성과 위대성을 느꼈다.

1903년 베버리지는 토인비홀을 떠나 〈모닝포스트〉The Morning Post(〈데일리텔레그래프〉에 병합)의 사회문제 담당 논설위원이 된다. 그는 언론인이란 직업을 통해 실업문제의 원인과 실상을 더 깊이 있게 이해했고, 자신의 칼럼에서 그 해결을 위해 국가보험제도와 직업거래소 도입을 역설하고, 중앙집권적 국가의 개입에 의한 광범위한 프로그램의 필요성을 주장했다. 〈베버리지 보고서〉에 담긴 생각의 씨앗이 이때 형성된 것이다.

처칠과의 운명적 만남

1907년은 베버리지의 일생에 또 하나의 중요한 해였다. 웹 부부의 소개로 그는 상무장관인 윈스턴 처칠Winston Churchill을 만난다[5]. 처칠은 당시 자유당 정권에서 막 임명된 상무성(무역부) 장관

후, 1851년 독일연방회의 프로이센 사절, 1859년 주 러시아 공사 등 외교관으로 활약, 1862년 프러시아 수상이 되어 독일의 통일을 지도하였다. 그 성공과 함께 1871년 독일국가의 초대 수상이 되었으며, 1890년에 퇴직하였다. 당시 독일의 사회주의 운동을 저지하기 위해 1878년 사회주의자 진압법을 제정하는 한편, 세계 최초로 사회보험제도를 실시하였다. 출처: 이철수 외, 《사회복지학사전》, 블루피쉬, 2009.

5 당시 실업문제의 전문가로 인정받은 베버리지는 1905~1909년 왕립빈민법위원회에서 실업문제소위원회 위원으로 비어트리스 웹과 같이 일했다. 웹 부부는 이때 베버리지를 당시 상무장관이자 실업보험의 창시자이기도 한

이었다. 베버리지는 이를 계기로 1908년 상무성의 비상임 공무원으로 임명되었다. 자유당 내각은 그에게 직업소개소 제도 창설을 돕도록 했고, 사회법에 관한 야심찬 계획을 추진하는 데 힘을 쏟도록 주문했다. 1909년 직업소개소법이 제정된다. 이후 그는 1911년 국민보험법의 제2부(part 2)가 될 실업보험의 세부 사항에 관한 작업에 참여했다. 이 과정에서 베버리지는 직업소개소 시스템을 책임지는 정규직 담당 공무원으로 임명되고, 1913년에는 차관보[6]까지 승진한다.

이처럼 직업소개소 제도는 시작에서 실행에 이르기까지 베버리지에 의한 산물이라고 해도 과언이 아니다. 영국이 실업보험제도를 실시하게 된 것 또한 그가 노력한 결과다. 제1차 세계대전 중인 1917년, 베버리지는 한때 전시체제의 식량배급 시스템을 고안하는 일을 맡았다. 불과 서른이 갓 넘은 나이에 처칠의 지지로 행정과 입법 과정에서 핵심적인 일을 수행하게 된 것이다.

1919년께 베버리지는 일대 변신을 꾀한다. '영광스러운 변신'이었다. 그의 멘토격인 시드니 웹에 의해 런던정치경제대학(LSE)의 학장(사실상 오늘날의 총장) 자리를 권고받은 것이다. 런던정치경제대학은 영국에서 처음으로 사회정책학과가 만들어진 사회정책학의 본산이라고 할 수 있는 곳이다. 베버리지는 이 대학의

처칠에게 소개했다고 한다. 출처: 박광준, 《사회복지의 사상과 역사》, 양서원, 2002.

6 중앙행정기관 각부의 장관과 차관을 보좌하는 직위

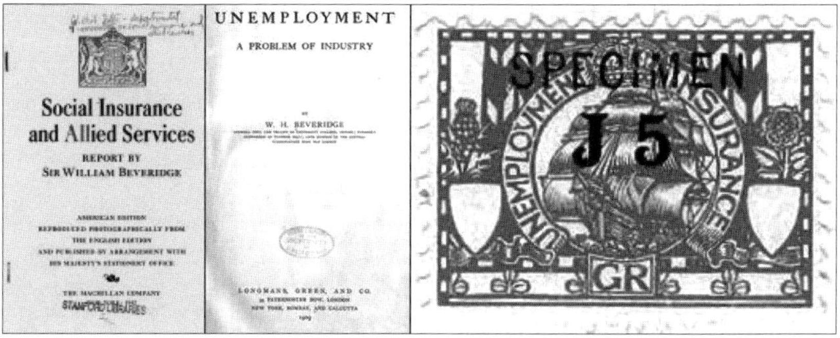

이른바 〈베버리지 보고서〉로 불리는 〈사회보험과 관련 서비스〉 리포트(맨 왼쪽). 베버리지가 쓴 〈실업 : 산업의 한 문제〉(가운데). 1912년 영국의 실업수당 스탬프 견본.

총장직을 1937년까지 18년 동안 역임한다. 이 기간동안 그는 사회과학 방법론을 놓고 여러 학자와 논쟁을 벌이며 사회정책학의 기틀을 세운다. 옥스포드 대학의 사회과학센터 설립도 그의 업적이다. 총장이 직원을 위한 가족수당제도를 도입해 상당한 주목을 받는다.

〈베버리지 보고서〉의 기원

1924년 베버리지는 또 다른 사회보장제도에 관심을 기울인다. 바로 '가족수당'이다. 그해 그는 《상속권이 없는 가족》(엘리아노 라스본 지음)이란 책을 읽는다. 이 책은 '일하는 여성', 곧 집안 살림을 하면서 동시에 밖에 나가 돈을 버는 여성이 동등한 대우를 받을 자격이 있음을 주창하며 그들에게 일정한 수당을 지급할 필요성을 제기했다. 베버리지는 라스본의 책을 읽은 뒤, 런던정치경제대학의 직원을 위해 가족수당을 도입한다. 이듬해에는 광부의 복지 혜택을 높이기 위해 역시 가족수당 도입을 주장한다.

제2차 세계대전의 발발은 베버리지의 인생항로를 또 다시 바꾸게 했다. 다시 정부의 일을 맡게 됐는데, 정부는 그에게 신병모집과 관련한 인력조사 업무를 수행하도록 요청했다. 1940년에는 노동부의 차관직을 맡도록 했다. 노동부 차관직은 어려움이 이만저만이 아니었다. 노조와의 관계를 잘 풀지 못했기 때문이다. 결국 그는 차관직을 그만둔다. 그로서는 매우 자존심 상하고 달갑지 않은 일이었다. 이때의 상황에 대해 베버리지는 자서전에 상세히 기록했다. 베버리지(62)는 당시 재건장관(무임소장관)을 맡고 있던 아서 그린우드Arthur Greenwood한테서 부름을 받자 전쟁수행에 관한 중요한 일을 맡길 것으로 기대했다. 그러나 그것은 재미없고 따분하고 실망스러운 일이었다. 그렇지만 당시 그는 눈물을 머금고 그 일을 수락했다고 한다. 그 한직이 오늘날 그를 '복지국가의 아버지'라는 명성을 얻게 할 줄은 그 자신도 예측하지 못했다. 그 자리는 '사회보험과 관련 서비스에 관한 정부 부처간 위원회'의 위원장이었다. 전시 연립내각이던 윈스턴 처질 행정부는 전후 사회에 대한 비전을 마련하기 위해 각종 조사위원회를 꾸렸는데 이 위원회도 그 중 하나였다. 처칠 연립내각은 당시 이 위원회에게 사회보험과 기존 제도를 조사해 개선 방안을 권고하는 임무를 부여했다. 1941년 6월이었다.

〈베버리지 보고서〉 탄생의 비밀—전쟁의 아픔 보듬은 '보편적 복지'

베버리지 '사회보험과 관련 서비스에 관한 부처간 위원회' 위원장은 맡은 일이 많았다. 그러다보니 자신의 임무에 열성도 없었다. 불만족스런 심기를 노골적으로 드러내기도 했다. '자기중심적인 자유주의자'에 다소 까다로운 성격의 그는 자신의 새 직책이 '이름뿐인 자리 앉히기'였다고 여겼다. 후일 이와 관련해 "(위원회 위원장 임명은)어니스트 베빈Ernest Bevin (당시) 노동부장관이 자신을 노동부에서 쫓아내기 위한 일환이었다"고 회고했다. 그렇다면 이 예순둘의 다소 자기중심적 성격의 베버리지가 스스로 못마땅해 한 한직의 자리에서 어떻게 새롭고 대담한 사회보장 계획을 세상에 내놓게 되었을까? 당시의 사회적 상황과 사회보장제도의 문제점을 살피지 않고서는 이 질문에 대한 답을 찾기는 어려울 것이다.

가난은 사회 책임, 폐허 속 깨달은 공감

영국의 사회보장제도는 1897년 산재보상법[7] 도입 이래 나름의 발전을 거듭해 왔다. 하지만 '곳곳에 구멍이 뚫렸고, 썩은 널빤지로 이뤄진 난파선' 같았다. 자산 조사를 통한 '낙인'과 빈민법의 유산은 빈민층으로 하여금 구빈제도를 되레 회피하도록 했다. 더욱이 7개 정부 부처가 직·간접적으로 서로 다른 유형의

7 산업재해를 겪은 노동자에 대한 보상을 사용자에게 직접 강제하는 내용을 담은 것으로 오늘날 산재보험과는 다르다. 영국에서 산재보험은 전후 1946년 국민보험법 안에 관련 내용을 담는 것으로 본격 시작된다.

복지급여를 제공하는 등 관리 주체가 복잡했다. 이를테면 노령연금제도(1908년)는 관세국이 관장했고, 실업급여(1909년)는 종류가 3개인데다 규정도 제각기 달랐다. 또한 상이용사와 유가족은 연금부, 장애인·과부·고아는 보건부, 산재보상(1911년)은 내무부로 복잡하게 나뉘어 운영되었다.

이런 제도적 문제 외에 전쟁이란 특수한 상황과 이로 인한 영국인들의 전후 사회에 대한 새로운 기대도 베버리지가 큰 틀의 사회보장 계획을 짜게 한 요인이었다. 당시 영국은 제2차 세계대전의 한가운데에 놓여 있었다. 런던을 비롯해 주요 도시는 독일군의 공습으로 속속 파괴되었고, 수십만 명의 사람들이 죽거나 다치고 집을 잃었다. 전쟁은 영국인의 삶을 궁핍과 폐허의 공간으로 밀어 넣었다. 하지만 전쟁은 이런 고통만을 준 것은 아니다. 전쟁은 전혀 겪어 본 적이 없는 경험을 하도록 했고 동시에 새로운 제도에 대한 갈망을 부추겼다.

몇몇 가난한 아이들에게만 제공하던 학교급식과 우유가 거의 모든 아이들에게 제공되었고, 복지 서비스가 빈곤층뿐만 아니라 보편적으로 적용되었다. 새로운 체험이었다. 또 전시 체험은 궁핍이 개인의 잘못과 책임인 줄로만 여겼는데, 그것이 사회적 상황에서 비롯된다는 점을 일깨워 주기도 했다. 무엇보다 전쟁은 영국인들에게 새로운 사회를 갈망하도록 했다. '전쟁이 끝나면 우리가 살 사회는 적어도 지금보다는 더 나은 사회가 되지 않으면 아니 될 것'이라는 자각과 희망이었다.

전쟁은 또 다른 사회정책적 '효과'도 낳았다. 전쟁 시 징병은

〈the five giants〉 제공

영국 군인이 베버리지를 본뜬 맥주잔을 든 채 "멋진 신세계를 위하여 건배!" 하며 즐거워하는 만화(왼쪽). 베버리지가 '사회보장'이라는 칼을 휘두르며 궁핍 등 5대 거악과 싸우는 모습을 풍자한 시사만화.

물론 근로 명령, 재산과 토지의 강제 징발, 초과이득세 부과 등 정부의 강제적 조처가 속속 이뤄졌다. 정부의 사회정책 지원도 기존의 극빈층에서 피란민, 피폭자, 상이용사 등으로 대상이 대폭 확대되었다. 이런 일련의 조처들 가운데는 평소 같으면 자유분방한 영국 시민들에게 통제와 간섭을 받아들일 여지가 있는 것도 적잖았다. 하지만 전시 상태는 정부의 적극적 간섭과 통제를 자연스러운 것으로 받아들이도록 했고, 이런 경험은 국가개입에 따른 강제적인 사회보험제도 등 사회정책들을 쉽게 받아들이게끔 했다. 〈베버리지 보고서〉는 이런 복합적 상황의 산물이었다.

'요람에서 무덤까지'의 어원

1941년 7월, 베버리지는 자신의 구상을 작은 책자에 처음으로 내비쳤다. 〈사회보험-전반적 고려〉Social Insurance-General Considerations란 글에서 그는 "전체적으로 전후에 더 나은 새로운 사회에 공헌할 수 있게 사회보험을 재검토해야 할 시간이 왔다"고 선언했다. 그해 12월 〈제도의 핵심들〉Heads of a Scheme이란 글에서는 자신의 구상을 구체적으로 제시해 정부를 당혹시켰다. 핵심은 세 가지로 △포괄적 보건의료 서비스 △아동을 위한 가족수당 도입 △사회보장제도의 원활한 작동을 위한 완전고용이었다. 이는 최종 보고서에도 고스란히 핵심적 내용으로 담긴다.

1942년 12월 1일 마침내 위원회의 최종 보고서가 세상에 나왔다. 〈사회보험과 관련 서비스〉Social Insurance and Allied Services란 이름의 보고서는 윌리엄 베버리지가 단독으로 작성한 것Report by William Beveridge으로 출간되었다. 엄연히 보고서는 각 부처에서 파견된 공무원들이 대거 참여한 가운데 만들어졌다. 127편 이상의 증거 문서와 50번 이상의 증인들의 청취는 위원회에 참석한 공무원들의 노력 없이는 불가능한 일이었다. 그럼에도 베버리지 혼자만의 이름으로 발간된 것이다.

그 까닭은 보고서가 정부의 공식 입장이 아님을 명확히 보여주기 위해서였다. 베버리지 개인이 작성한 것으로 보고서의 의미는 의도적으로 축소되었다. 정부는 애초 이 위원회의 임무를 단순한 업무조정 작업 정도로만 생각했는데 베버리지는 진짜 일을 제대로 해 버렸던 것이다. 당시 정부는 보고서의 내용을 알고는 "많은 논란을 불러일으킬 정책적 이슈를 안고 있는 사안"으로 판단했다. 그래서 베버리지에게 내용의 수정을 요구했다. 그러나 베버리지는 이를 단호히 거절했다. 결국 정부는 위원회에 참여한 공무원들을 부처의 대표가 아닌 자문관으로 위치를 격하했고, 보고서의 발간 주체도 위원회가 아닌 베버리지 혼자의 이름으로 하도록 한 것이다.

정부의 '평가절하'와 달리 〈베버리지 보고서〉에 대한 세간의 반응은 뜨거웠다. 발간 직후 엄청난 반향을 불러일으켰다. 10펜스 짜리의 이 정부 간행물을 사려고 런던에 있는 정부간행물국 HMSO 본부 건물 밖에는 밤새 긴 줄이 늘어설 정도였다. 삽시간에 6만 부가 팔렸고, 한 달 만에 10만 부, 1944년 말까지 20만 부가 팔렸다. 특히 20쪽의 요약본이 널리 보급되었다.

당시 대중지 〈데일리미러〉Daily Mirror(1942년 12월 2일치)는 '요람에서 무덤까지'란 표현으로 이 보고서 발간 소식을 전했다. 이 신문은 '베버리지가 궁핍을 어떻게 제거하는지를 말하고 있다'는 큰 제목 아래 '요람에서 무덤까지의 플랜' Cradle to Grave Plan, '모두가 내고 모두가 받는다' All pay, All benefit란 소제목을 달았다. 이날 이후 '요람에서 무덤까지'는 복지국가의 상징적 어구가 되었다. 베버리지는 이 신문과의 인터뷰에서 "이 플랜이 영국의 번영을 결정할 것이며, 즉시 추진된다면 1944년 7월 1일부터 집행될 수 있다"고 말했다.

베버리지의 사회보험 6대 원칙

〈베버리지 보고서〉가 어떤 내용을 담았기에 영국인이 이처럼 열광했는가? 이 보고서는 당시 영국인들의 새로운 사회에 대한 갈망을 담았다고 할 수 있다. 빈곤에서의 해방, 자산 조사 없는 보편적 복지급여, 전쟁의 고통 속에서 벗어나 새롭고 더 평등한 영국에 대한 희망 등이 그것이었다.

보고서는 세 가지 사회보장 원칙에서 시작했다. 첫째, 어떤 제안도 과거의 경험을 고려해 만들어져야 하고 특정 집단의 기득권은 무시해야 한다. 둘째, 사회보험 조직은 사회진보를 위한 포괄적인 정책의 한 부분으로 간주되어야 한다. 왜냐하면 사회보험은 소득보장, 즉 궁핍want을 퇴치하기 위한 것일 뿐 나머지 4대악(질병, 무지, 불결, 나태)까지 해결할 수는 없기 때문이란 것이다. 셋째, 사회보장은 국가와 개인 곧 정부와 민간이 협력해 이루어야 한다.

이 원칙 아래 사회보장 방법으로는 △기본 욕구를 위한 강제적 사회보험Compulsory Social Insurance △특별한 경우를 위한 공공부조(국가부조)National Assistance △임의 보험Vouluntary Insiurance 등 세 가지가 제시되었다. 또 이런 사회보장제도가 잘 작동되려면 이른바 세 가지 전제, 곧 가족수당(아동수당)Children's Allowance과 포괄적 보건의료 서비스 도입Comprehensive Health and Rehabilitation Service, 완전고용 유지Maintenance of Employment가 필요하다고 제안했다.

베버리지는 사회보험과 관련해 6가지 원칙도 제시했다. △생존 수준의 정액급여Flat rate of subsistence benefit △정액기여Flat rate of contribution △행정책임의 단일화Unification of administrative responsibility △급여의 적절성Adequacy of benefit △포괄성Comprehensiveness △지원 대상 분류Classification 등이다. 이 가운데 '생존 수준의 정액급여(균일 생계비 지원)'는 〈베버리지 보고서〉의 핵심적 개념이다. 여기서 생존 수준의 급여는 생활의 통상적 요구를 충족할 수 있는 '품위 있는 최저 수준' Decent Minimum Standard을 가리킨다.

그는 사회보장이 이른바 '5대 거악' Five Giants: 무지, 불결, 질병, 나태, 궁핍을 퇴치하기 위한 종합적 공격 도구여야 하나, 그것은 개인과 고용주, 국가 3자의 기여가 기초되어야 한다고 생각했다. 국가는 국민의 권리로서 받을 수 있는 서비스에 대해 자산 조사 없는 최저 수준의 보장을 해 주고, 가족을 위해 추가적 보장을 원하는 이는 스스로 책임져야 한다는 것이다.

베버리지의 사회보험 6대 원칙 — 급여 원칙의 특징

1. 균일 생계비 지원	생존 수준의 정액을 지원함.
2. 정액보험료 (균일갹출)	보험가입자와 고용주는 부자이든 빈자이든 자산 정도에 상관없이 모두 정액으로 기여금을 납입함.
3. 행정의 통합화 (행정책임의 단일화)	모든 기여금은 단일한 사회보험기금에 적립되며, 급여는 이 기금에서 지급함.
4. 급여의 적절성	생존에 필요한 최소한의 소득을 제공하며 수혜자는 다른 소득이 없어도 그 자체로서 충분해야 함.
5. 포괄성의 원칙 (적용범위의 포괄화)	사회보험은 모든 사람과 욕구를 포괄함(보편주의).
6. 대상(피보험자)의 분류화	사회보험은 동일하고 포괄적이되 사회보험 대상의 다양한 욕구와 상황, 삶의 방식을 고려해야 함. 모든 시민은 기여금을 납입하되, 노동연령과 나이 등에 따라 6가지로 범주화함.

출처: 지은정, 〈베버리지 보고서의 사회보장원칙과 가정에 대한 비판의 타당성 검토〉, 2006.

그는 특히 6가지 원칙 중 사회보험의 '포괄성' Comprehensiveness

을 강조했다. 그 이유에 대해 그는 보편적으로 모두의 욕구를 만족시켜야 하고, 모든 이가 보험의 기여자이자 수혜자여야 하기 때문이라고 했다. 또한 가난한 공동체의 일부만이 아니라 모든 이가 참여하는 포괄적 제도를 위해선 제도의 의무가입, 곧 강제적 원칙이 필연적으로 수반되어야 한다고 여겼다. 사람들이 제멋대로 제도의 참여 여부를 선택해선 안 된다는 것이다.

"누구도 동일한 조건에 놓여 있어야 한다. 어느 누구도 더 건강하거나 정규직이란 이유로 기여금을 덜 내서는 안 된다. 사회보험이란 용어는 강제적이란 뜻과 함께 모든 사람이 함께한다는 의미를 포함하고 있다." 베버리지가 자신의 이름을 단 보고서에서 밝힌 말이다. 영국 사회정책학자 빅 조지와 로버트 페이지는 "〈베버리지 보고서〉는 급진주의, 보편적이고 종합적인 사회보장 계획, 그리고 신중함 등의 합작품"이라고 평했다.[8]

베버리지 구상에 영향을 끼친 여인?

이런 베버리지의 구상에 한 여인이 영향을 끼쳤을 이야기가 있

8 〈베버리지 보고서〉의 사회보장 6대 원칙에 대해서는 학자들마다 약간씩 다른 견해를 보이기도 하는데, 보편성(Universality)의 원리를 가장 강조하는 이도 적잖다. 소득중단을 초래하는 모든 사회적 위험에 대해 강제보험으로 대처해야 한다는 것이다. 이 밖에도 보험(Insurance)의 원리, 정액갹출과 정액급여, 최저생계, 국민최저수준, 행정관리와 책임의 통일성과 일관성 등을 주요 원리로 든다.

어 소개해 본다. 제시Jessy라는 이름으로 불린 여인이었다. 본명은 재닛 메이어Janet Mayer다. 문제는 제시가 유부녀였다는 점이다. 수학자이자 공무원인 데이비드 메이어David Mayer의 아내였다. 베버리지와 제시는 제1차 세계대전 이전부터 가까웠다. 이들은 흔히 말하는 스캔들의 당사자들이다. 베버리지의 전기를 쓴 호세 해리스José Harris는 그의 평전에서 "제시가 베버리지의 구상에 영향을 주었다는 증거는 없지만, 보고서의 대부분은 그가 에든버러에서 제시와 함께 지낸 몇 주 뒤에 발간되었고, 특히 그에게 '크롬웰 정신(왕정을 무너뜨리고 국민의 행복을 추구하는 정치 공동체를 추구)과 메시아적 기조를 보고서에 담도록 촉구한 이가 제시였다"고 기술했다. 제시는 베버리지에게 다음 세 가지 점에 주목하라고 충고했다고 한다. "치료보다는 예방, 생활방식을 깨끗이 하는 데 익숙지 않은 이들에 대한 교육, 그리고 기죽지 말고 한 걸음 한 걸음 천년을 향해 나아갈 수 있는 미래를 구성할 것." 보고서가 발간되고 2주 뒤 베버리지와 제시Jessy는 결혼했다.

〈베버리지 보고서〉에 대한 폭발적 반응은 언론보도로도 나타났다. 〈BBC〉 방송은 1942년 12월 1일 동틀 무렵부터 방송을 내보냈고, 일간지 〈더 타임스〉The Times도 '기념비적 문서'라고 극찬했다. 여론조사 결과 당시 86%의 시민이 보고서에 찬성의 뜻을 표했고, 반대는 불과 6%에 그쳤다. 적잖은 부자들도 찬성의 뜻을 나타냈다. 반향은 전쟁중인 영국 군인들에서도 나타났다. 프랑스와 바다 건너 미국에도 보급되었고, 나치 점령하의 유럽의 일부 지역에도 전해졌다.

흥미로운 일화도 전해지는데, 전쟁이 끝난 뒤 히틀러의 벙커에서 〈베버리지 보고서〉의 주요 내용이 담긴 문서가 발견되었다고 한다. 그런데 그 문서엔 〈베버리지 보고서〉에 담긴 사회보장제도가 현재 독일의 사회보장제도보다 더 낫다는 등의 평가가 적혀 있었다는 것이다. 그리고 서류 표지에는 '대외비'라고 적혀 있었다고 한다.

처칠, 〈베버리지 보고서〉에 반감

보고서 발간 이후, 베버리지는 자다 일어나 보니 유명해졌다는 말처럼 하룻밤 새 국민적 영웅으로 떠올랐다. 베버리지는 훗날 "당시 환호하는 군중 사이로 코끼리를 타는 것과 같았다"고 회고했다. 그래서 영국 역사가이자 작가인 폴 애디슨Paul Addison은 베버리지를 '인민의 베버리지'라고 표현했다. 그러나 대중과 언론, 병사와 해외의 반향과 달리, 정부나 정당의 반응은 달랐다. 실행 여부의 찬반을 놓고 갈등이 벌어졌는데, 당시 재무장관은 최종 발간 전인 1942년 11월에 연립내각 총리인 처칠에게 이 보고서에 실린 주요 계획이 집행되려면 세금을 30% 인상해야 한다고 보고했다. 사실상 그만큼 재원이 많이 드니 현실성이 없다는 식의 보고였다. 경제학자 존 메이너드 케인스John Maynard Keynes의 생각은 달랐다. 그는 재정적 어려움이 있겠지만 베버리지의 계획이 실행 불가능한 게 아니라고 판단했다. 다만 케인스는 현실화를 위해 재정규모를 낮추고 계획을 부분적으로 수정하도록 권고했다. 그의 권고대로 베버리지는 초기계획을 손보았다고 한다.

그러나 한때 협력관계였던 처칠은 달랐다. 두 사람은 보고서 실행을 놓고 갈등 관계로 바뀐다. 당시 전시 연립내각의 수상 처칠에겐 전쟁에서의 승리가 최우선적 과제였다. 처칠은 내용도 불만이었지만, 내각이 문제의 보고서를 놓고 의견이 분열되는 상황도 불편했다. 따라서 그는 보고서의 즉시 집행을 요구하는 베버리지의 의견을 받아들이지 않았으며, 베버리지의 잇따른 면담 요청도 끝내 수락하지 않았다. 처칠은 베버리지의 계획이 현실성이 없다고 생각한 것이다. 그의 계획에 찬성의 뜻을 내비친 쪽은 노동당의 지도자와 의원들이었다. 다만 적잖은 온도차가 있었다. 전시 연립내각에 참여한 부총리 클레멘트 애틀리Clement Attlee는 베버리지의 계획엔 찬성했지만 즉시 집행에는 미온적이었다. 이렇듯 〈베버리지 보고서〉는 대중의 폭발적 반응에도 실질적인 집행 보고서가 되기엔 당시로선 매우 어려운 환경에 놓여 있었다.

보고서 '현실화' 배경과 한계 —노동당 압승 날개, 보편적 복지 실행

베버리지가 오늘날 '복지국가의 아버지'로 불릴 수 있는 데는 단순히 보고서 작성자란 이유로는 어려웠을 것이다. 궁극에 그의 아이디어가 실행되었기 때문일 터다. 베버리지의 계획은 어떻게 현실화할 수 있었을까?

영국 노동당의 집권이란 정치적 변화가 있었기에 가능했다. 1945년 7월 26일, 영국 총선이 치러졌다. 제2차 세계대전의 종결을 코앞에 두고 이루어진 정치 일정이었다. 투표율이 72%에 이르렀다. 새로운 사회에 대한 시민의 갈망이 어느 때보다 컸던 때였다. 총선 결과, 클레멘트 애틀리가 이끈 노동당은 '전쟁 영웅' 윈스턴 처칠이 이끄는 보수당을 제치고 압승했다. 노동당은 내각의 파트너가 아닌 최초로 독자적인 정부를 구성하게 되었다.

노동당의 단독 집권은 '돌발적 사건'은 아니었다. 전쟁 종결 이전에 예견된 일이었다. 제2차 세계대전 이전까지 노동당의 지위는 미미했고, 통치 경험도 거의 없었다. 하지만 제2차 세계대전이 노동당의 운명을 일거에 바꿔놓았다. 현실 정치의 주요 플레이어로 부상토록 한 것이다. 보수당 주도의 전시 연립내각이 구성되었는데, 어니스트 베빈Ernest Bevin[9], 허버트 모리슨Herbert Morrison[10], 휴 돌턴Hugh Dalton[11] 등 노동당의 주요 지도자들이 각료를 맡아 국정에 참여하게 되었기 때문이다(고세훈, 2011).

9 1881~1951년. 영국 노조지도자이자 정치인으로 1922년에서 1940년까지 운수노조를 이끌었다. 전후 노동당 애틀리 정부에서 외무장관을 지냈다.

10 1888~1965년. 1945~1951년 전후 노동당 정부의 핵심각료, 내무부와 외무부 장관, 부총리를 지냈다.

11 1887~1962년. 영국 노동당의 경제학자이자 1945~1947년 재무장관을 지낸 정치가.

뉴시스 REUTERS, 한겨레 제공

지난 2011년 8월 영국 토트넘에서 벌인 시위는 리버풀, 브리스톨 등 잉글랜드 각지로 번졌다. 제2차 세계대전의 폐허에서 싹튼 베버리지의 보편적 복지는 이후 신자유주의 물결 속에 서서히 시들었고, 이 시위는 그런 흐름의 부작용이라는 분석이 지배적이다.

처칠 등 보수당 각료와 정치인들이 전쟁의 승리에 골몰해 있을 때, 노동당 각료와 지도자들은 전쟁 종결 이후 국가 재건 계획에 적극적으로 관여하며 자신들의 영향력을 넓혔다. 1944년 처칠 총리가 전후 재건을 위한 조사와 구상을 위해 10인 재건위원회를 내각에 설치했을 때, 노동당의 주요 인물인 애틀리, 베빈, 모리슨, 이른바 노동당의 '삼두정치'를 연 3인이 모두 참여했다. 더욱이 10인 재건위원회가 발간한 백서에는 베버리지가 이미 제안한 바 있는 사회보험·의료개혁·가족수당 등 핵심 구상이 포함되었고, 이 구상들은 처음으로 정부의 정책적 과제로 공식화되었다.

전쟁 기간에 노조 조직률은 30%에서 40%로 급증한 점도 노동당 집권의 호조건으로 작용했다. 〈베버리지 보고서〉에 대한 뜨거운 반응에서 이미 나타났듯이, 영국인들은 영국 사회의 근본적이고 대대적인 변화를 열망했고, 그것은 정부의 경제 개입에 대한 긍정적 태도와 사회보장제도에 대한 호의적 여론 확대로 발전했다. 1943년 6월, 38%를 보이던 노동당의 지지는 1945년 5월에 이르러 45%로 증가했는데, 반면 보수당은 같은 기간에 31%에서 33%로 소폭 늘어나는 데 그쳤다.

애틀리 총리의 의지와 베버리지의 꿈 '합작'

전후 노동당 정부는 집권과 함께 베버리지의 계획을 실행에 옮기기 시작했다. 이런 실행에는 애틀리란 정치지도자가 있었기에 가능했다. 1935~55년 노동당 당수직을 지낸 그는, 전시 연립내각에서 국무장관과 부총리 등을 지낸 인물로 점진적 사회주의자였다. 애틀리와 베버리지는 옥스퍼드대학 출신, 둘 다 토인비홀을 위해 일한 점 등 공통점이 많았다. 변호사 출신의 애틀리는 베버리지가 초기에 일한 토인비홀의 구호 신청자에게 무료 법률 조언을 한 바 있었고, 베버리지가 런던정치경제대학 총장일 때 사회과학 및 행정대학의 교수로 재직했다.

애틀리 정부는 노동조합이 제기한 철도·은행 등 주요 산업의 국유화와, 베버리지가 제시한 국영의료체계 등 사회보장제도 확립을 통해 전후 사회에 대한 영국인들의 열망에 부응하려 했다. 가족수당 재원을 마련해 실행한 것은 그 서막이었다. 가족수당은 1945년 총선 전에 이미 보수당 주도의 전시 연립내각에 의해 법률(가족수당법)Family Allowances Act로 만들어져 있었다. 이로써

1946년 8월부터 5실링(25펜스)씩 둘째 아동을 대상으로 영국인에게 가족수당이 지급되었다. 그해에는 산재사고법도 제정되어, 산재사고에 대한 보상 업무를 정부기관이 수행하도록 했다.

베버리지 계획, 영국을 넘어 세계로

1946년 국민보험법National Insurance Act[12]이 마련되었다. 이 법에 따라 실업급여, 질병급여, 분만급여, 분만보조금, 은퇴연금, 과부급여, 보호자수당과 장례비 등이 현금으로 지급되었다. 이 복지급여는 '최소 수준의 보편적 급부를 통한 빈곤 추방'이라는 베버리지의 원칙에 따라 이뤄졌지만, 그의 원래 구상에 비해 후퇴한 것도 적잖았다. 예컨대 베버리지는 실업이 계속되는 한 실업급여Unemployment benefit가 지속적으로 지급되어야 한다고 생각했지만, 실제로는 실업 발생 1년으로 급부 기간이 한정되었다.

국민보험법의 허점을 메우기 위해 고안된 국민부조법National

12 노동당 정부는 1945년 가족수당법(Family Allowance Act), 1946년 국민보험법(National Insurance Act), 산업재해법(Industrial Injuries Act), 국가보건서비스법(National Health Service Act), 1948년 국민부조법(National Assistance Act)을 잇따라 제정함으로서 영국 복지국가 성립의 기초를 다졌다. 1946년의 국민보험법은 1911년 제정된 최초의 사회보험법인 국민보험법과 다르며, 균일하게 기여하고 최저생계비 수준 이하의 연금을 지급하도록 규정하고 있다.

Assistance[13]도 1948년 제정되었다. 이에 따라 1601년 제정되어 산업혁명기간을 포함해 347년간 지속되었던 악명 높은 빈민법은 완전 폐지되었다. 국민부조법은 지방정부의 공적부조위원회의 책임을 없애고, 빈곤 구제를 국가의 책임으로 정했다. 국민보험법과 국민부조법, 두 법의 도입만으로 영국은 당시로선 획기적인 사회보장 체계를 갖추게 되었다.

〈베버리지 보고서〉의 현실화, 그 백미는 1946년의 국가보건서비스NHS: National Health Service[14]법의 제정이었다. 베버리지는 보고서에서 사회보장의 전제조건으로 모든 국민에게 포괄적 의료서비스 제공이 필요하다고 제안했다. NHS는 이런 그의 생각을 현실화한 것이다. 이는 노동당 정부가 시행하려던 사회보장 계획 중에 가장 큰 논란을 낳기도 했다. 마침내 1946년 10월 관련법이 제정되었고, 1948년 제정된 국민부조법과의 조응을 위해 1948년 7월 5일부터 발효되었다.

13 사회보험제도에 의해 보호받지 못하는 가난한 사람들을 위해 도입되었다. 이 법은 "현존하는 빈민법을 종식시키는 법"이라는 부제가 붙었는데, 실제 제1장은 "현존하는 빈민법은 효력을 정지한다"로 시작했다.(박병현, 《사회복지의 역사》, 공동체, 2010)

14 "사람들의 신체적·정신적 건강을 현저히 증진하도록 포괄적인 보건서비스의 확립과 예방, 진단, 치료를 촉진하는 것은 보건부 장관의 의무이다. 제공되는 보건서비스는 특정 규정이 비용을 명시한 경우를 제외하고는 모두 무료이다.". 국가보건서비스법의 1절이다. 국가보건서비스의 재원은 조세다. 이에 개인은 질병에 걸렸을 때 따로 돈을 지불하지 않았다. 이 법의 도입에 따라 1911년 로이드 조지가 제정한 국민보험법은 공식 폐지되었다.

핵심 내용은 보건의료 서비스는 국가가 관할해 실시하며, 재원은 국민의 세금으로 충당한다는 것이었다. 모든 의료는 무료로 행해지고, 약도 무료이고 시력검사나 안경, 충치 치료도 무료로 이뤄졌다. 3년 뒤인 1948년에는 보철과 안경에 대해 수수료가 부과되고, 추후에는 약값도 미미하지만 약간의 본인부담을 두는 것으로 바뀌게 된다. 하지만 NHS는 노동당에서 보수당으로 정권이 바뀌는 등 숱한 정치적 부침 속에서도 적잖은 수정은 있었지만 기본 뼈대는 아직까지 유지되고 있다.

베버리지의 사회보장 아이디어, 곧 생존 수준의 급여를 자산조사를 하지 않고 사회보험을 통해 지급한다는 생각은 영국을 넘어 많은 나라의 사회정책에 영향을 끼쳤다. 이른바 '베버리지의 사회보장 원칙'은 성서에 비견되는 '신화'가 되었다. '5대 거악'에 대한 레토릭은 대중의 이미지를 사로잡았고, 이에 대한 사회적 대안은 영국은 물론 전후 각국의 사회복지 틀을 형성하는 데 주요 공급원이 되었다.

특히 그의 '보편성 원칙'(누구나 똑같은 인간적 욕구에 직면하기 때문에 사회보장은 모두에게 적용되어야 한다)은 매우 매력적이고 민주적이며 통합적인 정신이었다는 게 영국 사회정책학자인 빅 조지와 로버트 페이지 Vic George and Robert Page의 평가다. 두 학자는 《현대 복지사상가들》Modern Thinkers on Welfare, 1995이란 공저에서 "베버리지의 아이디어는 사회정책의 기능적 질문을 넘어선 것이었다"고 평가했다.

의료보장을 위한 세 가지 형태

형태	내 용	대표 국가
NHS	국영 병원에서 서비스가 공급, 재원은 국민세금. 중앙정부 또는 지방정부가 담당하거나 아니면 혼합 형태. 1차 의료기관에서 환자의 90% 진료, 의료서비스 남용 방지라는 장점이 있으나 대기시간이 길고 품질이 떨어진다는 비판도 있음.	영국, 스웨덴
NHI	사회보험 방식으로 운영. 1) 국가에 의한 단일 행정기구 또는 2) 여러 개의 사회보험 기금이나 조직에 의한 관리운영. 의료기관 이용에 제약이 없으나 대형병원 선호로 의료자원 낭비라는 단점.	1) 한국 2) 독일
민간 보험	노인을 위한 메디케어(medicare)와 저소득층을 위한 메디케이드(medi caid), 이 두 가지를 중심으로 하는 공적의료보장 외에는 민간보험에 의한 의료보장 형태.	미국

"빈곤의 뿌리는 소득 중단" 오진 한계

이런 찬사에 못지않게 베버리지와 그의 원칙에 대한 비판도 적잖다. 우선 빈곤의 뿌리에 대한 그의 진단이 너무나 단순하고 부적절했다는 주장이다. 베버리지는 빈곤의 원인을 소득 중단으로 봤다. 각종 빈곤 조사 결과에 따른 판단이었다. 그렇기 때문에 베버리지는 사회보험을 통해 적절히 대처할 수 있다고 생각했다.

하지만 빈곤은 단순히 소득 중단 때문만은 아니었다. 노동시장의 진입이 배제된 수많은 여성은 애초에 소득 자체가 없고 남성 부양자에게 의존된 존재다. 이들이 가난한 원인은 소득 중단 때문이 아니라 소득 자체가 없는 상황 때문이다. 1931년 당시 기혼여성 8명 중 7명이 가정주부였고, 이들은 노동시장에 애초부터 편입되어 있지 않았다. 게다가 만성 질병에 시달리는 병자나 장애인, 과부, 이혼한 여성, 미혼모 등도 마찬가지였다. 상당수의 여성은 누군가를 돌봐야 하는 책임 때문에 노동시장에 진입할 수 없었다. 처음부터 소득이 없어 가난했던 사람들이었다. 베버리지가 이런 문제를 몰랐던 것은 아니었지만, 이를 충분히 사회보장 계획에 담아내지 못한 것은 분명하다.

베버리지에 대한 또 하나의 비판은 생존 수준의 급여와 급여의 적절성 개념에 관한 것이다. 베버리지가 사회보험 원칙으로 제시한 6가지 원칙 중 첫째 사항인 생존 수준의 급여는 〈베버리지 보고서〉의 핵심적 개념이다. 정부는 생존 수준의 정액급여를 권리로서 제공하고, 그 이상은 자신의 보충적 저축으로 보완하도록 해 궁핍Want을 제거한다는 것이다. 급여의 적절성은 일반적인 모든 상황의 생존에 필요한 최소한의 소득을 제공하며, 다른 재원 없이도 사회보험 자체로서 충분하도록 하며, 욕구가 지속되는 한 자산 조사 없이 급여를 지급한다는 것이다.

이 개념에 대해서는 보고서 발간 당시부터 모호하다는 비판이 있었고, 생존 수준이 개인마다 다를 수밖에 없지 않느냐는 비판이 따랐다. 비논리적이고 실행하기 어렵다는 반론도 나왔다. 애초 '열등 처우의 원칙'에 따라 설계되어서 생존 욕구에 걸맞은 급여 지급은 달성될 수 없다는 비난도 나왔다.

베버리지의 생존 수준 급여와 급여의 적절성이란 원칙은 논란이 있었지만 실제로 지켜졌다고 볼 수 없다. 역대 영국 정부는 대체로 급여 수준을 높이는 방향으로는 정책을 추진하지 않았고, 재정안정화에 중점을 둘 경우 급여의 실질가치는 오히려 하락했다. 사실상 이 원칙은 일찍이 포기되었다는 게 바른 평가다.

베버리지는 정치를 하고 싶어 했지만 여의치 않았다. 1944년 자유당 소속으로 하원의원 보궐선거에서 당선되어, 1945년 총선 때까지 짧은 기간 정치를 맛 보긴했다. 하지만 1945년 총선에서 자유당 후보로 출마했으나 낙선했다. 이듬해 '남작'이란 칭호를 얻고 상원의원이 되었으나 정치의 본 무대에는 오르지 못했다. 1960년대 초 고령의 나이에 접어들면서 육체적·지적으로 열정이 식을 때도 되었건만 그는 아랑곳하지 않고 늘 새로운 아이디어에 목말라했다. 1963년 3월 16일 숨질 때까지 그의 의지는 식을 줄 몰랐다. 죽기 직전까지 그가 매달린 과업은 '가격과 임금의 역사'에 관한 저술이었다. 84살의 나이로 세상을 마감한 그의 주검은 영국 북부의 한 작은 마을의 교회 뜰에 묻혔다. 사망 직전 그가 남긴 말은 지금도 회자된다. "나는 해야 할 일이 아직도 1천 가지가 있다." 하이브리드 지식인이란 그의 면모를 유감없이 보여 주는 말이다.

빅 조지와 로버트 페이지는 그에 대해 이렇게 총평했다. "베버리지는 '연대와 자율'이라는 두 가지 대립된 원칙 사이에 품격 있는 균형을 이루려고 애썼다. 그가 완벽히 성공한 것은 아니며, 그의 모델 일부는 부적절하기도 했지만 그의 목표는 놀라운 것이었고, 지금도 놀랍기 그지없다. 베버리지의 유산과 그의 역할은 여전히 추구할 만한 소중한 것이다."(1995) 이들의 말대로 베버리지의 유산은 영국인들에 의해 여전히 추구되고 있으며, 그의 이름 또한 여전히 기억되고 기념되고 있다.

참고 문헌

고세훈,《영국 정치와 국가복지》, 2011.

나종일·송규범,《영국의 역사》, 2005.

이영찬,《영국의 복지정책》, 1998.

존 램스덴,《세기의 영웅 처칠》, 2004.

지은정,《베버리지 보고서의 사회보장 원칙과 가정에 대한 비판의 타당성 검토》, 2006.

Nicholas Timmims, *The Five Giants*, 1996.

Jose Harris, *William Beverideg A Biography*, 1977.

Vick George and Robert Page, *Modern Thinkers on Welfare*, 1995.

Willam Beverdige, *Social Insurance and Allied Services*, 1942.

Willam Beverdige, *Power and Influence*, Hodder & Stoughton, 1953.

김윤태 교수가 말하는 베버리지 사상의 궤적과 의미

1942년 윌리엄 베버리지가 주도적으로 작성한 〈사회보험과 관련 서비스〉는 복지국가의 역사에서 중요한 이정표 가운데 하나이다. 웅장한 표현과 멋진 수사로 가득찬 〈베버리지 보고서〉라고 불리는 역사적인 문서는 전후 복지국가의 길을 열었으며, 수 세대에 걸쳐 사회정책의 방향을 제시하였다. 그 후 70년이 넘게 베버리지는 '복지국가의 아버지'라는 호칭으로 불렸다.

그러나 출간 당시 〈베버리지 보고서〉가 사회정책의 변화를 이끌어낼지는 아무도 예측하지 못했다. 〈베버리지 보고서〉는 영국 사회정책의 개혁을 위한 행동계획이 아니라 청사진에 불과했기 때문이다. 당시 영국은 사실상 유럽 전역을 지배한 나치 독일과 힘겨운 전쟁을 벌이고 있었다. 전쟁을 이끌던 처칠의 거국내각은 보수당뿐 아니라 자유당과 노동당이 참여한 연합정부이었으며, 영국 국민을 전쟁에 동원하기 위해서는 강력한 정치적 지지가 필요했다. 전후에 독일보다 더 나은 생활수준을 보장하겠다는 비전을 제시할 필요가 있었다. 또한 계급에 따라 생필품 제공의 차이가 있고, 독일 공습의 피해에 대한 치료도 다른 조건에서 전쟁을 승리로 이끌기는 어려웠다. 당연히 〈베버리지 보고서〉는 탁자에 앉아있는 학자의 글이 아니라 국민의 마음을 흔드는 감동적 문장이 가득한 정치적 문서로 쓰여졌다.

베버리지는 각료에 참여한 경험이 없었고 정치인도 아니었지만, 자신의 과업에 원대한 이상을 부여했다. 베버리지의 머리 속에는 사회정의에 대한 강력한 충동이 자리잡고 있었으며, 가슴 속에는 전후 새로운 이상 사회를 만들겠다는 개혁적 의지로 충만했다. 그는 현실적인 사회경제 법안이 사회문제를 해결할 수 있을 것이라고 확신했다. 베버리지는 "기존의 사회보험의 국가 체계, 노동자 보상을 포함한 관련 서비스에 대한 권고안"을 만들겠다는 야심을 가지고 노력했다. 1년 6개월에 걸쳐 완성된 보고서는 과거 50년 동안 국가가 제공하는 복지의 다양한 유형을 합리화하는 기준을 제시하려고 시도했다. 결국 〈베버리지 보고서〉를 작성하는 위원회에 참여한 많은 사람들-공무원들-을 대표하여 베버리지 혼자 서명했다.

베버리지가 당시의 중요한 사회문제를 "사회의 5가지 거대한 악", 즉 "무지, 불결, 질병, 나태, 궁핍"으로 규정한 문구는 지금도 유명하다. 이 가운데 사회보장의 궁극적인 목표는 궁핍의 해소라고 하였다. 베버리지는 궁핍 해소를 위한 가장 중요한 조건으로 완전고용을 강조했다. 동시에 〈베버리지 보고서〉의 급진적 계획은 포괄적인 의료보장제도, 보편적인 아동수당, 실업, 질병, 노령 등 사회적 위험에 대비하기 위한 사회보험의 확대를 포함했다.

높은 수준의 국가 복지가 "게으른 사람들"을 만들 것이라는 우려에 대비하여 베버리지는 보고서에서 시민권의 확대보다 최소 수준보다 더 나은 일자리를 구하려는 의무와 책임을 강조했다. 1942년 BBC 인터뷰에서 베버리지는 사회보장(social security)을 다음과 같이 해석했다. 그는 "나는 보고서에서 실업, 질병, 사고로 중단되거나 노령으로 끝나는 수입을 대체하는 소득 보장을 좁은 의미에서 사용했다"고 밝혔다. 그는 긴급한 수요 충족을 위한 국민부조가 필요하지만, 개별적 수요는 개인이 자발적 저축을 통해 해결해야 한다고 보았다.

베버리지는 일자리를 찾으려 하지 않는 사람들을 위해 일정한 강제와 재훈련이 필요하다고 생각했다. 그는 "충분하게 발전된 사회보험은 소득 보장에 도움이 되며 빈곤을 줄일 수 있다"고 여겼다. 그러나 그가 고안한 사회보험이 전적으로 국가에 의존하는 것은 아니다. 〈베버리지 보고서〉는 "사회보험은 국가와 개인 사이의 협력에 의해서 달성되어야 한다"고 밝혔다. 국가는 관리와 비용 부담의 책임을 져야 하지만, 개인은 사회보험의 기여금을 납부해야 한다.

〈베버리지 보고서〉를 자세히 보면, 과연 그를 복지국가의 아버지라고 불러야 할지 의문이 생긴다. 사실 그의 보고서에는 '복지국가'라는 용어는 등장하지 않는다. 그는 다른 저서 《자유 사회의 고용》(1944), 《자발적 행동》(1948)에서 국가, 기업, 시민사회가 각자 역할을 수행해야 한다고 보았다. 베버리지는 자신을 복지국가 대신 복지사회(welfare society)의 토대를 만드는 사람이라고 생각했다. 실제로 그는 노동당 정부가 노동공제회가 아니라 국가 기구를 설치하려는 시도에 화를 냈다. 1948년 보고서에서 그는 사람들이 할 일을 국가가 대신한다면 사람들에게 '손해'를 끼칠 것이라고 경고했다. 대신 그는 정부가 "모든 종류의 자발적 행동을 촉진하고", "노동공제회와 다른 형태의 상조회의 어려움을 제거해야" 한다고 제안했다. 복지 시스템은 국가가 아닌 사람들에 의해 소유되어야 한다고 보았다.

국가복지에 대한 베버리지의 신중한 태도에도 불구하고, 〈베버리지 보고서〉는 많은 정치인, 기업, 공무원들의 저항에 직면했다. 〈베버리지 보고서〉의 가장 중요한 원칙인 '보편주의'가 문제였다. 〈베버리지 보고서〉는 마셜의 시민권 이론과 마찬가지로 보편주의 원칙이라는 기본적 가치를 공유한다. 〈베버리지 보고서〉는 무엇보다도 보편주의 원칙을 기반으로 빈곤을 해결하기 위해 소득 수준에 관계없이 내셔널미니멈(National Minimum, 국민최저기준)에 해당하는 기본적인 소득을 평생 동안 보장하고자 했다. 바로 여기서 '요람에서 무덤까지'라는 표현이 등장했다. 〈베버리지 보고서〉는 최저생활수준 보장을 사회적 권리로 규정하고 생존권을 처음으로 사회보장에 포함하여 엘리자베스 시대의 빈민법의 사고를 근본적으로 바꾸었다. 사회보험 적용의 범위를 임금노동자에서 모든 국민으로 확대한 것도 중대한 변화라고 볼 수 있다.

〈베버리지 보고서〉의 원대한 구상은 로이드 조지 총리 시대 이래 오랜 시간에 걸쳐 형성된 것이며, 당대 영국 사회의 최고 지성의 사고를 표현하는 것이었다. 베버리지는 1930년대 이후 대공황과 대량실업을 피하기 위해 전면적 개혁이 필요하다고 생각했다. 〈베버리지 보고서〉의 경제적 분야는 존 메이너드 케인스(John Maynard Keynes)와 라이오넬 로빈스(Lionel Robbins)와의 긴밀한 협조를 통해 작성되었다. 두 경제학자는 대공황에 대한 상이한 처방을 가졌지만, 베버리지는 경제적 신뢰를 얻기 위해 두 사람에게 자문을 구했다. 베버리지는 다양한 정치세력과도 소통했다. 그는 런던정경대학(LSE) 총장으로 재직하면서 페이비언 협회(Fabian Society)의 시드니 웹과 비어트리스 웹을 존경했지만, 스스로 사회주의자라고 생각한 적은 없었다. 그는 20세기 초 사회적 책임을 강조하는 '새로운 자유주의'(New Liberalism)를 지지하고, 자유당 지도부와 긴밀한 관계를 유지하면서도, 보수당 정치인들과도 교분을 가졌다.

그러나 〈베버리지 보고서〉가 출간되자, 거국내각의 최고 지도자인 윈스턴 처칠은 크게 불만을 품었다. 지나치게 정부 재정 부담이 커질 것이라고 보았다. 처칠은 비망록에서 '이 보고서에 지출이 포함되어서는 안 된다'고 적어 놓았을 정도이다. 보수적 정치인들과 학자들은 〈베버리지 보고서〉가 지불가능하지도 않을 뿐더러 그 계획의 전면 시행은 결국 자유시장경제에 죽음의 키스가 될 것이라고 우려했다. 처칠은 다른 대안이 필요했다. 그는 1944년에 소련의 계획경제를 비판하는 오스트리아 경제학자 프리드리히 폰 하이에크(Friedrich August von Hayek)가 출간한 《노예의 길》에 공개적 찬사를 표현했다. 아뿔싸, 처칠의 오판은 치명적 오류가 되었다. 1945년 총선에서 전쟁 영웅 처칠은 무참하게 패장이 되었다.

〈베버리지 보고서〉는 예상을 뛰어넘는 엄청난 인기를 얻었다. 사람들은 출간된 보고서를 구입하기 위해 1마일 넘게 줄을 섰으며, 통산 63만 5,000부의 유가 판매를 기록했다. 한 여론조사에 따르면, 당시 영국 국민의 95%가 〈베버리지 보고서〉의 존재를 알고 있다고 응답했다. 〈베버리지 보고서〉에서 가장 주목을 끈 것은 바로 '보편주의'의 원칙이었다. 〈베버리지 보고서〉는 빈곤층과 산업 노동자를 뛰어넘어 더 광범위한 계층의 인구를 복지 수급의 대상으로 설정하고, 정액 급여 제도를 통해 급여 수준의 차이를 없애려고 시도하면서 보편주의의 원칙을 추구했다.

분출하는 민중의 환호 속에서 〈베버리지 보고서〉의 제안은 현실적인 법령으로 제정될 수 있었다. 노동당을 이끈 클레먼트 애틀리는 국유화 계획과 함께 〈베버리지 보고서〉를 전면적으로 지지한다. 1945년 총선에서 압도적 승리를 거둔 애틀리 정부는 가족수당법, 국민보험법, 국가보건서비스법, 국민부조법 등을 제정하여 현대적 사회보장제도를 완성했다. 보험에 가입한 모든 사람은 질병, 실업, 퇴직에 따른 수당을 일괄적으로 받을 수 있게 되었다. 또한 모든 국민에 대한 무상 의료의 제공하는 국가보건서비스(NHS)를 실행했다. 병원 운영에 의사의 참여를 보장하지만, 모든 병원을 완전 국유화하고, 유상 의료 행위를 전면 폐지했다. 보편주의 원칙에 입각한 국가보건서비스는 당시에도 복지제도 가운데 가장 큰 인기를 누렸으며, 1980년대 대처가 이끄는 보수당 정부가 해체하지 못할 정도로 국민의 강력한 지지를 받아 살아남을 수 있었다.

1945년 총선에 즈음하여 자유당은 '베버리지를 지지하라'(Back Beveridge)라는 캠페인을 벌였고, 베버리지의 생각은 자유당의 주요 선거 강령으로 채택되었다. 베버리지도 캠페인에 적극적으로 참여하였으며, 자유당 후보로 총선에 출마했다. 결과는 비극적이었다. 자유당은 불과 12석을 얻는 데 그쳤고, 베버리지는 낙선했다. 나중에 베버리지는 상원의원이 되었지만, 사실상 자신의 생각을 의회에서 입법하는 과정에서는 중요한 역할을 수행하지 못했다. 그럼에도 불구하고 영국 국내와 해외에 〈베버리지 보고서〉의 생각을 확산하려는 베버리지의 열정적 노력과 의회에서 〈베버리지 보고서〉를 지지하는 정치인들의 결집, 〈베버리지 보고서〉의 원칙에 따른 전후 정부의 복지 입법은 오늘날 우리가 알고 있는 복지국가의 원형을 만들었다. 〈베버리지 보고서〉는 영국 사회보장제도의 기초가 되었으며, 전 세계 국가들의 사회보장제도의 확립에도 커다란 영향을 미쳤다.

1948년 한국의 제헌헌법을 만든 유진오의 책상 위에 〈베버리지 보고서〉가 있었다는 사실은 많이 알려져 있지 않다. 〈베버리지 보고서〉는 유명세에 비해 한국에서 아직 번역되지 않았고, 학자들을 제외하고는 어떤 내용인지 알고 있는 사람도 매우 드물다. 〈베버리지 보고서〉가 외면을 받은 것처럼 한국에서 복지국가는 '남의 집 떡'처럼 취급받았다. 경제성장이 언제나 최고 가치이었다. 1963년 박정희 정부가 처음 도입한 사회보험제도는 공무원에 초점을 맞춘 것으로 대다수 국민은 복지혜택에서 소외되었다. 1998년 김대중 정부가 등장한 이후 한국의 복지체제는 국민기초생활보장제도와 사회보험 제도의 전면적 확대를 단행했다. 그러나 외환위기의 시대에 등장한 김대중 정부의 복지정책은 영국의 베버리지 방식을 그대로 따르지 않았다. 김대중 정부가 추진했던 '생산적 복지'는 독일 비스마르크 시대의 사회보험, 미국 클린턴 정부의 노동연계복지(workfare), 영국 블레어 정부의 '복지에서 노동으로'(welfare to work)의 영향을 많이 받았다. 결국 김대중 정부의 복지제도는 보편주의, 선별주의, 노동연계복지의 독특한 혼합이 되었다.

한국 사회에서 아직도 〈베버리지 보고서〉의 원칙은 제대로 실현되지 않았다. 국민보험의 원칙에 한참 미치지 못할 수준으로 사회보험의 사각지대가 광범하게 남아있어 보편적 사회보험이라 보기 어렵다. 또한 정부의 조세능력은 낮은 반면에 여전히 가족복지의 비중이 크고 복지의 시장화와 가족화의 수준이 매우 높다. 이러한 한국 복지제도의 저발전은 베버리지의 원대한 이상과는 거리가 멀다. 전쟁의 폐허 속에서 보편적 사회보험을 도입하려고 시도한 베버리지는 지금 기준에서 보면 지나친 낙관주의자일 수 있다. 그러나 베버리지의 열정과 비전이 전후 복지국가를 설계하였듯이, 〈베버리지 보고서〉는 오늘날 경제 위기와 긴축의 시대에서도 복지국가를 실현하는 데 시사점을 제공한다. 베버리지의 원칙은 오늘날 우리가 직면한 '거대한 악'들을 해결하는 종합적 대책을 수립하는 데 중요한 교훈을 줄 수 있을 것이다.

3장

찰스 부스와 시봄 라운트리

빈곤 조사의 새 장을 열다

위키피디아 제공

찰스 부스(좌)
Charles Booth
1840 - 1916

시봄 라운트리(우)
Seebohm Rowntree
1871 - 1954

찰스 부스와 시봄 라운트리는 빈곤관의 새 인식을 연 사회조사자들이다. 이들의 조사로 빈곤은 광범위하고, 개인의 문제라기보다 사회구조적인 문제라는 관점이 가능했다.

찰스 부스는 1840년 3월 30일 리버풀에서 태어났다. 1886년 런던의 빈민지역을 대상으로 빈곤조사를 벌였고, 빈곤퇴치를 위해 실천한 인물로도 평가받는다. 일찍이 노령연금의 필요성을 주장하고 1907년 노령연금법이 제정되는 데도 큰 구실을 했다. 1905~1909년에 왕립빈민법위원회의 위원으로 활동했고, 사회조사자, 박애주의자, 사회개혁가란 평가를 받지만 70여 년 동안 선박회사를 운영한 사업가이기도 했다. 주요 저서에 《런던 사람들의 생활과 노동》*Life and Labour of the People in London*(1889~1891, 1892~1897, 1902) 17권이 있다.

시봄 라운트리는 1871년 7월 7일 영국 북부도시 요크(York)에서 태어났다. 부스와 마찬가지로 그도 사업가 집안 출신이다. 대학 졸업 뒤, 가업을 이으면서도 부친의 영향을 받아 빈곤 등 사회문제에 관심을 가졌다. 1899년 요크에서 모든 노동자 가구를 조사하는 대규모 조사를 벌였다. 그의 첫 빈곤조사인데 18살 때 부스의 조사에 매료되어 자신이 사는 요크에도 빈곤이 있는가란 의문을 풀기 위해 벌인 것이다. 이 결과를 담아 《빈곤: 도시생활의 고찰》*Poverty: A Study of Town Life*(1901)이란 책을 출간했다. 이런 그의 조사 결과는 빈곤문제를 환기시키는 데 크기 기여했을 뿐만 아니라 후일 로이드 조지와 처칠에게도 큰 영향을 끼쳤다고 한다. 영양기준을 기초로 해 제1차 빈곤과 제

2차 빈곤의 2가지 빈곤선(線)을 설정해 빈곤의 원인 등을 해명하였고, 노동자가 생애를 통해 겪는 빈곤의 순환(poverty cycle)을 밝혀냈다는 평을 받기도 했다. 1936년 두 번째 조사를 벌여 결과를 《빈곤과 진보》*Poverty and Progress*(1941)에 담았고, 세 번째 조사결과를 담아 《빈곤과 복지국가》*Poverty and the Welfare State*(1951)를 출간했다.

찰스 부스의 주요 약력

1840년 출생

1866년 Booth Steamship Company 설립

1886년 런던 빈민가의 빈곤조사 시행

1903년 《런던 시민의 생활과 노동》 17권 발간 완료

1904년 추밀원 회원

1905년 왕실빈민법위원회 위원

1916년 사망

시봄 라운트리의 주요 약력

1871년 출생

1897년 가업인 제과사업체 Rowntree's의 이사가 됨

1899년 요크지역 제1회 빈곤조사 실시

1901년 〈빈곤: 도시생활의 고찰〉 출간

1923~1941년 Rowntree's의 회장

1936년 요크 제2회 빈곤조사 실시

1950년 요크 제3회 빈곤조사 실시

1954년 사망

고용통계 등 사회조사 기초를 닦은 찰스 부스

'빈곤의 책임은 누구에게 있는가? 개인인가, 국가(또는 사회)인가?'

19세기 말 영국 사회를 들끓게 한 물음이다. 해묵은 이슈지만 오늘날에도 여러 나라에서 여전히 찬반을 낳는 논쟁적 이슈이기도 하다. 개인의 책임을 강조하는 이도 있고, 국가나 사회의 책임을 강조하는 이도 있을 것이다. 오늘날에는 개인의 책임이 크다고 주장하는 이들도 빈곤이 사회문제이며, 국가와 사회가 이를 퇴치하기 위해 나서야 한다는 것을 부인하지는 않는다. 물론 아직까지도 이조차 거부하는 극단적인 부류가 있지만 결코 다수는 아니다. 소극적이냐, 적극적이냐, 보편적이냐, 선별적이냐? 그 정도와 수준에 차이가 있다.

그러나 18~19세기 영국에서는 가난은 전적으로 개인의 탓이란 사고가 지배적이었다. '게을러서, 도박이나 음주에 빠져서, 아니면 젊은 날 노력하지 않아서' 등 빈곤의 원인을 주로 개인적 결함이나 도덕적 문제에서 찾았다. 빈곤에 대한 이런 인식을 학자들은 '자유방임주의적 빈곤관'이라고 칭한다. 이 인식에서는 빈곤은 인간 생활의 불가피한 조건이고, 인간의 현재 상태는 그의 도덕성을 반영한 것이다. 따라서 빈민 구제는 자격 있는 빈민에 한해 이뤄지는 게 가장 적절했다.

이 시각은 19세기 말 결정적인 전환을 맞는다. 사회·경제적 계기가 있다. 영국 대공황1873~96이다. 흔히 '대공황' 하면 1929

년 세계 1차 대공황을 떠올리지만, 19세기 말 이미 두 차례의 공황이 있었다. 1857년 미국에서 시작해 유럽까지 번진 미국 대공황과, 1873년 6월 오스트리아의 빈과 미국 뉴욕을 거쳐 런던까지 파급된 금융공황인 영국 대공황이 그것이다. 대공황은 대량 실업을 낳는다. 영국 대공황 이후 언론과 일부 지성인들은 런던 등지 빈민들의 처절한 삶을 잇달아 조명했다. 하지만 빈곤에 대한 사회적 인식은 여전히 개인의 책임이란 인식을 넘지 못했다. 따라서 빈곤 구제도 자선을 베풀거나 작업장에 가둬 일을 시키는 시혜적 또는 징벌적 수준에 머무를 수밖에 없었다. 빈곤이 광범위하게 퍼져 있다는 주장이 제기되었지만 누구도 정확한 실상을 알지 못했고, 과학적으로 확인하거나 밝혀내지 못했다.

빈곤의 원인은 '개인이 아닌 구조'라는 것을 입증

그렇지만 대공황과 대량실업에 따른 빈곤의 확산은 그동안 개인의 문제로만 바라보았던 빈곤관에 의문을 던지도록 했다. 더불어 이런 경제적 배경은 국가가 빈곤 퇴치를 위해 개입해야 한다는 국가개입론이 나오는 토양으로도 작용했다. 이른바 '복지국가적 빈곤관'이 대두한 것이다. 복지국가적 빈곤관은 빈곤을 경제·사회적 현상으로 본다. 이 현상은 해소될 수 있고, 해소되어야 할 사안이며, 빈곤을 일으키는 요인에 대처할 수 있는 유일한 사회제도는 국가이고, 그 책임 또한 국가에 있다는 관점이다. 이 관점은 자연스레 국가가 빈곤 해소를 위해 적극 개입하는 복지국가 사상으로 발전하였다. 지금이야 당연한 듯 보이는 복지국가적 빈곤관은 당시로서는 빈곤 사상의 일대 변혁이었으며 새로운 패러다임이었다. 빈곤을 개인의 도덕적 허약함, 또는 타락의 결과로 생각해 온 이들에게 빈곤자의 책임보다 사회적 책임이 더 크다는 생각은 쉽게 받아들이기 어려운 사안이었다.

그러나 경제적 상황 변화가 곧바로 빈곤관의 대전환을 가져온 것은 아니었다. 더 결정적인 요인은 '광범위하고 체계적인 빈곤 조사와 그것이 보여 주는 객관적 증거'였다. '가난한 사람들은 어떤 이들이고, 왜 가난하며, 얼마나 존재하는가?' 이런 의문에 대한 실증적인 답이었다. 이 답을 낸 두 걸출한 인물들이 찰스 부스1840~1916와 시봄 라운트리1871~1954다.

찰스 부스는 빈곤 조사의 첫 장을 열었고, 시봄 라운트리는 빈곤의 원인이 빈민의 행태에 있는 게 아니라 노동, 소득, 그리고 신체적·사회적 환경이 구조적으로 잘못 배분되었기 때문이라는 것을 밝혔다. 두 사람의 빈곤 조사는 때와 장소를 달리하며 각기 이뤄졌지만, 공히 자유방임주의적 빈곤관을 역사의 낙조 속으로 떨어지도록 하는 데 주요한 역할을 했다.

또 이들의 조사로 많은 개혁적 사회정책이 과학적 증거의 기반 위에 이뤄질 수 있게 되었고, 빈곤의 성격이 실업문제에서 비롯되고 실업이 광범위한 빈곤을 낳는다는 것도 확신할 수 있게 되었다. 이것이 이들의 빈곤 조사가 복지국가의 기초를 만드는 데 주요한 구실을 했다고 평가하는 이유다.

빈민 비율과 지역적 분포 첫 도식화

찰스 부스는 1840년 3월 30일 영국 리버풀에서 부유한 곡물 상인의 셋째아들로 태어났다. 우리에겐 축구팀 이름으로 익숙한 그의 고향은 18세기 이래 제국의 시대, 영국이 세계와 교역을 벌이는 데 주요한 구실을 한 항구도시며, 세계적인 록밴드 비틀스 The Beatles가 결성된 곳이기도 하다. 부스는 20대 초에 아버지가 사망하면서 형 앨프리드와 함께 증기선 회사를 세운 사업가였다. 그는 죽기 4년 전까지 그 회사의 사장으로 일했다. 그런데 무엇이 빈곤과는 거리가 먼 부유한 사업가를 빈곤문제에 관심을 갖도록 했을까?

부스가 빈곤 조사를 시작한 동기는 역설적이다. 빈곤에 대한 마르크스주의 집단이나 사회민주연맹Social Democratic Federation[1]에서 내놓은 자료를 신뢰하지 않고 반박하기 위해서였다. 예컨대, 당시 사회민주연맹 사무총장 하인만Henry Hyndman은 런던 인구의 약 25%가 빈곤 상태에 있다고 주장했다. 부스는 이 주장을 지나치게 과장된 것이라 생각했고, 그것을 검증해 보고 싶었다. 당시 영국에선 얼마만큼의 빈민이 사는지, 왜 빈민이 되었는지에 대한 체계적인 빈곤 조사는 없었다. 따라서 빈곤이 소득과 어떤 관계가 있는지, 각 계층의 생활조건이 어떤지 등을 객관적으로

1 1884년 헨리 하인만을 중심으로 결성된 사회주의성향의 단체. 생산, 분배, 교환 수단의 국유화를 주창하였다.

알 수가 없었다.

1886년 마침내 첫 조사가 시작되었다. 대상은 런던의 동부 지역이었다. 조사팀에는 비어트리스 웹Beatrice Webb도 포함되어 있었다. 부스는 공무원들을 동원했고, 국가 자료를 이용할 줄 알았다. 예컨대 빈곤 조사를 위해 1881년과 1891년의 인구센서스 자료[2]를 이용했다. 자세한 인물·가구 정보가 필요하면 지역 사정에 밝은 학교 교직원들을 상대로 자신과 보조원들이 몇 시간 동안 질문해 기록하는 방법을 택했다.[3] 자신이 직접 노동자들의 집에 기거하면서 가난한 이들의 생활을 체험하기도 했다.

첫 조사 결과는 마침내 1889년《런던 사람들의 생활과 노동》이란 책에 담겨 세상에 공개되었는데, 결과는 충격적이었다. 런던의 빈곤인구는 그가 과장되었다고 의심한 사회민주연맹 하인만의 25%보다 오히려 더 많게 나타났다. 그는 조사 대상자를 8개 계급(〈표〉 참조)으로 분류했는데, 이에 따른 빈곤인구는 계급 A(최저계층으로 부랑자·술주정뱅이·준범죄자), 계급 B(입에 풀칠하는 극빈자), 계급 C(부정기적 소득자), 계급 D(계절적 노동자 또는 저임금 정규직 노동자)를 합해 모두 129만 2,737명이란 사실을 밝혀냈다. 런던 인구 400만 명의 30.7%에 이르는 수다.

2 주소, 이름, 연령, 성별, 직업, 출생지역, 방의 개수와 가족 수(출처: UK census Online)

3 이 조사에 참여한 비어트리스 웹은 이런 기법을 Method of Wholesale Interviewing이라고 칭했다고 한다. 출처: 박광준,《사회복지의 사상과 역사》, 양서원, 2011(12쇄).

찰스 부스의 빈곤 분류와 조사 결과

구 분	유 형	비 율
계급 A	부랑자, 술주정뱅이, 준범죄자	0.9 %
계급 B	겨우 입에 풀칠하는 사람	7.5 %
계급 C, D	부정기적 계절적 노동자, 저임금 정규직 노동자	22.3 %
계급 E, F	정규직 표준소득자(빈곤선 이상), 상층 노동자	51.5 %
계급 G, H	낮은 등급의 중산층, 상류 중산층	17.8 %

출처: 캐슬린 존스 저, 엄영진·이영찬 역, 《영국 사회정책 현대사》, 인간과복지, 2003.

이 조사 결과를 바탕으로 부스는 이들이 가난한 까닭은 도덕적 타락 때문이 아니라 저임금과 부정기적 소득 때문이라고 밝혔다. 부스의 책은 큰 주목을 받았다. 런던의 일부 지역에서 시작한 그의 빈곤 조사는 이후에도 이어졌는데, 1903년까지 모두 17권에 이르는 빈곤 조사 연구 서적으로 출간됐다.

빈곤 조사의 의미와 한계

부스의 빈곤 조사에 대해 고세훈은 "사회조사 연구방법론의 기초를 수립토록 했고, 영국에서 이미 19세기에 직업통계를 비롯한 고용통계가 나올 수 있었던 것도 전적으로 그의 업적"이라고 평했다. 하지만 한계와 단점도 적지 않다. 스스로 그는 "있는 그대로의 사실에 대한 기술에 국한되어 있다. 나는 어떻게 그런 사실이 형성되었는지를 조사하지 않았고, 어떤 경향을 띠게 될지도 밝히려 하지 않았다"고 자평한 바 있다. 《영국 사회정책 현대사》의 저자 캐슬린 존스Kathleen Jones는 조사 범위를 나름 넓혔지만 런던의 전 지역을 대상으로 하지 않았다는 점을 지적했다. 또 빈곤선을 정하고선 가족구성원의 연령이나 규모를 고려하지 않았다는 점도 지적되었다. 정밀하지 못해 다분히 도덕적이고 주관적인 조사였다는 혹평도 있다. 이런 지적에도 빈곤 조사와 사회정책 발달에 끼친 그의 영향은 결코 가볍지 않다.

"부스의 중요성은 빈민 구제가 그 막대한 숫자로 인해 개인적으로 대처할 수 없다는 사실을 양식 있는 영국인 대부분에게 납득시킨 것이었다." (벤틀리 길버트)

"빈곤은 광범위하게 존재하는 것, 빈곤이 개인의 결함 결과가 아니고 사회의 구조적 결함의 결과라는 것을 명백히 밝혔다." (박광준)

"부스는 이론적 체계를 구성할 정도의 능력을 갖추지 못했으나 사회정책과 사회조사의 발전에 대한 공헌은 그가 알고 있는 것보다 컸으며…… 그는 누가 빈민인가 하는 물음을 한 최초의 사람이었으며, 전형화되고 편견화된 빈곤을 사실에 기초해 대답해 대처했다." (캐슬린 존스)

"세계에서 가장 부유한 도시의 주민 400만 명을 대상으로 그들의 생활과 노동조건을 조사한 찰스 부스의 방대한 조사는 나에게 사회정책과 경제과학의 획기적인 사건으로 기억되고 있다."(비어트리스 웹)

"사실과 의견을 분리해서 보는 중요성을 자각한 최초의 인물"[4]이란 평도 있다. 고세훈은 "부스의 가장 큰 업적은 무엇보다 사람들의 생활조건을 탐색·기술·분석하도록 다른 사람들의 연구에 자극을 주었다는 점"이라고 말했다. 부스의 연구 결과와 아이디어는 후일 노동시장의 조직과 관련해 임시고용을 삼가는 방향으로 영향을 끼쳤고, 윌리엄 베버리지William Beveridge의 직업안정국 수립에도 영향을 주었다.

빈곤 노인 위한 노령연금 주창

조사사업은 부스 자신에게도 영향을 끼쳤다. 부유한 사업가인 그를 후일 '제한된 사회주의'Limited Socialism[5]를 제창하도록 했다. 영국 현대사가인 필립 왈러Philip Waller는 부스의 제한된 사회주의에 대해 "독립적인 생활을 할 수 없는 자를 지원하기 위해 고안

4 Rodgers, 1968; 박광준,《사회복지의 사상과 역사》에서 재인용.

5 국가는 몇몇 제품과 서비스를 무료로 제공하지만 어떤 것들은 금액을 지불해야 하고 따라서 노동도 해야만 한다. 사회는 매우 최소한으로 허용되는 음식과 피난처(스럼이 아닌)를 제공할 뿐이다. 출처: *Limited Socialism And The Purpose Of Society*, 2007.

한 그의 유명한 처방"이라고 말했다. 개인주의와 자본주의적 부를 인정하지만 사회적 약자를 위한 최소한의 사회복지제도 또한 필요하다는 생각이다. 그렇다고 그를 결코 사회주의자로 볼 수는 없다. 그는 어디까지나 자본주의 신봉자였다.

부스는 직접 빈곤 해결을 위해 나서기도 했다. 노령연금을 실현시키기 위한 활동이 대표적이다. 1893년 정부가 노령 빈민에 대한 왕립위원회를 구성할 때 위원이 되었고, 노령연금을 제안해 그 도입의 기초를 수립했다. 그가 제안한 노령연금은 일정한 기여금을 내고 혜택을 받는 오늘날의 보험제도와는 다르며, 65살 이상 노인에게 일주일에 소정의 현금을 주도록 하는 일종의 공공부조 같은 것이었다.

그는 또 비어트리스 웹Beatrice Webb과 함께 1905년 빈민법에 대한 왕립위원회 위원으로도 임명되었으나 건강이 좋지 않아 중도 하차했다. 심장병을 앓던 그는 1912년 회사를 조카에게 물려주었고, 1916년 심장 발작으로 사망했다.

최저임금제의 토대를 닦은 '빈곤선' 개념 창시자, 시봄 라운트리
정책적 빈곤선인 '최저생계비 개념'의 원조

오늘날 많은 나라에서 정부는 가난한 이들을 위해 여러 정책을 펼친다. 최소한의 생계를 위해 일정 금액의 현금을 주거나, 병원을 무료로 이용할 수 있게 한다. 또 자녀가 학교에서 무상으로 급식을 받을 수 있게 하거나, 학자금을 지원하기도 한다. 이런 정책을 펴려면 수급층이 누구인지를 불가피하게 정할 수밖에 없다. 빈곤층과 비非빈곤층을 나누는 기준을 마련해 그 지원 대상을 선정해야 하는 것이다. 그런데 가난한 계층과 그렇지 않은 계층을 어떻게 구분할 수 있을까? 학자들은 흔히 가난한 이들이 누구인지를 정하는 기준을 빈곤선Poverty Line이라고 부른다.[6] 정부가 정책적 지원을 위해 정한다고 해서 '정책적 빈곤선'이라고 칭하기도 한다. 정책적 빈곤선은 학술적 의미의 빈곤선 개념과는 확연히 다르다. 무엇보다 국민의 세금(정부 예산)을 쓰는 기준이기 때문이다. 그래서 이 기준을 어떻게 정할 것인지는 나라마다 언제나 논쟁적 이슈일 수밖에 없다.

영국 '라운트리 소사이어티' 제공

영국 요크에 있는 시봄 라운트리 생가. 이곳은 라운트리의 할아버지가 1856년 지었다. 이후 초콜릿 제과업자로 유명했던 라운트리의 아버지가 여러 자선사업에 서명했던 공간이기도 하다. 시봄 라운트리 또한 이 건물이 1914년 군용으로 징발되기 전까지 이곳에서 살며 《빈곤: 도시생활의 연구》를 집필하는 등 영국으로서는 역사적 가치가 충분한 건물이다.

이 같은 빈곤선 개념과 관련해 우리가 반드시 기억해야 할 역사적 인물이 시봄 라운트리1871~1954다. 그는 앞서 소개한 찰스 부스와 함께 사회조사 사업의 선구자로 평가받고 있다. 부스와 닮은 점도 많고, 부스에게서 영향을 받은 동시대 인물이기도 하다. 부스처럼 대규모 빈곤조사를 통해 가난의 주요 원인이 개인

6 김영모, 《사회정책》, 한국사회복지정책연구소, 1999.

영국 '라운트리 소사이어티' 제공

영국 요크시의 빈곤조사에 나선 젊은 시절의 시봄 라운트리 모습

의 도덕적 타락이 아니라 노동자계급이 처한 불리한 사회·경제적 상황, 곧 실업에 따른 소득 중단에서 비롯된다는 것을 밝혔다. 그도 학자가 아닌 부유한 사업가로서, 제 돈을 들여 지속적으로 대규모 빈곤조사를 벌인 점에서 부스와 닮았다.

라운트리는 1871년 영국의 요크에서 태어났다. 요크는 잉글랜드 북부 지역의 유서깊은 관광도시로 굴지의 철도공장과 건축사의 걸작으로 꼽히는 요크민스터York Minster 영국 국교회 사원이 있는 곳이다. 그의 아버지는 초콜릿 제과업자이자 자선사업가인 조지프 라운트리Joseph Rowntree로 그만큼이나 역사적 인물이다. 셋째 아들로 태어난 라운트리는 독실한 퀘이커 교도의 가정 분위기 속에서 자라났다. 그는 오언스대학Owen's College[7]에서 화학을 배웠고, 1897년 리디아 포터Lydia Potter와 결혼해 다섯 자녀를 두었다. 그는 18살의 어린 나이에 가업인 코코아 사업을 시작했고 평생 그 일을 했다. 그런데 그 또한 어떻게 부스처럼 부유한 사업가로서 대규모 빈곤조사에 나서게 된 것일까?

아버지의 영향이 있었다. 아버지 조지프는 사업가이면서 동

7 맨체스터 대학은 맨체스터과학기술대학과 맨체스터빅토리아 대학이 2004년 통합해 형성된 대학이다. 오언스대학은 1851년 설립된 대학으로 맨체스터의 직물업자인 존 오언스(John Owens)가 대학 설립기금으로 남긴 유산으로 설립되었는데, 맨체스터 빅토리아 대학의 전신이다.

시에 직원 수천 명이 있는 공장의 빈곤아동 교육과 병원사업, 퀘이커Quaker 교도를 위한 성인학교 지원 등을 벌인 활발한 자선활동가였다. 노블레스 오블리주Noblesse oblige의 정신을 몸소 실천하는 인물이었다. 이런 조지프의 정신은 오늘날까지 자선기관 '라운트리 소사이어티'The Rowntree Society[8]로 이어지고 있다. 라운트리는 아버지의 공장 일에 참여하거나 노동자들과의 만남을 통해 노동자의 고달픈 삶을 일찍이 목도했다. 그가 퀘이커 교도[9]라는 사실도 한몫했을 것이다. 퀘이커 교도는 비폭력, 인간애, 착취에 대한 혐오를 중시하는 기독교의 한 분파다. 라운트리의 빈곤조사 활동에 가장 크고 직접적 영향을 끼친 인물은 찰스 부스였다. 부스의 1887년 빈곤조사는 코코아 사업가의 심장을 뜨겁게 했다.

찰스 부스의 영향, 요크 시민 빈곤조사

찰스 부스의 조사에 감명받은 시봄 라운트리는 대도시 런던의 빈곤 실상이 인구 7만 명의 도시 요크에서는 어떻게 나타나는

8 라운트리 가문의 뜻을 이어받아 연구 프로젝트 지원과 자선활동을 200년 넘게 해 오고 있음(출처: The Rowntree Society 홈페이지)

9 퀘이커는 17세기에 조지 폭스가 창시한 개신교의 교파다. 친우회(형제들의 단체, Society of Friends)란 뜻을 가지며, 우리나라에서는 '종교친우회'라고 칭한다. 흑인노예무역과 노예제도와 전쟁을 반대하고, 우리에겐 특히 양심적 징병거부와 십일조 반대로 널리 알려져 있다.

지 알아보고 싶었다. 이를 위해 그는 1897년 조사팀을 구성하는데, 28살때의 일이었다. 1901년 조사 결과는 한 권의 책《빈곤: 도시생활의 고찰》Poverty: A study of town life로 발간된다. 이 저작으로 라운트리는 역사에 이름을 올렸고, 오늘날 '경험사회학'의 창시자 중 하나로 평가받게 되었다.

부스와 마찬가지로 그도 이 조사로 대규모 빈곤이 존재함을 사회에 알렸고, 빈곤선이란 개념을 통해 빈곤조사의 지평을 넓혔다. 그가 말한 빈곤선이란 식량에 기반한 육체적 능률을 유지하는 데 필요한 최소한의 생활수준을 말한다. 이런 빈곤선 이하를 그는 '1차 빈곤'Primary Poverty, 이를 약간 상회하는 빈곤을 '2차 빈곤'Secondary Poverty으로 구분해 사용했다.

1차 빈곤은 가족이 그들의 수입으로 기초 필수품인 음식·연료·주거지·의복 등을 구입할 수 없는 상태를 뜻했다. 2차 빈곤은 1차 빈곤 상태의 소득보다는 높지만 가족이 빈곤 상태에 놓여있음을 가리켰다. "기초 필수품은 구입할 수 있지만 그 소득 중 일부를 다른 목적에 전용함으로써 빈곤을 초래하는 상태"라고 정의되었다. 특히 그는 성인과 아동의 평균 영양 필요량을 추정해 각종 음식물로 환산하고 그 음식물을 구입하기 위해 필요한 현금(식비)을 산출했다. 이렇게 산출된 식비에다 가족 수에 따라 피복비·연료비·잡비 등의 최저 필요금액을 가산해 빈곤선으로 삼았다. 이런 기준에 입각해 요크시의 거의 모든 노동자계급의 집을 방문해 조사했다. 당시엔 표본조사 방법이 없었던 만큼 가가호호 직접 방문해 조사했다. 유급 조사원을 고용해 작성한 설문지를 가지고 직접 조사활동에 나서기도 했다. 조사 상태가 정확하지 않다고 여기면 재차 방문했다.(박광준, 2002)

당시 요크시의 전체 인구는 7만 5,812명이었다. 라운트리는 하인이 1명 이상 있는 상층 계급을 뺀 나머지 인구 4만 6,574명에 대해 전수조사를 했다. 이 가운데 2만 302명을 빈곤계층으로 분류했다. 요크시 전체 인구의 27.84%에 이른다. 부스가 산출한 런던의 빈곤율 30.7%와 비교해 큰 차이를 보이지 않는다. 자신이 규정한 소득이 단순한 육체적 효율의 유지에 필요한 최저 수준에 못 미치는 계층인 1차 빈곤층은 요크시 인구의 9.9%에 이르렀고, 그보다는 좀 나은 2차 빈곤층은 17.93%로 각각 집계되었다.

아동수당 · 노령연금의 논거가 된 '빈곤 순환'

라운트리가 제시한 또 다른 주요 개념은 빈곤 순환poverty cycle이다. '빈곤순환'이란 빈곤의 세대 간 재생산으로 빈곤의 대물림을 뜻한다. 라운트리는 요크시 빈곤조사를 하면서 노동자들은 수입이 적어 장기적으로 저축이 불가능할 뿐 아니라, 상호부조를 통하여 대비를 한다 하여도 일시적일 뿐 근본적인 해결책은 되지 않는다고 보았다.[10]

그는 노동자 가족이 생애 동안 빈곤과 번영의 시기를 겪는다

10 김승훈, 《사회복지발달사》, 나눔의집, 2010.

고 봤다. 예컨대 한 부부가 있다. 그들은 자녀가 어릴 때는 빈곤 또는 빈곤 언저리에서 살아간다. 자녀가 일하는 나이가 되면 가족 전체의 소득이 늘어나 형편이 좋아진다. 그렇지만 자녀가 독립해 집을 벗어나거나 그들 자신이 나이가 들어 노인이 되면 더욱 가난해진다는 주장이다. 빈곤 순환 이론은 아동기엔 아동수당, 노령기엔 노령연금의 필요성을 제기하는 핵심 논거로 뒷받침되었다. 이런 그의 시각과 개념은 빈곤이 개인의 도덕성에 있거나 사적 자선을 통해 빈곤퇴치를 할 수 있다는 자유방임적 빈곤관을 깨뜨리는 데 중요한 논거가 된다.

빈곤의 원인과 관련해선 라운트리는 '저임금'을 꼽았다. 조사 결과, 전체의 52%가 낮은 임금 때문에 빈곤했다. 이 결론은 계절적 실업과 비자발적 실업의 결과로 소득이 일정치 않기 때문에 빈곤해진다는 것을 발견한 부스의 의견을 뒷받침해 주었다. 또한 라운트리의 조사 결과는 오랫동안 미덕으로 여겨진 검약만으로는 빈곤을 면할 수 없다는 것을 분명히 보여 주었다. 빈곤에 대한 그의 기록을 직접 인용해 보자.

"빈곤의 진정한 의미는 그 원인에 따라 달라진다. 수년 동안 상당한 임금을 받고 안락한 집에서 살고 있었으나, 실직으로 인해 갑자기 빈곤 상태로 떨어진 젊은 가장을 보자. 그는 곧 다시 취직할 수 있으리라 기대하면서 그와 가족은 허리띠를 졸라맬 것이다. 이런 생활 태도는 실직을 일시적 불행이라고 생각하며 대처해 나가는 여유 있는 가정의 생활 태도이다. 그러나 만약 새로운 직장을 구할 수 없고, 실직 기간이 며칠에서 몇 주로, 다시 몇 달로, 그리고 몇 년으로 길어지면 빈곤은 실업에서 온다는 말을 전 가족이 실감하게 된다. 가구와 의복들은 점차 초라해지고, 생기가 사라지고, 모든 생활의 활기도 떨어지게 된다."[11]

위키피디아 제공

빅토리아 시대(1837–1901, 영국 빅토리아 여왕이 통치한 시대)에 가난한 이들의 죽음은 삶의 일부였고, 병원이 아닌 집에서 죽음을 맞이했다.

라운트리의 조사에서 주목할 것은 빈곤이 질병 그리고 주거 조건과 밀접하게 연관 있다는 점이다. 이는 부스에게서 찾아볼 수 없는 새로운 시각이었다. 조사 결과, 전체 노동자계급이 살고 있는 주택의 거의 90%는 주거 조건이나 규모 면에서 충분하지 않았고, 빈곤층은 소득의 3분의 1을 집세로 내야 했다. 또한 빈곤한 노동자계급 자녀들은 형편이 조금 나은 계층의 자녀들에 비해 성장이 더뎠고, 극빈층 아동의 상당수는 영양실조에 처해 있었다.

요크시에 대한 라운트리의 빈곤조사는 조사분석가로서 시작에 불과했다. 그는 이후 더욱 조사사업에 진력해 1913년에는 메이 켄들May Kendall과 함께 농업노동자의 표본가계를 분석해 발표했다(*How the Labourer Lives: A Study of the Rural Labour Problem*, 1913). 1918년에는 전시 노동자들의 상황을 조사해 '노동에 대

11 아사 브릭스 저, 한국복지연구회 역, 《사회복지의 사상》, 이론과실천, 1990.

한 인간의 욕구' The Human needs of labor라는 제목으로 발표했다.

빈곤과 주거 · 성장조건 연관성 첫 실증

1936년, 시봄 라운트리는 요크시를 대상으로 2차 빈곤조사[12]에 나섰다. 이번에는 빈곤인구 측정을 넘어 노동자계급의 생활 변화 전반을 연구했다. 이 연구를 통해 그는 요크시 노동자계급의 4분의 1이 최저 수준 이하의 생활을 하고, 그들이 가난한 까닭은 저임금, 실업 그리고 노령임을 밝혀냈다. 또한 이 문제를 풀기 위한 정책 대안으로 완전고용, 높은 급여와 연금, 최저임금의 법적 보장과 가족수당을 제시했다. 거의 80년 전의 해법이지만 오늘의 대한민국 상황에도 많은 시사를 준다. 아버지와 할아버지와 마찬가지로 자유당 지지자였던 그의 이런 아이디어는 1908년 노령연금법안 제정, 1911년 국민보험법 도입 등에 영향을 끼쳤다. 자유당 정치인들에게 영향을 끼쳤으며, 특히 자유당 복지개혁을 주도한 로이드 조지에게 큰 영향을 끼쳤다. 1907년 두 사람은 로이드 조지가 상무장관을 할 때 만난 뒤로 아주 가까운 친구 사이가 되었다. 라운트리의 저서 《빈곤과 진보》Poverty and Progress는 후일 노동당 정부의 정책에도 영향을 주었으며, 당 강령에도 반영되었다.

12 이 조사 결과는 1941년 《빈곤과 진보》*Poverty and Progress*라는 책으로 출간되었다.

라운트리의 요크시 빈곤조사는 3차까지 계속되었다. 사망하기 4년 전인 1950년, 그의 나이 80살 무렵이었다. 고령의 나이에도 사망 전까지 빈곤 연구에 몰두한 라운트리는 1954년 영면했다.

빈곤에 대한 여러 정의들

인 물	빈곤에 대한 정의와 발언
애덤 스미스 (1776)	필수품은 생활을 유지하는 데 불가피하게 필요한 재화일 뿐만 아니라, 관습상 최하위층 사람일지라도 그것 없이는 보통의 생활인으로서 체면을 유지할 수 없는 재화다.
카를 마르크스 (1867)	필수품의 수와 정도는 역사 발전의 산물이므로, 그것은 한 국가의 문명화 정도에 크게 의존할 수밖에 없다.
시봄 라운트리 (1899)	어떤 가족의 총소득이 단순히 물리적 효율성을 위한 최소한의 필수품을 획득하기에 충분치 않다면 빈곤한 것으로 간주된다.
피터 타운젠드 (1979)	빈곤이 최소한으로 받아들일 수 있는 생활수준의 준거로 정의되는 한 이는 상대적 개념이다. 경제의 생산성과 공동체의 태도를 반영하는 가치판단이 요구된다. 관습적 또는 최소한으로 널리 장려되거나 인정되는 생활조건과 설비를 갖추기 위한 자원이 결여될 때 빈곤 상태에 있다고 말할 수 있다
아마르티아 센 (1992)	빈곤은 최소한으로 받아들일 수 있는 특정 수준에 도달하기 위한 기본적 능력의 결여다.
월드뱅크(World Bank, 1998)	빈곤은 정치적으로 받아들일 수 있는 생활수준을 달성할 능력이 없는 상태다.

출처: 김주환 〈빈곤통계의 작성과 활용〉(2007)

184년 메이휴에 의해 창간된 매거진 〈펀치〉

'빈곤의 발견'을 통해 정책 변화 이끌고, 복지국가로 가는 길 닦아

찰스 부스와 시봄 라운트리, 이들 두 선각자의 성취는 오늘날 '당시의 억압적인 구빈행정을 비판하는 핵심 논거를 제공해 주었을' 뿐만 아니라, '빈곤이 개인의 게으름 때문이라는 기존의 낡은 관점을 깨뜨리는 주요한 구실을 했다'는 평가를 받고 있다. 그들은 "자격 있는 빈자Deserving Poor에 대한 생활보조를 위해 국가 개입을 정당화하는 견고한 통계 증거를 제시함으로써 차후 국가정책의 행로에 결정적 영향을 미쳤다"[13]는 평가도 있다. 역사가들이 그래서 두 사람을 '빈곤관의 대전환을 이룬 것은 물론 사회사상사, 빈곤퇴치운동은 물론 복지국가 발전에 큰 영향을 끼친 인물'로 기록하고 있다.

빈곤조사의 원조 채드윅과 메이휴

하지만 이들의 빈곤조사와 아이디어도 어느날 갑자기 하늘에서 뚝 떨어진 게 아니었다. 이들에게 영향을 준 또다른 선각자들이

13 고세훈, 《영국정치와 국가복지: 신(new)자유주의에서 신(neo)자유주의로》, 집문당, 2011.

있었다. 사회개혁가 에드윈 채드윅Edwin Chadwick[14]과 언론인 헨리 메이휴Henry Mayhew[15]다.

채드윅은 1842년 근대 유럽 보건사상 가장 중요한 문헌인 〈영국 노동인구의 위생상태에 관한 조사보고서〉를 발표해 질병 관리의 중요성을 주창한 인물이다. 한때 공리주의 철학으로 유명한 제러미 벤담의 조수로 일한 바 있다. 그는 자신의 보고서를 통해 노동자의 조기 사망과 나쁜 건강은 그들이 살고 있는 곳의 환경적 요건과 관련 있음을 밝혀내고 공중보건의 중요성을 제기했다. 그는 애초 가난은 전적으로 개인의 책임이란 생각을 갖고 있었다. 하지만 이 구빈행정가는 노동인구의 위생상태에 관한 조사로 빈곤의 책임을 가난한 이들에게 전적으로 돌리는 게 부당함을 입증했다. 채드윅의 조사 결과는 공중위생법 제정과 정부 내 보건국 창설로 이어졌다.

브리태니커 온라인 제공

위키피디아 제공

에드윈 채드윅(좌)의 보고서와 헨리 메이휴(우)의 글은 찰스 부스와 시봄 라운트리에게 큰 영향을 주었다.

14 1800~1890년. 영국의 공중보건 발전에 큰 영향을 끼친 공무원이자 사회공학의 창시자다. 영국 빈민법(빈민통제법) 개혁에도 영향을 끼쳤다. 동시에 근로원의 공포를 정당화한 인물이란 상반된 평가도 받는다.

15 1812~1887년. 사회개혁가이자 언론인이자, 극작가이자 개혁가이다. 1841년 창간되어 2002년까지 명맥을 이어 온 영국의 대표적인 풍자만화 잡지 〈펀치〉를 만든 인물이기도 하다.

메이휴는 전혀 다른 방식을 통해 빈곤을 고발한 이다. 그는 기자였다. 그는 자신의 눈과 발품, 그리고 펜으로 런던 빈민들의 비참한 실상을 고발했다. 그는 거지와 거리의 악사, 시장 상인, 그리고 창녀에 이르기까지 런던의 수많은 빈민을 인터뷰했다. 그들이 어떤 옷을 입고, 무엇을 먹고, 어떤 습관이 있고, 벌이가 어느 정도인지 등을 자세히 묘사했다. 그의 이런 취재는 1849년 런던에서 발행되는 신문 〈모닝 크로니클〉The Morning Chronicle[16]에 '런던의 노동과 빈민' London Labour and the London Poor이란 제목의 시리즈물로 연재되었다.

"5살쯤 되어 보이는 허약한 아이 하나가 자기 키만 한 광주리들 사이를 기어오듯 걸어왔다. 퍼렇게 언 맨발은 고양이가 젖은 땅을 딛는 것처럼 포석을 밟고 있었다. 팔꿈치와 무릎은 옷이 해진 틈새로 맨살이 드러나 보였고, 그 추운 모양이 딱해 보였던지 퉁퉁한 노점상 여인 하나가 소리쳐 엄마가 집에 돌아갔느냐고 물었다. …… 아이는 여인에게 다가가 외발로 서서 추위에 떨며 말했다. 우리한테 버릴 강냉이 좀 줘요."(존 캐리, 《역사의 원전》, 바다출판사, 2006에서 재인용)

메이휴는 저널리즘을 통해 구걸하는 어린아이와 굴뚝 청소

16 1769년 런던에서 창간된 신문으로, 찰스 디킨스가 기자로 일한 곳이기도 하다.

부 등 빈민들도 자신의 얼굴과 목소리를 지닌 인간임을 드러내 보였다. 메이휴의 기사는 자선사업가들을 비롯해 숱한 독자들의 심금을 울렸다. 그 중에는 어린 소녀도 있었다. 후일 도시 빈민을 위한 주택개선 사업가로 유명해진 옥타비아 힐Octavia Hill[17]이다.

인터뷰 기법 부스 거쳐 베버리지로 전수

채드윅의 보고서와 메이휴의 기사는 런던 빈민에 대해 알고 싶은 게 많았던 부스에게 직접적 영향을 주었다. 특히 메이휴의 조사 기법은 40년 뒤 부스의 조사 방법으로 그대로 이어졌다. 부스는 메이휴를 따라 조사원을 동원해 직접 인터뷰를 하도록 했던 것이다. 영국 현대사가인 필립 왈러는 "부스의 조사 연구는 난공불락의 요새와 같았다"고 기록했다.[18] 그만큼 당대는 물론 후세에도 본받을 만한 점이 많은 탁월한 조사였다는 평가

17 1838~1912년. 런던에서 태어났다. 자본가였던 아버지의 사후에 어머니와 3명의 자매와 더불어 여학교를 창설하였다. 일찍부터 기독교 사회주의에 접하여 그 중 러스킨과 알게 되고 깊이 영향을 받았다. 슬럼가의 주택을 사들이고 개조하고 스스로 주택의 관리자가 되어 주민과 서로 사귐을 가짐으로써 그들의 생활개선에 노력을 했다. 주택보급사업의 개척자이며 또 지역의 자선 조직운동을 조직하여 당시의 사회복지 지도자로 활약하였다. 출처: 이철수 외, 《사회복지학사전》, 블루피쉬, 2009.

18 한국복지연구회, 《사회복지의 사상: 복지국가를 만든 사람들》, 이론과실천, 1990.

다. 부스의 조사 결과는 1908년 정치가 로이드 조지David Lloyd George[19]의 정책 입안에도 영향을 끼쳤고, 나아가 윌리엄 베버리지의 직업안정국 아이디어에도 직접적 영향을 주었는데, 특히 부스 그 자신이 자본가이고 지배계급에 속했기에 그 영향력이 매우 컸다. 앨프리드 마셜Alfred Marshall[20]은 부스의 사회조사를 '복지국가의 출발'이라고 평했다.

부스의 빈곤조사는 요크의 제과업자 시봄 라운트리로 계승되었다. 부스에게 자극받아 요크의 빈곤 분포를 조사한 라운트리의 고전 《빈곤: 도시생활의 고찰》1901은 부스의 연구에서 나온 파생물이란 게 일반적인 평가다. 영국 사회정책학자들은 빈곤 원인이 그들의 결과적 행태에 있는 것이 아니라 노동, 소득, 그리고 신체적·사회적 환경이 구조적으로 잘못 배분되었기 때

19 영국의 정치가. 재무장관과 총리를 지냈다. 이 책 4장 참조.

20 사회학자 토머스 험프리 마셜과 이름이 비슷해 헷갈리나 영국의 경제학자이다. 케임브리지 학파의 창시자로 클래팜(Clapham)의 가난한 가정에서 출생. 목사를 만들려는 아버지의 뜻과는 달리 옥스퍼드 대학에서 케임브리지 대학으로 옮겨 수학과 물리학을 배웠다. 졸업 후, 윤리학으로 옮기고 1868년에는 칸트 연구를 위해 독일에 유학했다. 이 무렵부터 밀·카르노·튀넨 등의 영향을 받고 있었는데, 1870~71년 다시 독일에 건너가 헤겔 역사 철학·역사학파·사회주의의 영향에 의해 차츰 경제학을 연구했다. 주요 저서 《경제학 원리》*The Principles of Economics*(1890~1920)는 영국 각 대학에서 반세기 이상에 걸쳐 교과서로 사용되었다. 그는 수학을 경제학에 응용, 가치론의 주요 이론을 통해 신고전 경제학파의 창시자로 일컬어지고 있다.(출처: 인명사전편찬위원회, 《인명사전》, 민중서관, 2002.)

문이라는 것을 처음으로 명백히 밝혀 복지국가의 기초를 닦는 데 중요한 역할을 한 사람으로 부스를 평가하고 있다. 라운트리에 대해서는 19세기 말 국가의 경제적 효율성과 정치적 안정을 위협하는 주요 사회문제로 대두된 빈곤문제를 퇴치하는 데 정치인들에게 더는 국가의 책임을 피할 수 없다는 점을 밝힌 인물로 평가한다.

이들의 빈곤조사는 통계학자들을 자극했다. 그 중 몇몇은 라운트리의 방식대로 다른 도시에 대한 빈곤조사를 벌여 그 결과를 발표하기도 했다. 라운트리는 특히 고용과 소득, 그리고 부의 불균형을 꼬집으며 국가적 재분배를 강조했는데 이런 그의 시각은 후학들에게 큰 영감을 주었다.

라운트리는 요크의 빈곤조사를 일정간격으로 모두 세 차례 벌였다. 1899년 벌인 첫 조사 이래 1936년 두 번째 조사를 시행했으며, 1950년에는 80이 넘은 나이에도 불구하고 세 번째 조사를 벌였다. 세 번째 조사 결과를 묶은 책이 《빈곤과 복지국가》Poverty and the Welfare State이다.

'빈곤 원인은 저임금' 밝혀내

부스와 라운트리의 빈곤조사가 사회정책과 복지국가 발달사에 끼친 영향은 긴 설명이 필요없다. 김태진은 부스의 《런던 사람들의 생활과 노동》과 라운트리의 《빈곤: 도시생활의 고찰》 보고서는 빈곤의 가장 중요한 원인이 저임금에 있다' 는 사실을 밝혔다고 평가한다(2012). 부스는 구체적으로 65살 이상자에게 25펜스의 연금을 줄 것과, 그가 '무능력자'라고 부른 10%의 최극빈층은 국가가 책임질 것을 제안했다. 빈곤의 1차적 원인을 저임금이라고 분석했던 라운트리는 최저임금 도입을 주창했다. 라운트리의 이 제안은 후일 윈스턴 처칠Winston Churchill에 의해 법제화된다.

부스와 라운트리의 가장 큰 업적은 무엇보다 빈곤조사를 통해 빈곤관과 빈곤 정책의 변화를 낳은 점이다. 일반 시민은 물론 많은 구빈행정가도 빈민 문제에 대처하기 위한 최상이자 효율적인 수단은 사적 자선이란 생각을 부수었다. 또 하지만 이들의 빈곤조사는 사회문제에 대한 국가의 정책적 개입이 있지 않고서는 빈곤 퇴치 또는 완화가 근원적으로 가능하지도 효과적이지도 않다는 것도 일깨워주었다. 더불어 국가가 정책을 수립하려면 광범위한 실증조사를 선행할 필요가 있음을 보여 주었다.

부스와 라운트리 이래 빈곤은 정부정책의 핵심 주제가 되었다. 빈곤 개념은 물론 빈곤 측정 방법, 나아가 빈곤 퇴치를 위한 정책 등 여러 면에서 다양한 논의가 이어졌다. 빈곤의 책임은 개인과, 사회 또는 국가에 있는가, 빈곤을 어떻게 측정하는 게 바람직한가, 소득과 소비, 부wealth 중 무엇이 가장 바람직한 측정 기준인가, 소득으로 정한다 해도 개인소득이 좋은가 가구소득이 더 적절한가, 빈곤이란 무엇인가란 원천적 질문까지 논의는 지금도 계속되고 있다.

빈곤의 개념은 오늘날 △절대적 빈곤 △상대적 빈곤 △주관적 빈곤 △정책적 빈곤 등 네 개의 개념으로 나누어진다. 절대적 빈곤은 라운트리가 말한 1차 빈곤과 거의 같은 개념이다. '최소한의 생활수준을 정하고 이를 충족하기 위한 필수품을 사는 데 필요한 소득수준에 미치지 못한 상태'를 말한다. 최저생계비 이하의 상태다. 상대적 빈곤은 '사회 구성원 대다수가 누리는 생활수준을 누리지 못하는 상태'를 말하나, 대체로 사회구성원의 평균소득이나 중위소득의 일정 비율로 정한다. 보통 중위소득을 기준으로 40%, 50%, 60% 중에 하나를 사용한다. 세계은행은 개발도상국의 경우에는 평균 가구소득의 3분의 1, 선진국은 2분의 1을 적용한다. 주관적 빈곤은 본인이 직접 자신을 평가해 빈곤 여부를 정하는 방법이다.

빈곤, 나를 비롯한 우리 모두의 문제

중요한 것은 '정책적 빈곤'이다. 정부가 정책적으로 지원 대상자를 선정하기 위해 일정 소득기준을 정하는 것을 말한다. 국민기초생활보장제도의 급여 대상자 기준이 최저생계비였는데, 한국의 정책적 빈곤선 또는 기준은 절대적 빈곤에 가까운 최저생계비 이하라고 할 수 있다. 어떤 사회가 빈곤 개념을 절대적 빈곤에 두느냐 상대적 빈곤에 두느냐는 그 사회의 빈곤에 대한 태도 차이가 결정한다. 빈곤 원인을 개인의 책임에 더 둔다면 절대적 빈곤을 빈곤선으로 정하는 경우가 많고, 사회의 책임에 더 둔다면 상대적 빈곤을 빈곤선으로 정하는 경향이 강하다.

오늘날 많은 국가들은 빈곤의 책임 소재가 개인이냐 사회냐에 상관없이 기본적으로 정책적 개입을 벌인다. 그 이유는 빈곤 개념의 변화에서 읽을 수 있다. 근년 들어 유럽의 일부에서는 빈곤 개념을 '사회적 박탈' 또는 '사회적 배제'란 개념으로 확장해 인식하는 경향도 나타났다. 사회적 박탈이란 '개인·가족·집단이 사회에서 널리 인정되는 음식, 의복, 집안의 문화시설, 주거조건과 그 부대시설 등 물리적 자원을 누리지 못하는 상태'를 말한다. 사회적 배제는 '주거, 교육, 건강 및 서비스에 대한 접근 등 권리가 부적절하게 주어진 상태'를 뜻한다. 이 개념들은 기존 빈곤 개념보다 훨씬 동태적이다.

빈곤층에 대한 지원은 다양한 의미와 효과를 지닌다. 사회를 유지하는 건강한 인력 확보를 꾀하고, 구매력을 높여 소비를 늘리도록 한다. 빈곤문제에 대한 사회적 투자가 단지 비용으로만이 아닌 경제 활성화로 이어질 수 있다는 시각도 점차 확산되고 있다. 빈곤층 지원은 또한 사회 불안과 갈등, 사회적 비용 증가를 예방하고, '민주주의의 위기' 발생을 예방하는 효과도 크다는 시각도 대두되었다. 우리사회는 1997년 외환위기와 2008년 글로벌 금융위기 등 두 차례의 경제위기를 겪으면서 누구나, 언제든 빈곤의 늪에 추락할 수 있다는 사실, 곧 빈곤은 일부 극소수 가난한 사람들만의 일이 아닌, 우리 모두의 문제임을 직시하게 되었다. 이런 인식은 빈곤을 사회적 현상이자 경제적 현상이며 동시에 정치적 구성물political construct로 이해하는 시각을 낳아, 빈곤에 대한 또 다른 논쟁과 관점의 진화를 이끌어내고 있다.

참고 문헌

고세훈, 《영국 정치와 국가복지》, 집문당, 2011.
김수현 외, 《한국의 가난》, 한울아카데미, 2010.
김승훈, 《사회복지 발달사》, 나눔의집, 2010.
김영모, 《사회정책》, 한국사회복지정책연구소, 1999.
김주환, 《빈곤통계의 작성과 활용》, 집문당, 2007.
김태진, 《사회복지의 역사와 사상》, 대구대학교 출판부, 2012.
박광준, 《사회복지의 사상과 역사》, 양서원, 2002.
아사 브릭스 저, 한국복지연구회 역, 《사회복지의 사상》, 이론과실천, 1990.
캐슬린 존스 저, 엄영진·이영찬 역, 《영국 사회정책 현대사》, 인간과복지, 2003.
위키피디아(www.wikipedia.org)

박순우 교수가 말하는 부스와 라운트리

비단 사회복지의 역사뿐만 아니라 모든 역사를 공부하는 데 있어 중요한 점이 있다. 개별의 역사적 사건을 독립된 하나의 이벤트(event)로 이해하는 것이 아니라 하나의 사건과 다른 사건을 연결시켜 역사발전의 전체적 흐름을 파악하는 것이다. 일종의 스토리텔링(a story telling)이 가능한 역사적 이해가 되어야 한다. 이러한 맥락에서 볼 때, 부스(C. Booth)와 라운트리(S. Rowntree)의 빈곤조사는 사회복지 발전에 있어서 빈민법의 시대가 끝나고 복지국가의 시대가 도래하는 전환기의 핵심적 연결고리이다. 아마도 두 사람의 빈곤조사가 없었다면 인간의 존엄성에 바탕을 둔 근대적 복지국가는 훨씬 늦게 도래하였거나 그 모습을 달리하였을지도 모른다. 필자가 언급하고 있는 바와 같이 두 사람의 빈곤조사는 19세기 말까지 지속된 빈곤관 자체를 변화시킴으로써 20세기에 빈곤문제에 대한 변화된 대처방식인 복지국가의 등장을 가능케 하였다. 빈곤조사 결과가 발표된 이후 영국에서 나타났던 빈민법위원회와 그 활동의 결과물 중 하나인 소수파 보고서(Minority Report), 뒤이어 나타난 로이드 조지(Lloyd George) 정부의 자유주의 사회입법, 그리고 궁극적으로 베버리지(W. Beveridge)가 '문제의 원인에 따라 대처방식을 달리한다'는 입장을 견지하게 된 것 역시 빈곤의 원인에 대한 체계적 조사가 선행되었기 때문이다.

부스의 조사는 사회학을 포함하여 도시공학, 행정학, 사회조사, 인구학, 지리학 등 사회과학 전반에 있어서 고전으로 간주되고 있다. 물론 그가 사회조사에 사용한 방법론이나 이론은 세련되지 못한 것으로 초기에는 비판을 받았지만 최근에는 실증적 자료를 바탕으로 시간과 공간, 사회계급을 분석하려 했던 그의 노력은 재평가받고 있다. 우리는 부스의 업적을 이해하는 과정에서 런던의 빈곤율을 파악하고 그 원인을 체계적으로 분석한 사실에만 초점을 맞추는 경향이 있다. 그러다 보니 몇 가지 세부적 사실을 가볍게 처리하는 오류를 범하고 있다.

전체적으로, 다수의 사람들은 그가 런던 동부(East London)만을 조사했다고 알고 있지만 12년 동안의 조사기간 동안 대상지역은 런던 전체로 확대되었다. 이와 더불어 런던시민의 30.7%가 절대빈곤 상태에 빠져 있다는 초기 결과 역시 10여 년 후에는 35%로 수정한 사실도 우리는 놓치고 있다. 보다 중요한 점은 《런던 사람들의 생활과 노동》이라는 총 17권의 보고서는 사실상 제목에서도 암시하는 바와 같이 시민들의 삶의 문제(빈곤)와 노동이라는 두 개의 핵심어를 통해 시민들의 삶을 동적으로 파악하고 있다는 사실이다. 이러한 맥락에서 부스의 조사는 2단계의 과정으로 구분된다. 1단계는 1889년까지로서 1권부터 6권까지의 보고서가 발표된 시기이며, 2단계는 7권부터 17권까지의 보고서가 발표된 1903년까지의 시기이다. 그가 1단계의 보고서를 발표하면서 빈곤의 원인을 8개의 사회계급을 바탕으로 분석한 것은 널리 알려진 사실이다. 하지만 그가 이를 바탕으로 런던의 빈곤지도(poverty maps)까지 작성한 사실은 잘 알려지지 않았다. 그의 첫 보고서에는 7개의 색채를 이용하여 사회계급이 런던의 각 지역에 어떻게 분포되어 있는가를 그림으로서 표시한 내용이 함께 담겨 있다. 최하층, 준범죄인이 거주하는 지역은 검은색, 극빈자, 일용직 근로자들이 거주하는 지역은 검청색, 빈곤자계급이 거주하는 지역은 담청색, 빈곤자와 일부 안정된 삶을 사는 계층이 공존하는 지역은 보라색, 정기적 소득을 가진 안정된 계층이 거주하는 지역은 핑크색, 중산층이 거주하는 지역은 빨강색, 상류층이 거주하는 지역은 노란색으로 표기하였다. 또한 부스는 이 지도를 작성함에 있어 1,800명의 교회지도자와 면담을 통해 종교기관과 그들의 자선활동에 관한 사항도 표기함으로써 종교단체의 자선활동이 중산

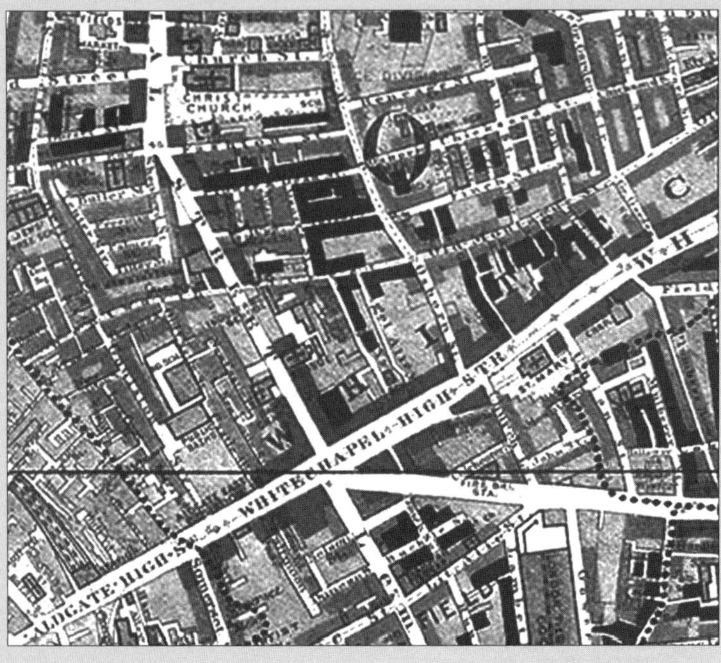

〈한겨레〉 제공

찰스 부스의 책《런던 사람들의 생활과 노동》에 실려 있는 '빈곤지도'. 런던 동부지역을 계층별로 구분했다. 생활수준에 따라 알아보기 쉽게 구분한 세계 첫 빈곤지도다.

층 밀집지역에서 이루어지기 때문에 빈곤문제를 해결하기에 충분치 않다는 사실을 발견하였다. 또한 거리의 술집, 식당, 알코올을 파는 가게 등을 모두 지도상에 표기함으로써 음주와 빈곤율의 연관성도 밝히고자 하였다. 부스는 이러한 지도화 작업을 통해 런던시민의 노동(직업유형, 안정성, 임금 등)이 빈곤을 발생시키고 지속시키는 조건과 어떻게 결부되어 있는지를 파악하고자 하였다.

2단계 조사를 통해 발표된 보고서는 이러한 역동성을 분석하고 있다. 7권부터 17권까지의 보고서는 1단계 시기에 조사한 자료를 업데이트한 것이다. 여기에서는 빈곤율이 35%로 수정될 뿐만 아니라 특정의 슬럼지역이 붕괴되고 빈민이 이주하는 경향 등을 분석함으로써 사회계급의 지리적 이동, 즉 '사회계급의 생태학'적 접근을 시도하였다. 특히 그는 이러한 동적 분석을 통해 극빈층 밀집지역이 발생하는 원인이 지역사회의 사회적 고립이라는 사실을 밝혔다.

라운트리(S. Rowntree)의 업적은 빈곤조사 그 자체보다는 방법론, 즉 빈곤선 설정에 의미가 깊다. 필자도 언급하고 있는 바와 같이 그는 부스의 비과학적 방법론의 한계를 극복하기 위해 1차적 빈곤(primary poverty)과 2차적 빈곤(secondary poverty)라는 개념을 도입함으로써 빈곤의 실태를 보다 체계적으로 파악할 수 있게 기여한 점이다. 사실 '빈곤선'(poverty line)이라는 개념을 고안한 것은 부스로서 1단계 조사를 실시하던 시기였다. 하지만 이 용어는 '실질적인 소득수준'을 파악한다는 당시의 조사초점에 가려져 부각되지 못하였는데, 이것을 라운트리가 부활시킨 것이라고 할 수 있다. 이와 더불어 라운트리는 '최저생활'이라는 개념을 사용함으로써 빈곤의 구체적 해결방안, 즉 빈곤선의 설정까지 모색한 사실을 염두에 둘 필요가 있다. 빈곤에 대한 이러한 분석방법은 이후 빈곤연구가 발전하는 데 깊은 영향을 주었다. 널리 알려져 있는 타운센드(P. Townsend)의 상대적 박탈(relative deprivation) 개념뿐만 아니라 최근에 이용되고 있는 사회적 배제(social exclusion) 개념 역시 빈곤의 현상을 체계적이고 과학적으로 분석하려는 라운트리의 초기 노력이 있었기 때문이라고 할 수 있다.

양자의 업적으로 놓고 경중을 따지는 것은 무의미한 작업이다. 부스와 라운트리가 빈곤문제를 놓고 조사한 지역이나 방법이 다르며, 모두가 창의적이기 때문이다. 하지만 양자에게서는 공통점이 발견된다. 하나는 조사대상지역 인구의 30%에 가까운 사람들이 빈곤선 혹은 그 이하에서 생활하고 있다는 점이며, 다른 하나는 빈곤문제가 빈민 자신의 노력만으로는 해결될 수 없는 환경에서 발생한다는 사실이다. 이러한 맥락에서 빈곤의 원인이 되는 질병, 실업, 노령에 대한 정부차원의 대책뿐만 아니라 정치사회적 개혁이 불가피하다는 점을 밝힌 점에서는 양자가 일치한다. 흔히 영국의 사회학을 'bluebook sociology'라고 칭하며, 사회개혁방식을 사회공학(social engineering)이라고 일컫는다. 두 사람의 사회조사는 이러한 영국식 전통이 형성되는 데 있어서 밑거름이 되었음은 누구도 부인할 수 없다. 두 사람이 사용한 조사방법은 그동안 많은 변화와 발전을 경험하였지만, 조사의 규모는 오늘날의 기준에서도 여전히 광대한 것이었다. 2001년 영국정부는 부스의 업적을 보존하기 위해 모든 노트와 지도 그리고 각종 지표들을 전산화하였으며, 이는 런던정치경제대학 전자도서관(http://booth.lse.ac.uk)을 통해 열람이 가능하다.

최근 우리사회에서 진행되고 있는 국민기초생활보장제도의 개별급여체계로 전환 작업에는 빈곤선의 설정이 중요한 쟁점으로 자리 잡고 있다. 개별급여체계로 전환함에 있어 기존에 사용하고 있는 최저생계비 방식을 어떻게 변화시킬 것인지에 대한 논의가 활발하다. 역사적 관점에서 볼 때 우리사회에서 진행되는 논의 역시 빈곤의 원인과 이에 대한 사회적 대책에 대한 논의를 불러일으켰던 부스와 라운트리의 작업에 뿌리를 두고 있다고 볼 수 있다. 결국 이들의 빈곤조사는 시대와 장소를 초월하여 깊은 영향을 미치고 있다. 전근대와 근대사회를 연결하는 역사적 고리로서, 특히 사회복지의 역사 발전에 있어서 두 사람의 업적은 빈곤에 대한 패러다임이 바뀌는 전환기를 설명하는 핵심적 사건임에 틀림없다.

4장

데이비드 로이드 조지

노령연금 창시로 복지국가 문을 연 정치가

위키피디아 제공

데이비드 로이드 조지
David Lloyd George
1863 - 1945

데이비드 로이드 조지는 20세기 초 영국의 재무장관과 총리를 지낸 정치인이다. 그는 '인간의 삶을 개선하는 데 국가권력을 이용한 실용주의자이자 사회개혁가'였으며, '자유당을 이끈 웨일스 출신의 정치인으로서 20세기 복지국가 창시자' 등의 평가를 얻었다.

그의 가장 큰 업적은 1908년 제정한 노령연금법이었다. 실업급여를 보편화시켰으며, 보건부를 만들어 영국 복지국가의 기초를 닦았다는 평가도 받았다. 그의 생애와 성취는 좋은 정치 또는 정치가가 한 사회를 바꾸는 데 어떻게 기여할 수 있는지를 생생히 보여준다. 그는 139명의 영국 학자들이 꼽은 20세기 위대한 영국 총리 중 세 번째로 꼽혔으며, 2002년에는 영국 전역에서 실시한 여론조사에서 영국 100대 인물 중에 한 명으로도 뽑혔다.

주요 약력

1863년 맨체스터에서 출생
1884년 법학을 전공하고 정치에 입문
1890년 최연소 하원의원으로 당선
1905년~1908년 상공회의소 의장
1908년~1915년 재무장관 역임
1916년 전쟁부장관
1916년~1922년 영국 총리
1945년 백작 작위 서임받았으나 82세를 일기로 사망

100년 전 복지국가 기초 닦은 영국 총리

복지국가는 흔히 세 인물의 아이디어 조합이라고 한다. 〈베버리지 보고서〉란 복지국가의 설계도를 마련한 윌리엄 베버리지William Beveridge, 시민권Citizenship 이념을 통해 복지가 하나의 기본권임을 강조한 토마스 험프리 마셜Thomas Humphrey Marshall, 그리고 복지국가가 자본주의 경제 안에서 꽃피우도록 경제학적 이론을 제공한 《고용, 이자와 화폐의 일반이론》The General Theory of Employment, Interest and Money의 저자 존 메이너드 케인스John Maynard Keynes다. 이들의 아이디어가 있었기에 복지국가가 탄생할 수 있었다는 주장이다. 하지만 역사적 실체로서 복지국가는 세 사람만의 '작품'일 수가 없다. 수많은 인물들의 '공동 저작'이라는 게 적절할 것이다. 길을 닦은 선지자들이 있었고, 탄생과 이륙의 주역들이 나타났으며, 성장·발전의 주역이 등장했고, 갖은 위기와 도전에 맞서 진화시킨 인물들도 있었다. 그들 중에는 학자·관료·연구자가 많았는데 드물었지만 정치가도 있었다. 사회적 문제와 갈등은 정치라는 통로를 통해 입법화로 해법이 최종 결정되고 집행된다. 그래서 어느 나라든 복지국가 발달사를 논할 때 결코 빠뜨릴 수 없는 정치가가 있기 마련이다.

정치인은 보통 여론의 도마 위에 놓여 쉽게 비난과 조롱의 대상이 되지만 정치인의 정치 행위 없이 사회 문제나 갈등을 해결하기도 어렵다. 좋은 정치가 또는 좋은 '정치'가 필요한 이유다. 역사를 만드는 결정적 주역 중 하나가 정치인인 것이다.

복지국가 형성과 발전사에도 예외가 아니었다. 영국 복지국가 형성과 발전 그리고 변화에는 영국의 걸출한 정치인들의 도전과 응전이 있었다. 정치가는 학자나 사상가 또는 자신의 아이디어를 현실로 만드는 이들인데, 영국 복지국가 형성사를 들여다볼 때, 그 첫 자리를 차지할 인물은 응당 데이비드 로이드 조지David Lloyd George, 1863~1945일 것이다. 로이드 조지의 평전을 쓴 존 그릭John Grigg은 그를 두고 "영국에서 복지국가 토대를 만드는 데 누구보다 일을 가장 많이 한 사람"이라고 평한다. 그는 어떻게 이런 평가를 받게 되었을까?

유일한 웨일스 출신 총리

기실 제1차 세계대전1914-1918 전후 유럽 재편 과정에서 역할, 각종 사회복지제도의 도입 등 20세기 영국인들의 삶에 그만큼 큰 영향을 끼친 정치가를 말하기 어려울 것이다. 수많은 변호사가 최고의 권력가인 총리가 되었지만, 그처럼 자신의 전문지식과 권력을 제대로 행사한 변호사도 없었다. 또한 웨일스어를 모국어로 여기고, 영어를 둘째 언어로 사용하고도 총리가 된, 영국 역사상 유일한 웨일스 출신의 총리이기도 했다.

"나는 멀리 있는 경치를 보려 하지 않는다. 한 발짝 앞이면 충분하다." 로이드 조지의 좌우명이다. 특정 이념을 고집하기보다는 구체적이고 실질적인 사회문제 해결에 주력해 온 그의 행적을 잘 보여 주는 문장이다. 그렇다고 그가 눈앞의 현실에만 매몰된 것으로 오해해서는 곤란하다. 존 그릭은 "정치에 대한 그의 접근 방법은 매우 상상력이 풍부했고, 이런 상상력이 그를 비현실적으로 만들지 않았으며, 자신이 직면한 과업을 피하게 하지도 않았다"고 평했다. 실용주의자인 동시에 미래에 대한 깊은 통찰력을 지닌 인물이었다는 얘기다.

브리태니커 백과사전 제공

1919년 제1차 세계대전 처리를 위해 프랑스 파리에서 만난 비토리오 오를란도 이탈리아 총리, 데이비드 로이드 조지 영국 총리, 조르주 클레망소 프랑스 총리, 우드로 윌슨 미국 대통령(왼쪽부터).

영국 최초의 사회보험인 노령연금을 법제화하도록 했고 국가가 예산을 누구를 위해 어떻게 써야 하는지 보여준, 이른바 '인민(국민)의 예산' People's Buget[1]을 낳게 한 이도 그였다. "이것은 빈곤과의 결연한 전쟁에 비용을 대기 위한 자금 마련이오." 로이드 조지의 격정적인 이 말이 영국 의회에서 울려 퍼지며 영국 역사상 가장 급진적인 예산안이 마련되었다. 로이드 조지의 일생은 한 명의 뛰어난 정치가가 사회를 어떻게 바꾸는지 보여주며 정치가란 결코 비난과 조롱의 대상일 수만은 없고 오히려 위대한 정치 그리고 뛰어난 정치가를 가꾸고 키워내야, 한 사회와 국가의 발전이 실현될 수 있음을 확인케 한다.

1 로이드 조지가 건강보험을 도입하기 위한 재원을 만들기 위해 편성한 예산이다. 1909년 의회에 제출되었는데, 세제개혁 등 사회개혁에 가까울 정도로 획기적인 것이었다.

로이드 조지는 1863년 1월 17일 영국 맨체스터에서 태어났다. 아버지는 맨체스터의 한 학교 교장 선생님이었다. 그가 태어난 이듬해 6월, 아버지 윌리엄은 44살의 나이로 숨졌다. 사망 직전 그는 건강상의 이유로 맨체스터를 떠나 고향인 웨일스의 남서쪽 펨브로크셔로 돌아갔다. 펨브로크셔는 영국에서 유일하게 해안국립공원이 있는 곳이다.

아버지가 사망하자 어머니 엘리자베스는 아들을 데리고 자신의 고향인 웨일스 북쪽의 한 마을 로아니스텀드위Llanystumdwy, Caernarvonshire로 이사를 한다. 로이드 조지는 그곳에서 16살까지 어린 시절과 학창 시절을 보낸다. 현재 그의 무덤과 박물관이 있는 곳이기도 하다. 조지는 이곳에서 어머니의 형제인 리처드 로이드Richard Lloyd, 1834~1917에게 강한 영향을 받는다. 외삼촌 리처드는 구두업자이면서 독실한 침례교 성직자였고, 열광적인 자유당 지지자였다.

리처드는 로이드로 하여금 법률가의 길을 선택하도록 했고, 정치 입문 또한 그의 권고에 따른 것이었다. 데이비드 조지가 오늘날 데이비드 로이드 조지란 이름을 갖게 된 것도 외삼촌의 성을 본떠 그의 성이 '로이드 조지'가 되었기 때문이다. 외삼촌의 도움으로 어린 시절은 가난하지 않았고, 그의 자신감 또한 마을 공동체에서 영향력과 특별한 지위를 가진 외삼촌에게서 비롯되었다는 게 존 그릭의 설명이다.

1890년 로이드 조지는 27살에 보궐선거에서 당선되어, 당시 하원에서 가장 젊은 의원으로 국회에 입성한다. 영국 정가에 그의 이름이 널리 알려지게 된 것은, 제2차 보어전쟁Boer War[2]에 대한 맹렬한 반대 때문이었다.

그는 보어전쟁의 목적에 의문을 제기했다. 또 막대한 전쟁비용으로 인해 노령연금이나 노동자들의 주거문제 해결을 위해 쓰여야 하는 재원이 제때 사용되지 못하고 지체되고 있음을 지적했다.[3] 전쟁이 발발한 이후에도 그는 전쟁 반대 목소리를 멈추지 않았다. 전쟁으로 인해 병들고 다친 병사들과 굶주린 아이들과 여인들을 장군들이 제대로 돌보지 않는다고 비난하기도 했다. 자유당의 내분 등 정치적 악재가 있긴 했지만 여세를 몰아 정부의 교육법을 공격하기도 했다.[4]

1890년에서 1905년까지 15년 동안의 보어전쟁에 대한 반대를 제외하고는 대체로 그의 의원 생활은 웨일스 중심의 인종적이고 분파적인 쟁점 등 주변적인 것에 집중되어 있었다. 당시까지만 해도 그는 빈곤 등 사회적 문제에 대해서는 관심이 그리 크지 않았다. 오히려 가난한 어린 시절을 겪었기에 빈곤과 질병에 혐오감이 컸다. 그가 빈곤퇴치 등 사회 개혁에 앞장선 배경은 가

2 1899~1902년 영국과 남아프리카에 정착한 네덜란드계 보어인들 사이에서 벌어진 전쟁. '트란스발전쟁'이라고도 하는데, 그 이유는 이 지역에서 다이아몬드와 금광이 발견되었기 때문이다. 영국이 최종 승리했다. 제1차 보어전쟁은 1881년부터 1884년까지 진행되었다. 출처 : 위키백과(wikipedia)

3 출처 : 위키백과(wikipedia)

4 출처 : 위키백과(wikipedia)

난한 사람에 대한 동정보다는 상속받는 부자들, 특히 토지 소유자들에 대한 분노가 작용했다는 풀이가 그래서 나온다.

재무장관이 된 뒤 노령연금제 시행

"그는 어떤 큰 것을 성취하기 전에 먼저 권력을 잡아야 한다는 것을 알았고, 권력을 잡기 위해 웨일스 출신의 자유당 정치인으로서 웨일스와 비국교도들이 그에게 줄 수 있는 모든 수단을 이용해야만 했다. 만약 그가 자신의 토대를 무시했다면 자유당이 집권했을 때 고위직의 강력한 후보자로 부상하지 못했을 것이다."(존 그릭)

마음 속에는 사회문제에 대한 개혁적인 아이디어와 집념이 있었지만, 힘과 권력을 잡기 전에는 그것을 도드라지게 드러내지 않았다는 것이다. 그러면서도 사회개혁가와 개혁적 정치가임의 면모를 대중에게 각인시키려는 노력을 세심히 전개했다. 가끔씩 주말에 일반 대중을 향해 벌인 급진적인 연설은 이런 의도의 일환이었다. "영국은 1인당 부wealth가 세계에서 가장 많은 나라다. 영국 국민에게 그렇게 많은 빈곤을 허용하는 것은 부유한 영국에 대한 치욕이다. …… 필요한 것은 더 공평한 분배다." 1906년 9월 그가 한 연설 내용의 일부다.

보어전쟁에 대한 반대와 간간이 보여준 급진적 연설에 힘입어 로이드 조지는 1906년 356석의 의석을 거머쥐고 정권을 잡은 자유당 캠벨배너먼Henry Campbell-Bannerman 내각의 상무장관**president of the board of trade**이 된다. 당시 영국엔 사회 개혁에 대한 여론의 압력이 거셌고 정부는 이런 요구를 외면할 수 없는 상황이었다(실제로 자유당 시절 적잖은 사회 개혁적 입법이 이뤄지고, 후일 이런 개혁적 조치는 복지국가의 토대가 된다). 이런 흐름 속에 내각의 일원으로 입성하게 된 것이다.

로이드 조지는 상무장관이 된 뒤 수많은 일을 벌이고 성취한다. 먼저, 그는 철도노조들이 벌여 온 전국 파업을 중단시키는 수완을 발휘한다. 노조와 회사 간의 협정을 성공적으로 중재한 것이다. 그 무렵 대부분의 사용자는 노조와의 타협을 완강히 거부했다. 하지만 로이드 조지는 사용자들을 설득해 노조 대표들과 협상 테이블을 꾸리도록 해서 타협을 보도록 했다. 당시에는 획기적인 일이었고 큰 성취였다.

복지국가와 관련해 그가 성취한 큰 업적은 1908년의 노령연금법[5] 제정이었다. 그를 상무장관에 임명한 헨리 캠벨배너먼Henry Campbell-Bannerman이 사망하고 허버트 애스퀴스Herbert Henry Asquith[6]가 총리가 되면서 그는 1908년 4월 마침내 재무장관이 된다. 재

5 1908년 70세 이상의 저소득층 노인에게 연금 지급.

6 1852~1928년. 영국의 국력이 최전성기를 구가한 1908년 총리를 맡아 제1차 세계대전이 한창이던 1916년 자리에서 물러났다. 헨리 캠벌배너먼(1836~1908) 총리 시절엔 내각 2인자인 재무장관을 맡으면서 차기 지도자 수업을 했다. 1908년 총리가 된 그는 시대 흐름을 읽고 식민지 팽창보다 국민생활 향상에 주력했다.

무장관은 내각에서 총리 다음으로 막강한 힘을 행사하는 자리다. 내각 서열 두 번째 권력을 거머쥐게 된 것이다. 재무장관으로 그가 노령연금제도를 도입한 것은 우연이 아니었다. 그는 일찍이 노령연금에 관심을 기울여 왔고, 1899년에는 하원특별위원회에서 연금 문제에 관한 일을 하기도 했다. 그가 도입한 노령연금제도는 오늘날 기여금을 토대로 한 연금제도와는 달리 일반 과세를 기반으로 했지만, 가난한 노인들의 소득 보장을 위한 것이란 목적에서는 크게 다를 바 없었다.

이렇듯 로이드 조지가 정치인으로서 '복지국가'의 아이콘이 된 배경에는 노령연금 도입 등 자유주의 복지개혁이 있었다.

여기서 본론에 앞서 노인빈곤과 노령연금을 개괄적으로 이해할 필요가 있다. 오늘날 한국의 노인은 젊어서는 자식과 나라를 위해 온몸으로 헌신했지만, 정작 자신의 노후 준비는 거의 챙기지 못했다. 최저생계비를 기준으로 한 노인빈곤율이 45.5%(시장소득 기준)에 이른다. 세계 최고 수준이다. 절반에 가까운 노인들이 가난의 늪에 빠져 있다는 얘기다. 그러나 모든 나라의 노인들이 한국의 노인의 처지와 같지 않다. 오히려 연금 덕분에 젊은 이들보다 소득이 더 많은 '노인들의 나라'도 적지 않다.

이들 나라의 노인은 어떻게 해서 그런 삶이 가능한가? 젊은 시절부터 개미처럼 돈을 모았나? 땅이나 아파트, 상가 등을 사서 노년에 이자나 임대 소득을 거두고 있는가? 막대한 주거비용과 자녀 교육비 등을 감당하다 보면 저축이나 투자는 엄두조차

내기 힘든데, 돈 많은 자식들한테서 꼬박꼬박 용돈을 받아서 모았는가? 아니면 취직을 해서 직접 돈을 버는 것인가? 이런 행운(?)을 누릴 수 있는 노인은 과연 몇이나 될까?

이들의 안정된 삶은 바로 노령연금 덕분이다. 노인은 가난에 취약하지만, 이들 노인이 그렇지 않은 까닭은 관대한 노후소득 보장제도 덕분인 것이다. 스웨덴과 캐나다 등 선진 복지국가의 노인들이다. 그들은 한국의 노인처럼 가난하지 않다. 스웨덴 노인들에겐 '최저소득보장연금'에 더해 자신이 내는 보험료에 비례해 받는 소득비례연금이 있고, 캐나다 노인에게는 기초연금이 있다. 이들 나라의 노인들은 일찍이 마련된 연금제도 덕택에 나이가 들어서도 빈곤의 나락에 쉽게 떨어지지 않는다. 우리나라도 국민연금과 기초연금이 있지만 그 역사가 짧고 사각지대가 많으며, 무엇보다 보장금액이 너무 낮아 가난을 원천적으로 벗어날 수가 없는 수준이다.

노령연금의 법제화의 주역으로 우뚝 서다

국가가 보험료를 내도록 강제하거나 세금을 통해 노후의 소득을 보장해 주는 연금제도는 일설에는 《로빈슨 크루소》로 유명한 소설가 대니얼 디포Daniel Defoe, 1660~1731가 처음으로 구상했다고 한다. 하지만 영국에서 국가에 의한 강제보험으로 연금제도가 주창된 때는 200년이 지난 1878년이었다. W.L. 블랙컬리William

Lewery Blackley[7]라는 인물에 의해서였는데, 그는 당시 우체국을 통해 실시되는 강제적인 갹출제 형태의 국가보험을 제안했다. 하지만 자선 단체들과 노동자 공제조합인 우애조합Friendly Society[8]의 반대에 부닥쳐 그의 구상은 성사되지 못했다.

그러다 1899년 빈곤조사의 첫 장을 연 찰스 부스가 무갹출 노령연금안을 제시했고, 같은 해 '노령연금 실현을 위한 전국 노동자위원회'가 구성돼 노령연금 도입 움직임은 하나의 사회운동으로 발전했다. 영국노총 격인 노동조합회의TUC: Trades Union Congress가 1907년 연금 도입을 사회개혁 주요 요구사항의 한 항목으로 넣은 것이다. 이렇듯 연금에 대한 사회적 관심이 고조되자 마침내 1908년 최초의 노령연금 법안이 도입되었다. 이때 노령연금 법안 법제화의 주역이 로이드 조지인데, 그는 가난한 이

7 성공회 신부다. 사회복지사가들은 보통 영국의 사회보험 운동은 1870년대 후반부터 나타났는데, 블랙컬리 신부에 의해 시작되었다고 기록하고 있다. 그는 1878년 빈곤문제를 예방하기 위해선 전국적으로 실시되는 강제보험을 도입해야 한다고 제안했는데, 그가 제시한 계획은 18~21세의 모든 청년들은 국가가 징수하고 관리하는 기금에 충분한 양의 기여금을 내도록 의무화하고, 이로써 그들의 돈을 벌 수 없을 때 상병수당으로 매주 8실링,노령연금으로 매주 4실링을 받을 자격을 주자는 것이었다.(칼 드 슈바이니츠 저, 남찬섭 역,《영국 사회복지 발달사》, 인간과복지, 2001.

8 영국의 사회보장제도에 관한 역사적 배경을 고찰함에 있어 반드시 언급되어야 하는 분야가 우애조합과 노동조합의 공제(共濟)기능 또는 사회보장 기능에 관한 것이다. 형태가 다양하고, 일반적으로 노동자조합으로서 조합원이 정기적으로 일정한 갹출(醵出)을 부담하고, 질병·노령·사망 등의 경우에 상호부조를 행하는 조직이다. 출처: 두산백과.

들의 집에 강제노역장인 근로원의 그림자가 드리우지 않도록 해야겠다는 결심 아래 이 법안의 도입을 결심했다고 한다.

노령연금에 관한 제안들

W.L. 블랙컬리	찰스 부스	노동조합회의	로이드 조지
1878년 우체국을 통한 강제적 갹출제 형태	1899년 무갹출 노령연금안 제시	1907년 사회개혁 주요 요구사항에 연금 도입을 포함시킴	1908년 최초의 노령연금 법안 통과

출처: Bentley B. Gilbert, "Evolution of National Insurance in Great Britain", 1966; 박광준, 《사회복지의 사상과 역사》, 양서원, 2011에서 재인용.

당시 자유당 정부의 재무장관인 로이드 조지는 1906년 자유당 내각의 상무장관 무렵부터 국민을 빈곤의 늪에서 탈출시킬 수 있는 방법으로 사회보험과 노령연금에 깊은 관심을 기울였다. 사실 노령연금 구상은 법제화 이전에 이미 사회적으로 상당한 합의에 도달한 사안이었다. 찰스 부스가 빈곤조사로 '노령'이 빈곤의 원인 중 하나라는 것을 입증한 뒤 노령연금 도입을 주창하는 캠페인을 전개하면서 사회적 여론이 상당히 모아졌다. 다만 재원 조성 방법을 놓고 보험료를 통한 갹출 방식으로 마련할 것인가, 아니면 기여금 없이 세금을 통해 할 것인가란 논란이 있었을 뿐이었다.

전자의 입장은, 기존 예산 편성에 부담을 주지 않고 자체적으로 재원을 충당하고 수급자가 자신의 기여에 의해 연금을 받는다고 느끼도록 해야 한다는 것이며, 후자의 입장은, 노령연금이 필요한 사람들은 오히려 주부들로 이들은 정규적인 일자리가 없기에 보험료를 낼 수 없는 처지라서 기여금 방식 대신 국민의 세금으로 해야 한다는 것이었다. 최종 통과된 1908년의 영국 초기 노령연금법은 결국 기여 없이 일반 과세에 의해 재원을 마련하는 것으로 결정되었다.

노령연금 도입에 노인들 기쁨의 눈물

이 노령연금법에 따라 1909년부터 노령연금제도가 실시되었는데, 그 대상은 70살 이상 노인이었고, 그들에게는 일주일에 5실링[9]의 연금이 지급되었다. 그러나 이 혜택을 받을 수 있는 노인은 1년에 21파운드 이하의 소득자여야 하고, 31파운드 10실링까지의 소득자는 그보다 적은 금액이 지급되었다. 일정한 자산기준 이하의 노인만을 대상으로 한 것으로 보편주의적 방식의 사회보험과는 달랐다.

정부는 이를 위해 자산조사[10]를 했고, 색다른 수급 제한 규정

9 영국의 옛 화폐 이름. 1파운드가 20실링, 1실링이 12펜스였다. 16세기부터 파운드와 펜스의 중간단위로서 사용되어 온 실링은 1971년 폐지되었고, 다만 오스트리아에서는 현재도 기본통화로서 사용되고 있다고 한다. 1실링(schilling)은 100그로셴(groschen).(두산백과 참조). 1파운드는 현재 한화로 1,800~2,000원 안팎에 이른다.

10 사회보장 급여를 제공하기 위해 중앙정부나 지방정부가 근로소득 유무, 소득 또는 이에 상응하는 실질자산의 유무 등을 조사하는 것.

도 있었다. 도덕성 조사가 그것이다. 예컨대 알코올중독자, 10년 이상 복역한 전과자, 이미 빈민구호를 받는 이, 능력이 있는데도 직장에서 일하지 않고 상습적으로 게으름을 피우는 자, 정신이상자, 외국인 또는 외국인의 처 등은 이 도덕성 조사에 의해 연금 지급 대상에서 배제되었다.

첫해(1909년) 모두 49만 명에게 연금이 지급되었다. 당시 일주일에 5실링은 기초생활에 충분한 금액은 아니었지만 연금 지급은 큰 반향을 일으켰다. 《영국 사회정책현대사》의 저자 캐슬린 존스에 따르면, 유명 소설가 플로라 톰슨Flora Thompson의 소설 《종달새 날아오르다》Lark Rise, 1939에서는 당시 노령연금을 받기 위해 가난한 노인들이 기쁨의 눈물을 흘리면서 우체국으로 달려가는 모습이 묘사되어 있다고 전한다. 캐슬린 존스는 "어떤 이는 연금을 전해 주는 우체국 접수창구의 소녀들에게 사과나 꽃을 따다 선물했다"며 "어떤 정부의 조처도 그렇게 많은 순수한 행복을 만들어내지 못했다"고 노령연금 지급의 첫 반응을 전했다. 1908년 국가재정으로 연금을 지급하는 공적부조 방식의 연금제도는 1925년 보험료를 납부하는 기여 방식으로 바뀌면서 사회보험 방식으로 진화한다.

노령연금의 법제화는 정치인 로이드 조지를 역사적 인물로 부상토록 했다. '연금' 하면 영국인들은 한동안 로이드 조지를 떠올렸다. 존 그릭은 "그는 훌륭한 수완으로 의회를 통해 그 조처가 이루어지도록 조종했고, 모든 사람에게 확고함과 융통성을 보여 주었고, 이런 것들이 그를 민주적인 조건하에서 탁월하고 효율적인 개혁가로 만들었다"고 평했다. 로이드 조지는 노령연금 법안과 관련한 한 연설에서 이 법은 단지 첫 단계임을 강조했다. "국가가 너무도 오랫동안 소홀히 해 온 환자, 허약자, 그리고 생계를 꾸려갈 수단이 없는 사람들의 문제를 해결하기 위해 '또 다른 조처'를 취하겠다"고 약속했다.

국민보험법[11](건강보험과 실업보험) 도입

'또 다른 조처'는 그가 내심 마음먹고 있던 것으로 국민보험법(실업보험과 건강보험)의 도입이었다. 이를 위해 노령연금법이 제정된 무렵 그는 독일 시찰을 떠났다. 독일의 보험 제도를 살피기 위한 여정이었다. 1908년 8월 로이드 조지를 포함한 시찰단은 독일의 여러 도시를 방문했다. 베를린의 제국노령·질병보험사무소도 그 중 하나였다. 이 사무소를 찾았을 때 그는 당시 독일과 영국의 관계가 그리 좋은 편이 아니었지만 독일제국의 재무부 차관과 식사를 함께 하기도 했다. 함부르크의 조선소와 부두도 찾아 노조지도자, 정치인 등과도 대화를 나누었다. 독일 시찰의

11 1911년에 제정된 영국의 사회보장법으로, 건강보험과 실업(失業)보험으로 되어 있다. 건강보험기금에는 피보험자(노동자)·고용주·국가의 3자가 갹출하기로 되어 있고, 이와 같은 방법은 실업보험에 있어서도 일부 사업체에서 실험적으로 실시하였다. 1906년 이후 자유당 내각에 의한 사회정책 중에서 가장 중요한 입법이며, 사회보장제도의 확대와 정비를 위한 기초가 되었다.

경험은 로이드 조지를 열렬한 사회보험 신봉자로 만들었다. 사회보험[12] 제도를 통해 적은 재정 부담으로 국민의 생활 상태를 개선할 수 있음을 독일에서 확인한 것이다.

독일 일정을 소화한 뒤 런던으로 돌아오는 기차 안에서 그는 기자회견을 열었다. 그는 이 회견에서 "매우 감명 깊은 여행이었고, 노령연금과 접목되어야 할 또 다른 '기여 연금'을 고안할 것"이라고 밝혔다.

로이드 조지의 구상은 1911년 국민보험법 도입으로 구체화했다. 국민보험법은 두 부분으로 나뉘었는데, 1부는 건강보험, 2부는 실업보험에 관한 것이었다. 로이드 조지는 이질적인 두 제도를 하나의 법으로 제도화했다. 이런 배경은 '영국 노총이 건강보험과 함께 법제화한다면 실업보험 통과가 용이할 것이란 판단 아래 정부에 통합 법제화를 강력히 요구했기 때문'이었다.(박광준, 2002)

국민보험법안에 포함된 건강보험 도입에는 로이드 조지의 역할이 절대적이었다는 것이 역사가들의 평가이다. 건강보험의 도입은 당시 강력한 이해집단인 우애조합, 노동조합, 의사들 사이의 길고 긴 협상 결과였다. 영국 의사회는 당시 건강보험 대상을 연간 소득 100파운드 이하의 노동자로 한정할 것을 요구했다.

12 사회보장을 위한 핵심적 제도. 정부 사회복지 정책의 가장 큰 비중을 차지한다. 국민연금, 건강보험, 실업(고용)보험, 산재보험을 합해 '4대 사회보험'이라고 일컫고, 여기에 장기요양보험을 더해 '5대 사회보험'이라고 한다. 복지국가의 시작을 사회보험에 두는 견해가 강하다.

그 이상의 소득자는 일반 환자로 사적으로 진료할 수 있게 해 달라는 것이었다. 로이드 조지는 이에 의사들에겐 보수와 지위를 적절히 올리는 것으로, 국민에겐 더 좋은 서비스를 주는 것으로, 적절한 타협을 통해 상황을 돌파했다. 그리하여 최종안은 로이드 조지의 구상대로 연간 160파운드[13] 이하를 버는 노동자를 일반의가 무료로 치료할 수 있게 해 주는 것으로 결론지어졌다.

질병이 있거나 실직당한 이들에게도 일정 소득을 보장해 주도록 했는데, 이를 위한 기여금을 해당 노동자, 사업주, 국가가 나눠 책임지도록 꾸렸다. 노동자 4펜스, 고용주 3펜스, 정부가 2펜스였고, 운영은 우애조합이 맡도록 했다. 건강보험제도는 스스로 보험에 들 수 없던 노동자들의 아내와 자식에겐 축복이었다. 이렇듯 국민보험 법안에 포함된 건강보험 도입에는 로이드 조지의 역할이 절대적이었다.

국민보험법의 두번째 부분은 실업보험 제도다. 이는 당시 영국만의 독창적 시도였다. 많은 수정을 거쳐 통과된 건강보험과 달리 이 법안의 내용은 자유당 내각의 상무부 법안이나 다름없었다. 이 법안 작성을 실무적으로 주도한 중심 인물은 로이드 조지의 상무부 후계자인 윈스턴 처칠, 〈베버리지 보고서〉의 윌리엄 베버리지 William Beveridge 이었다. 특히 처칠의 공로가 컸는데,

13 1파운드는 2014년 현재 1800~2000원의 한화에 해당하나 당시 상황에는 얼마인지를 정확히 산출하긴 어렵다.

베버리지는 후일 이와 관련해 "한 대신의 퍼스낼리티personality가 겨우 수개월의 중요한 시기에 사회 입법의 진로를 크게 바꿔놓을 수 있다는 것을 나타내주는 한 사례"라는 증언을 남기며 처칠의 역할을 높이 평가했다(하지만 이들은 나중에 〈베버리지 보고서〉를 놓고선 대립하게 된다).

실업보험 도입으로 건축·토목·조선·차량 제조 등 분야에서 고용이 불안정했던 저임금 노동자들은 실업급여를 받을 수 있게 되었다. 보험료 부담은 노동자, 고용주, 국가가 각기 일정액을 부담했다. 하지만 노령연금, 건강보험, 실업보험 등 숱한 사회개혁 입법의 잇따른 도입에는 막대한 재원이 필요했다. 이를 위해 로이드 조지는 1909년 이른바 '인민(국민)의 예산'People's Budget안을 의회에 제출했다. 전례 없는 예산이었다. 숱한 사회개혁 입법은 예산의 뒷받침없이는 모두 장밋빛 구상일 뿐이다.

인민의 예산, 세제 개혁으로 복지국가 재원 마련

로이드 조지는 건강보험 등의 재원 마련을 위해 의회와의 힘겨운 싸움을 거쳐 마침내 '인민의 예산' 안을 통과시켰다. 부자 증세와 누진세 도입을 뼈대로 한 예산안이었다. 전기 작가 존 그릭이 "그가 아니었다면 복지국가에 필요한 변화가 일어나기까지는 상당한 시간이 걸렸을 것이고, 영국 자체는 물론이고 수많은 사람이 고통을 겪었을 것"이라고 평가하는 이유다.

복지는 필히 재원(돈)을 필요로 하는데 새 제도를 들이는 것은 물론 기존 제도를 손질하려 해도 재원이 필요하다. 한국 사회에서 복지이슈가 화두가 되면서 예산논쟁이 이는 것도 자연스러운 과정인 것이다. 사회복지세 도입, 부자증세, 소비세 인상, 지출구조 조정 등 다양한 논쟁이 전개된다. 재원을 앞세우면서 정작 구체적인 방안을 내놓지 않는 경우도 있는데 만약 어떤 사람이나 집단이 그렇다면 재원은 반대를 하기위한 핑계일 뿐이다.

이런 측면에서 로이드 조지의 예산마련 과정은 시사하는 바가 많아 좀더 자세히 들여다 볼 필요가 있다.

1908년 허버트 애스퀴스Herbert Asquith가 총리가 되면서 재무장관이 된 로이드 조지는 구상해 온 사회개혁 법안을 현실화할 수 있는 절호의 기회를 맞았다. 그가 비운 상무부의 장관은 33살의 윈스턴 처칠Winston Churchill이 맡는다. 후일 '인민의 예산'을 두고 일각에서 로이드 조지와 처칠의 합작품이라고 말하는 까닭은 당시 내각의 이런 구성 때문이었다. 상무부엔 윌리엄 베버리지가 비어트리스·시드니 웹 부부의 소개로 직업소개소 도입 정책의 임무를 맡고 있었다. 로이드 조지-윈스턴 처칠-윌리엄 베버리지는 당시까지만 해도 사회개혁의 대열에 함께하는 관계였다.

그렇지만 어디까지나 자유주의적 복지입법의 중심 인물은 로이드 조지였다. 노령연금, 건강보험, 실업보험 등 주요 사회보장과 사회보험 입법은 물론 그런 제도가 현실이 되게 만들 재원인 '인민의 예산'이 마련된 것은 누구보다 로이드 조지의 의지에 힘입었기 때문이다. 영국 복지국가발달사에서 '인민의 예산'이 남다른 의미를 지니는 데는 단순히 사회보장을 위한 재원 마련

위키피디아 제공

위키피디아 제공

위키피디아 제공

데이비드 로이드 조지(왼쪽), 윈스턴 처칠(가운데), 윌리엄 베버리지는 사회개혁의 드림팀이었다.

을 넘어 영국 근대사에서 부(富)의 재분배를 국민적 차원에서 현실화한 최초의 예산이란 점도 크다. 재원 조달이란 차원을 넘어 그 자체가 하나의 사회개혁이었다는 평가를 받는 것도 이런 이유에서다.

1909년 4월 29일, 로이드 조지는 자신이 추진한 '인민의 예산'을 '전쟁예산'이라고 규정했다. 빈곤과 불결에 맞서는 전쟁을 수행하기 위한 예산이란 의미였다. 핵심은 세제 개혁에 있었다. 가진 자들에겐 증세를, 없는 자들에겐 세금 감면을 해 주는 예산안이었다. 토지 소유자들에 대한 과세 신설과 누진세 적용이 포함되었다. 예산안은 당시 소득 1파운드당 1실링(지금은 사용하지 않는 영국의 옛 화폐 단위로 12펜스)으로 일률적으로 과세하던 것을 저소득자와 고소득자로 구분해, 저소득자는 파운당 9펜스로 낮추는 대신 고소득자는 1실링 2펜스로 올렸다. 별도의 부자 증세 방안도 마련했다. 연간 3천 파운드 이상의 고소득자에게는

인민의 예산의 재원 내용

대상자	세 목	내 용
고소득자	기본세율 인상	파운드당 1실링 2펜스로 인상(기존 1실링)
	누진부가세	연간 3천 파운드 이상의 소득에 부과
	상속세 증액	5천만 파운드 이상의 재산에 부과
	토지세	토지 매각시 매매대금의 2%
저소득자	기본세율 인하	파운드당 9펜스(기존 1실링)
	아동수당	연소득 500파운드 이하 가구의 16살 미만 아동 1인당
	10파운드 수당 개발기금(20만 파운드)	식림, 자작농지 공급에 의한 취업기회 증대에 사용

출처: 박광준, 《사회복지의 사상과 역사》, 양서원, 2002.

파운드당 6펜스의 누진부과세Super-Tax를 적용하도록 했다. 이와 함께 재산 5천만 파운드 이상의 부자들에겐 세금을 더 내도록 했다. 연소득 500 파운드 이하의 저소득자에게는 아동(16살 미만) 1인당 10파운드(1914년엔 20파운드로 증액)의 아동수당을 따로 지급하도록 했다. 상속세도 높였다. 소득재분배와 누진세의 원리가 적용되었음을 알 수 있다. 그는 또 세금 부담의 비중을 간접세 위주에서 직접세 중심으로 돌렸다. 세금은 지급 능력이 있는 사람이 더 내야 한다는 게 그의 소신이었다. 1908년 6월 그는 의회에서 다음과 같은 연설을 통해 자신의 뜻을 분명히 했다.

"나는 수중에 계란을 갖고 있지 않다. 나는 내년에 누군가의 양계장에 가서 계란을 훔쳐오기로 했다. 나는 가장 수중에 넣기

쉽고, 내가 훔쳐오더라도 가장 손해를 적게 받는 곳을 보고 있다. 그 장소는 가장 많은 계란을 얻을 수 있는 곳일 뿐 아니라 가장 값싸게 얻을 수 있는 곳이다."[14]

로이드 조지는 당시 토지 개발이나 광물 채굴을 통해 엄청난 부를 얻고 있는 토지 소유자, 곧 대지주들이 그 이익을 빈곤한 이들을 위해 사용하는 게 마땅하다고 보았다. 그래서 그는 인민의 예산을 "수백만 명의 고통을 경감시키기 위해 소수의 쾌락에 과세함으로써 빈곤에 대한 타협 없는 전쟁을 완수하기 위한 것"이라고 표현했다.

대지주 압박하는 토지세 도입 추진

예산안 중 가장 논쟁적인 부분은 토지세 도입이었다. 미국의 사회개혁가 헨리 조지Henry George[15]의 아이디어에서 따온 것이었다. 헨리 조지는 《진보와 빈곤》이란 저서에서 단일토지세를 주창했다. 그는 토지 공유의 필요성을 강조하며, 모든 지대를 조세로 징수해 사회복지 지출에 충당해야 한다고 역설했다. 로이드 조지는 이런 헨리의 생각을 따랐다. '인민의 예산'이 그 자체로 사

14 박광준, "영국 자유당 사회개혁입법의 내용과 의의에 관한 연구", 〈사회정책론총〉 제5집, 한국사회정책연구원, 1993.

15 1839~1897년. 미국의 저술가, 정치가, 정치경제학자이다. 단일세(Single tax)라고도 불리는 토지가치세를 주창했으며, 조지주의(Georgism, Geoism, Geonomics)라고 불리는 경제학파의 형성에 영향을 끼쳤다.

회개혁 방안이란 평가를 받는 것은 이러한 조세개혁, 특히 토지세 도입에서 비롯되었다. 토지를 매매하거나 임대할 때마다 가치 상승분에 과세하고 미개발 토지에도 과세하도록 했다.

'인민의 예산' 안에 대한 반응은 찬반 양쪽 모두에서 뜨거웠다. 당시 노동조합 지도자 오스틴 체임벌린Austen Chamberlain[16]은 "로이드 조지가 단지 1년을 위한 예산이 아닌 수년을 생각한 예산을 짰다"고 평했다. 노동당 지도자로서 처음으로 총리에 오른 램지 맥도널드Ramsay MacDonald[17]는 "노동당은 그의 예산안을 전적으로 지지한다"고 말했다. 그는 또 조지의 예산안이 지금껏 나온 어떤 예산보다 사회주의 사상과 건전한 경제학적 내용을 포함하고 있다고 평가했다.

반발도 거셌다. 예상대로 대토지 소유자들은 예산반대동맹을

16 1863~1937년. 영국의 정치가. 제1차 세계대전 중에 애스퀴스 내각에서 인도 담당 국무장관이 되고, 전후 다시 재무장관을 거쳐 1924~1929년 볼드윈 내각의 외무장관을 지냈다. 로카르노조약 체결을 성사시켜 1925년 미국 부통령 C.G.도스와 함께 노벨평화상을 수상했다. 두산백과 참조.

17 1866~1937년. 1900년에 여러 사회주의 단체들이 모여서 의회로의 진출을 모의하던 노동대표위원회(Labour Representation Committee, LRC)의 대표. 1906년 LRC를 노동당으로 개칭하여 하원의원에 당선되었다. 1924년 보수당이 절대 다수를 얻지 못하자 자유당의 암묵적 지지를 얻어 첫 노동당 내각을 조직하고 총리 겸 외무장관으로 유럽의 전후(戰後)처리와 평화유지에 힘썼다. 1935년에 수상직을 사임하였으며 1937년 11월 9일 사망할 때까지 추밀원 의장(Lord President of the Council)을 지냈다. 두산백과 참조.

결성해 예산안 저지 운동을 전개했다. 보수당과 자유당에서 분리해 나간 통일당은 정계의 반대 블록을 이뤘다. 두 당 소속의 상당수 정치인들은 대토지 소유자였다. 반대세력은 재원 조달이 마땅히 수입품 관세를 통해 이뤄져야 한다고 주장했다. 그것이 영국의 산업발전에 진정 도움이 되는 일이라고 했다. 그러나 관세는 대토지 소유자, 특히 곡물 생산을 하는 대지주들의 이익 증진에 오히려 도움이 되는 세목이었다.

위키피디아 제공

로이드 조지(오른쪽)와 윈스턴 처칠. 처칠은 '인민의 예산'을 만드는 데 로이드 조지의 든든한 협력자였다.

그의 예산안은 1909년 11월 30일 어렵사리 하원을 통과하지만 상원에서 부결된다. 상원의 다수당이 보수당이니만큼 예상했던 일이다. 자유당 주도의 하원은 상원의 부결 행위를 위헌이라며 맞섰다. 이듬해 1월엔 민의에 묻자며 하원 해산이란 초강수를 두는데, 이에 따라 치러진 1910년 1월의 총선 결과 자유당은 이전보다 전체 의석수가 줄었지만 제3당인 노동당과 제휴해 다시 내각을 구성할 수 있었다. 그해 4월 29일 마침내 인민의 예산안은 하원에 이어 상원도 통과했다. 예산안이 최종 통과하기까지 로이드 조지는 그저 지켜보고만 있지 않았다. 그동안 그는 '인민의 예산'이 촉진할 국가복지 확대를 위한 제반 계획을 촘촘히 짰다.

사회개혁의 재정적 토대 마련

그러나 최종 가결된 '인민의 예산안'에는 애초 원안에 포함되었던 토지세가 빠졌다. 그렇지만 이 예산안의 통과로 세수는 크게 증가했다. 1억 5천만 파운드였던 정부 예산은 약 2억 파운드로 늘었다. 사회개혁을 위한 복지재정이 마련된 것이다. 로이드 조지는 이 예산을 두고 "수백만 명의 고통을 경감시키기 위하여 소수인의 쾌락에 과세함으로써 빈곤에 대한 타협 없는 전쟁을 완수하기 위한 예산"이라고 말했다(박광준, 2002). 하지만 예상치 못한 복병이 나타났다. 어렵사리 마련한 재원을 빈곤과의 전쟁이 아닌 진짜 전쟁에 투입해야 했다. 제1차 세계대전이 발생한 것이다.

1914년, 제1차 세계대전 발발 뒤 로이드 조지는 군수장관을 거쳐 1916년 연립내각 총리에 오른다. 총리가 되었지만 정치적 입지는 확고하지 않았다. 내각에 참여한 보수당의 지지 없이는 할 수 있는 게 많지 않았다. 전쟁은 또한 그에게 사회개혁가보다 전쟁지도자로서의 역할을 강요했다. 1919년 보건부 설립, 1920년 실업보험 적용의 전면화 등 전후에도 사회개혁에 손을 놓지 않았지만 1922년 총리 실각 이후 그는 더는 제 뜻대로 할 수 있는 게 없었다. 그의 실각과 함께 자유당도 몰락했다.

로이드 조지의 전기를 쓴 존 그릭은 이렇게 말했다. "그가 많은 일을 했기 때문에 영국 복지국가의 진정한 창시자였다는 주장을 의심하기는 어렵다. 그와 같은 사람이 아니었다면 복지국가에 필요한 변화가 일어나기까지는 상당한 시간이 걸렸을 것이고, 따라서 영국 자체는 물론이고 수많은 사람이 고통을 겪었을 것이다."

한국의 로이드 조지는 누구이며, 언제 나타날까?

참고 문헌

고세훈, 《복지한국 미래는 있는가》, 후마니타스, 2007.
박광준, 《사회복지의 사상과 역사》, 양서원, 2002.
아사 브릭스 저, 한국복지연구회 역, 《사회복지의 사상》, 이론과실천, 1990.
칼 드 슈바이니츠 저, 남찬섭 역, 《영국 사회복지 발달사》, 인간과복지, 2001.
Pete Alcok, *Social Policy in Britain*, Palgrave Macmillan, 2014.
위키피디아(www.wikipedia.org)

김연명 교수가 말하는 한국의 정치인과 복지정치

독일 복지국가 역사에서 사회보험제도를 입법화한 비스마르크라는 인물을 빼 놓을 수 없듯이 영국 복지국가의 역사에서는 로이드 조지가 바로 그 자리를 차지하고 있다고 볼 수 있다. 물론 비스마르크나 로이드 조지 같은 역사적 인물이 복지국가를 만든 것은 아니지만 그들이 없었다면 복지국가의 역사는 늦춰지거나 다른 방향으로 갔을지도 모른다. 특히 역사책에 서술된 그들의 언행은 새길 대목이 적잖다. 보수와 진보를 떠나 복지제도를 왜 해야 되는지에 대한 확고한 신념을 갖고 있었고 이를 관철시키기 위해 진정성 있는 정치적 노력을 기울였다는 점이다.

한국의 복지제도 역사에서도 정치인들의 활약이 있었다. 의료보험 도입을 결정한 사람은 박정희 대통령이었고, 그의 집권기 산재보험, 그리고 기초생활보장제도의 전신인 생활보호법이 만들어졌다. 국민연금제도는 노태우 대통령 집권기간인 1988년에 시행되었지만 실질적 골격과 시행 시기는 전두환 대통령 때 결정되었다. 독재자들이 만든 복지제도는 독재자가 만들었기 때문에 나쁜 제도인가? 가령 비스마르크는 노동운동을 철저하게 탄압한 독재자 버금가는 정치인이었다. 그렇다면 그가 만든 사회보험제도 역시 나쁜 것인가? 사회복지 역사를 해석하는 데 나타나는 이런 딜레마는 한국의 경우 특히 심하다.

박정희, 전두환 두 독재자가 만든 복지제도는 한국 복지국가의 기초가 된 제도들이고 이들의 흔적을 한국의 복지사에서 지울 수 없다. 한국 사회복지 교과서에는 이런 딜레마를 독재정치를 희석하기 위한 당근정치로 대충 묘사한다. 가령 '박정희, 전두환은 쿠데타의 명분을 얻고, 독재정치의 위기를 넘기기 위해 복지제도를 시행했다'는 논지가 그것이다. 그러나 이 논리는 복지제도

시행의 의도는 나쁘지만 결과는 좋은 것이라는 함의를 갖고 있기 때문에 역사적 평가에서 딜레마를 벗어날 수 없다.

박정희, 전두환 시절에 도입된 복지제도는 국가 일반재정 투입의 최소화, 본인 부담의 극대화, 그리고 권리로서의 복지개념의 부재 등이 특징이다. 즉 이들은 복지제도를 만들었으나 그것은 매우 보수적이고 자유주의적이고 개인책임을 강조하는 복지제도를 도입한 것이다. 또한 공무원, 군인 등의 특수직종의 특권을 보존하기 위해 이들을 위한 별도의 연금제도와 의료보험제도를 만들었다. 가령 예전에는 공무원들은 공무원임을 증명하는 별도의 의료보험증이 있었고 독립된 제도로 운영되었다. 즉, 이들이 만들어 낸 한국 복지제도의 원형은 보편주의적인 복지국가의 원형이 아니고 잔여주의적이고 보수주의적이고 자유주의적인 특징이 담긴 것이었다. 이것이 두 독재자들이 한국의 복지국가에 남긴 역사적 흔적이다.

김대중, 노무현 대통령 역시 한국 복지국가의 발전에 족적을 남겼다. 하지만 그 족적은 두 독재자 대통령과는 방향과 철학이 달랐다. '복지는 인권이다'라는 말로 상징되는 김대중 대통령은 사회적 약자의 최저생계를 보장하는 기초생활보장제도를 만들었다. 이 제도는 사회복지의 권리성을 가장 강하게 표현한 제도로 인정받고 있다. 또한 공무원, 군인 등 특수직종을 우대하는 의료보험제도를 하나의 제도로 통합하여 한국의 복지국가가 좀더 보편주의적 복지국가로 이행하는 데 중요한 계기를 만들었다. 즉 김대중 대통령은 보수적, 잔여적, 전근대적 특징을 가진 한국의 복지제도를 좀더 보편주의적이고 근대적인 제도로 탈바꿈시키는 데 공헌하였다.

노무현 대통령은 사회복지의 확대를 한국 사회의 발전 전략으로 승화시켰다. 이전의 정치인들은 복지가 대통령이 해야 하는 여러 일 중의 하나 정도로 취급되었다면 노무현 대통령에게 복지는 반드시 해야 하는 일이 되었다. 특히 '비전 2030'에서 보여지듯이 사회복지를 투자의 개념으로 인식하고 이것을 경제발전 전략과 연결시킨 것은 큰 진전이라 할 수 있다. 그러나 복지에 대한 인식의 전환에 비해 보육서비스의 획기적 확대와 의료보험의 부분적 보장성 강화를 제외하면 보편적 복지국가로의 큰 진전을 이룬 변화는 보이지 않았다. 오히려 의료의 시장성을 강화하는 조치가 나타났고, 국민연금 같은 경우는 연금 삭감으로 공공부문의 복지책임을 약화시켰기 때문에 보편주의적 복지노선과 반대되는 흐름도 강력히 존재했다.

김대중, 노무현 정부를 지나면서 한국도 복지국가의 본격적인 궤도에 진입하게 되었다. 2012년에 한국의 사회복지지출이 GDP의 10% 수준이었는데 유럽의 대부분의 국가는 1960년대 중반, 미국은 1970년 중반, 그리고 일본은 1980년에 중반에 복지비가 GDP의 10%를 넘어섰다. 본격적인 복지국가 논쟁이 붙은 것도 이 시절이었다. 결국 초점은 하나로 모아졌다. 조세부담률 GDP 대비 20%, 사회보험료 부담 GDP 대비 5% 합해서 25% 정도로는 보편주의적 복지국가를 만들기 어렵고 결국 국민부담을 늘리는 증세 없이는 복지국가도 어렵다는 것이었다.

증세 없이는 복지국가로의 진전이 어렵다는 것은 이미 노무현 대통령이 절박하게 인식했었고 부가세를 도입해 재정을 늘렸지만 총선에 대패한 캐나다의 멀루니 총리를 모델로 삼아 증세 필요성을 언급하기도 했다. 하지만 그 이후 어떤 책임 있는 정치인도 1900년도 초반 로이드 조지가 영국의 복지확대를 위해 제안한 진정한 증세 방안에 버금가는 획기적 제안을 내놓지 못하고 있다. 증세없이는 유럽식의 보편주의적 복지국가로 갈 수 없다는 것을 이제는 모든 국민이 알고 있다. 하지만 어떤 정치인도 정치적 죽음을 의미하는 증세를 주장하지 못하고 있다. 한국은 증세와 복지를 동시에 달성하여 유럽식 복지국가로 갈 것인지 아니면 증세를 포기하고 복지의 부담을 시장과 개인이 해결하는 미국식 복지국가로 갈 것인지 선택해야 하는 기로에 놓여 있다. 한국판 로이드 조지가 출현하기를 역사는 고대하고 있다.

5장

옥타비아 힐

주택에 복지 개념을 접목한 선구자

위키피디아 제공

옥타비아 힐

Octavia Hill

1838 - 1912

사회사업가로, 주거복지 사업의 선구자라고 할 수 있다. 빈곤문제를 풀기 위해서는 주거문제를 해결해야 한다고 생각하고 런던의 빈곤지역인 이스트엔드에서 주택을 개량해 이를 저소득가정에 임대하는 주택개선사업을 벌였다. 빈곤의 책임은 빈민 자신에게 있다고 생각하는 사상적인 한계를 보였지만 열정적인 주거환경개선을 통해 많은 도시빈민의 실질적 삶을 드높였다. 우리에겐 내셔널 트러스트 운동의 선구자로 더 알려져 있는 힐은 "나이팅게일에 버금가는 19세기 위대한 여성"이란 평을 받았다.

주요 약력

1838년 케임브리셔 위즈비치 출생

1864년 매럴러번 빈민지역 집 3채를 매입하여 지역 공동체로 운영

1868년 런던의 극빈 및 범죄예방협회 출범에 관여

1875년 〈런던의 가난한 사람을 위한 집〉*Homes for the London poor* 출간

1875년 카일협회(Kyrle Society) 활동

1877년 〈우리의 공동땅〉*Our common land* 출간

1885년 호수지방(the Lake district) 철도 부설 반대 캠페인(하드윅 록슬리) 참여

1895년 내셔널 트러스트 발족

1905년~1909년 왕립빈민법위원회 위원

1912년 사망

집, 주거 공간은 인간다운 생활의 기본적인 조건이다. 그런데 이 조건을 제대로 충족하지 못하는 이들이 우리 곁에는 너무나 많다. 가족은 고사하고 자신의 한 몸조차 거둘 공간이 없어 거리를 떠돌거나 집이 있다고는 하나 도저히 집이라 할 수 없는 곳에서 머무는 이들이다. '홈리스' 또는 '노숙인'이라고 불리는 이들이 대표적이다. 구제금융 직후인 1998년 급증했다가 그 수가 다소 줄었다고는 하나 서울역 등지에서 쉽사리 눈에 띌 정도로 여전히 적잖다. 요즘에는 만화방, PC방, 24시간 맥도널드 가게 등에서도 이들을 본다.

여전한 비인간적인 주거 공간

비인간적인 주거 공간에 사는 이들은 여전히 많다. 예컨대 비만 오면 온 방에 물이 차거나 하루 종일 햇빛을 보기 힘든 지하방, 감옥보다 더 작은 곳에서 자신의 몸만 겨우 누일 수 있는 고시원, 화장실조차 없는 쪽방 등은 삶의 안식처로서 집이 아니다. 노숙인과 비인간적 주거 공간에서 살아가는 사람들의 존재는 그저 여러 사회문제 중 하나로만 치부할 수는 없다. 주거는 인간의 기본권에 속하기 때문이다. 모름지기 선진사회 또는 복지국가란 이런 주거권 충족을 국가가 해야 할 최소한의 책무로 삼는 사회다. 달리 말해, 시민은 응당 기본권으로 인간적인 주거 공간을 확보할 수 있어야 한다.

그러나 현실에서 주택은 주거 공간만은 아니라 자산이며 상품이다. 통계상 한국인 평균 자산의 80%가 집에 집중되어 있다. 집을 마련하고도 삶을 저당 잡힌 이들, 이른바 '하우스푸어'가 그래서 생긴다. 연소득을 한 푼도 안 쓰고 10년을 모아도 서울에서 아파트 하나, 지역에 따라서는 전셋집 한 곳 장만하기 어려울 정도로 도심지의 집값(또는 전셋값)은 서민에게는 감당하기 어려운 수준이다. 주택은 일찍이 투기상품이 되기도 했다.

집에 관한 국가의 정책은 주택정책이다. 토지와 묶어 부동산정책이라고도 한다. 하지만 주택에 복지를 결합시켜 접근할 때 우리는 이를 주거복지(정책)라고 칭한다. 사람이라면 누구나 적절한 주거생활을 누릴 권리를 지니고 있으며, 이는 건강·교육·고용 등과 마찬가지로 국민의 기본권이란 관점이다.

옥타비아 힐Octavia Hill, 1838~1912은 이런 주거복지 관점에서 반드시 짚고 넘어가야 할 인물이다. 그는 흔히 빈민을 위한 근대적 주택정책의 원조, 주택관리의 새로운 출발점을 연 사회사업가로, 19세기 도시 빈민의 주거복지를 위해 힘쓴 사회개혁가로 수식된다. 힐은 주택관리에서 탁월한 능력을 발휘했고, 주택개선을 위한 활동에 열정적이었다. 1875년 직공 및 노동자 주거개선법이 추진될 때 막후에서 활동했고, 1884년에는 왕립노동자주택위원회에서 주택문제의 심각성을 알리고 해법을 제시하는 증언을 하기도 했다.

한국에서는 내셔널 트러스트National Trust 운동[1]의 창시자로 더

1 내셔널 트러스트는 보존할 만한 가치가 있는 자연이나 문화유산을 시민의

위키피디아 제공

힐과 내셔널 트러스트가 매입한 햄프스티드 황무지.

잘 알려져 있다.

그는 1895년 변호사 로버트 헌터Robert Hunter와 목사인 캐넌 하드윅 론슬리Canon Hardwicke Rawnsley와 함께 내셔널 트러스트를 설립했다. 공식 명칭은 '역사적 명승지와 아름다운 자연을 위한 내셔널 트러스트'다. 산업혁명 이후 자본주의가 급격히 발전하면서 숱한 자연이 훼손되고 오랜 기념물이 파괴되는 사례가 빈번해지자 이들은 시민들의 자발적인 모금과 기부를 통해 자연이나 문화유산을 소유함으로써 맞서고자 했다.

자발적 모금이나 기부 또는 증여를 통해 영구 보존하도록 꾀하는 환경운동이자 기관이다. 영국에서 시작되었으며, 우리나라에서는 1990년대 후반부터 활동이 전개되었으며 2000년 1월에 한국내셔널트러스트가 발족하였다. 출처: 두산백과

빈민을 위한 사회개혁운동

힐은 1868년 런던의 극빈 및 범죄예방협회 출범에도 관여했다. 이 기구는 유명한 자선조직협회Charity Organization Society: COS[2]의 전신이었다. 그는 이 기구에서 활동하며 '현대적 사회사업 창시자 중 한 명'이라는 평판을 얻기도 한다. 그는 국민보험 설립을 위한 지도급 인사로도 활동했고, 1905년부터 1909년에는 비어트리스 웹Beatrice Webb과 함께 왕립빈민법위원회의 위원으로 활동했다. 이처럼 주택과 환경 등의 분야에서 이룩한 성취로 인해 그는 19세기 당시 '전장의 천사'로 불린 나이팅게일Florence Nightingale에 버금가는 위대한 여성으로 평가를 받았다.

지난 2012년은 옥타비아 힐의 사망 100주년이 되는 해였다. 영국 역사상 위대한 사회혁신가 중 한 사람으로서 내셔널 트러스트를 비롯해 많은 곳에서 그를 기리고 조명했다. 힐의 성취는 주택정책에서 자선사업, 예술정책에서 페미니즘, 복지개혁에서 환경보존까지 두루 걸쳐 있다. 그가 남긴 유산은 사후 100년이 지난 지금까지 사회개혁 흐름으로 면면히 계속되고 있다.

외할아버지와 어머니의 영향

2 18세기 후반부터 19세기 중기, 박애주의적 자선단체가 많이 결성되었는데 이들이 서로 협력하기 위해 만들어진 단체다.

옥타비아 힐은 1838년 12월 3일 영국 케임브리지셔의 위즈비치에서 태어났다. 그가 빈민층의 주택을 위한 사회사업가이자 사회개혁가가 된 것은 집안 배경과 무관하지 않다. 옥수수 상인이자 은행가이기도 한 아버지 제임스 힐James Hill은 1840년 힐의 나이 고작 2살 때 파산을 맞는다. 그의 가족은 이후 어머니 캐롤라인Caroline Southwood Smith의 아버지, 곧 외할아버지인 토머스 사우스우드 스미스Thomas Southwood Smith에게서 재정적 도움을 받게 되고, 힐은 외할아버지 한테서 많은 영향을 받는다. 외할아버지는 보건환경을 위생적으로 개선하는 데 앞장선 유명한 공중보건 운동가였다. 그는 광산에서의 아동노동 착취나 도시 빈민의 주택문제 등 사회문제에 깊은 관심을 보였고, 이런 성향은 딸 캐롤라인에게 교육개혁에 관한 글을 쓰도록 했고 옥타비아에게로 이어졌다. 힐이 공식적인 제도교육을 받지 않았으면서도 사회개혁가로 성장하게 된 것은 이런 집안 환경과 연관됐을 것으로 짐작된다.

직접적으로는 당대 최고의 예술비평가이자 사회개혁가인 존 러스킨John Ruskin[3]에게서 큰 영향을 받았다. 그에게서 예술에 대한 안목을 배우고 훈련을 받았다. 또한 '런던 시민들의 노동과 빈민' 이란 글로 유명한 극작가이자 언론인인 헨리 메이휴Henry Mayhew[4], 신학자·성공회 신부이자 사회개혁가인 프레드릭 모리

3 1819~1900년. 영국의 비평가·사회사상가.

4 1812~1887년. 대표 저서로는 1844년 출간한 《런던의 노동자 계급과 빈

19세기 영국 런던 중서부
매럴러번 슬럼가의 모습.

스Frederick Denison Maurice[5] 등에게서도 영향을 받았다. 이들에게서 예술적 감성과 빈민에 대한 동정, 사회개혁 의지 등을 배웠다.

13살 무렵, 힐은 어린 나이에 빈민여성을 위해 일자리를 찾아 주는 길드[6]에서 일을 했고, 14살 때는 가난한 아이를 위한 장난

민》이 있다. 연구원, 기자, 극작가 그리고 개혁가였다. 그는 1841년의 풍자와 유머 잡지 〈펀치〉*Punch*의 공동설립자이며 편집자였다. 그리고 획기적인 도시빈민의 영향력 조사와 'The Morning Chronicle 신문 기사의 광대한 시리즈 출판과 사회운동가로 알려졌다. 출처 : 위키백과

5 옥스퍼드·케임브리지 대학을 졸업하고, 1840년 킹스 칼리지의 영문학 교수를 거쳐 신학 주임교수가 되고, 최초의 여자대학인 퀸스 칼리지 설립에 참가하였다. 런던에 노동자 대학인 워킹멘스 칼리지를 설립, 평생을 노동자 교육에 힘쓴 이다.

6 어머니인 카롤라인 힐이 운영하던 'Ladies Guild'로 일종의 여성을 위한 생활협동조합이다. 출처 : 한국내셔널트러스트, 〈내셔널 트러스트〉 5호

감을 만들다 장난감 공장의 한 작업실을 책임지기도 했다. 그는 이런 과정에서 런던의 빈민과 그 아이들의 끔찍한 삶을 깊이 체험하고 이해하게 된다.

힐은 몸집은 컸어도 키가 작은 편이었다. 그는 결코 드레스를 입지 않았고, 전혀 어울리지 않은 옷을 입을 정도로 옷차림에 신경 쓰지 않는 여성이었다. 하지만 부드럽고 풍부한 머릿결에 이목구비가 또렷한 얼굴을 지녔고, 특히 갈색의 광채나는 눈이 매력적이었다. 하지만 직선적 성격에 매몰찰 정도로 무심한 성향이어서 독선적이란 평판을 받기도 했다고 한다.

빈민가의 주택문제, 세입자에게도 일정 책임 있어

주거복지 사업의 선구자로서 옥타비아 힐의 성취는 런던 중서부 매럴러번 지역에서 벌인 주택개선사업에서 비롯된다. 이곳은 지금은 리젠트 공원Regent Park 이 있어 아름다운 지역이지만 19세기 무렵에는 찢어지게 가난한 빈민지역으로 슬럼가였다. 낡은 건물, 비위생적인 환경에 가난한 이들이 몰려 사는 인구과밀 지역이었다. 힐은 이곳에서 근대적 주택사업의 새로운 변곡점을 열었다.

그의 사업은 대부분 실패로 끝난 이전의 주택개선 사업과는 근본적으로 달랐다. 그가 먼저 임대방식과 빈민지역의 주거상황

(2008. 3·4월호).

에 주목했다. 당시 자녀가 있는 빈곤가정은 특히 집을 얻지 못해 큰 고통을 받았다. 임대인들은 자녀가 있는 세입자를 아주 꺼렸기 때문이다. 임대인들은 또 주로 중개인을 통해 집을 내놓고 관리했는데, 이러다 보니 낡고 비위생적인 주거환경과 높은 집세 등 세입자들이 겪는 어려움이 잘 전달되지 못했고, 중개인들은 집주인과 세입자들 사이에서 농간을 부리기 일쑤였다. 이런 상황은 세입자들을 더욱 고통스럽게 만들 뿐이었다. 깨진 유리창, 비가 새는 지붕, 막힌 하수구 등 문제가 닥쳐도 해결이 어려웠고, 높은 집세를 견디지 못한 세입자들은 야반도주하기도 했다. 이 때문에 집주인들은 집세를 더 높게 책정했고, 최소한의 수리조차 해 주지 않는 경우가 많았다. 집주인으로선 혹시 닥칠 자신의 손해를 미리 상쇄하려는 선택이었다.

힐은 이런 상황은 술에 취해 있거나 무책임하고, 불결한 환경을 개선할 의지도 없는 세입자들에게도 책임이 있다고 판단했다. 자신들의 환경을 스스로 개선할 줄 모르는 빈민들의 태도도 문제라는 인식이다. 이런 그의 시각은 1884년 왕립노동자주택위원회에서의 증언에서 잘 드러났다. 그는 빈민층을 파괴적이고 범죄적인 계층이라고 언급했고, 이들이 런던 지역에 많이 거주하고 있다고 증언했다. 1875년 저서 《런던의 빈민가》에서 힐은 "주택이 불량한 것은 날림으로 지어졌고 설비가 잘못된 데도 원인이 있으나, 세입자들의 생활 습관 때문이기도 하다. 그로 인해 10배는 더 불량해졌다. 이 세입자들을 위생적이고 넓은 집으로 이주시켜 보라. 그러면 그들은 그 집들을 오염시키고 파괴하고 말 것"이라고 기록했다.

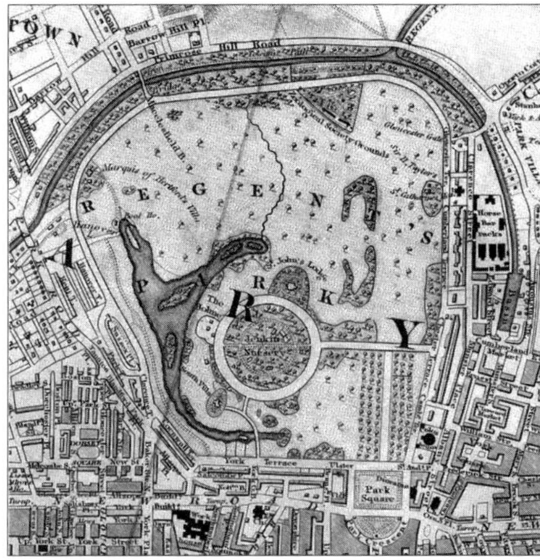

1833년 리젠트 공원 지도

"내가 보기에는, 보잘것없는 방을 차지하고 있는 사람들과 신발도 신지 않은 채 길거리에서 꽃을 파는 사람들에게 우리들의 불규칙적인 자선이 이들을 구걸문화에 빠지게 하는 것 같다. 이들은 우리가 가르치려고만 한다면 자기절제와 미래를 대비할 줄 아는 태도를 배울 수 있을 것인데 말이다. …… 길거리에서 물건을 파는 사람들과 저급한 잡일을 하는 노동자들은 대개 그들 스스로 선택해 그러한 상태에 처해진 것이다. …… 조금만 자기절제를 발휘한다면, 빈민의 딸들은 잘 사는 집의 하녀로 일할 수 있고, 아들들은 정규적인 일거리를 갖기를 노력하면 길거리에서 물건을 파는 사람이 되는 대신 장사를 배우거나 바다에 나가 일할 수 있을 것이다. 우리들은 어리석은 자선을 베풂으로써 그들을 구걸문화와 범죄와 온갖 사악함의 환경 속에서 제대로 지어지지도 않은 비좁고 더러운 집에 그대로 우글거리며 살게 하고 있다."[7]

빈곤층과 빈곤에 대한 이런 힐의 시각은 오늘의 관점에서 보

7 칼 드 슈바이니츠 저, 남찬섭 역, 《영국 사회복지 발달사》, 2001.

면 논란의 여지가 많을 것이다. 그의 빈곤관을 이해하기 위해서는 당시의 주거환경과 상황을 좀 더 들여다볼 필요가 있다.

주택개선사업 — 주거 개선의 요체는 신축이 아니라 관리

"집은 사회생활이 유지되고 모든 재생산이 이루어지는 중심 장소"다. 앤서니 기든스Anthony Giddens[8]의 말이다. 가스통 바슐라르Gaston Bachelard[9]는 "집은 우리의 정신적 복지에 결정적인 곳"이라고 했다. '방, 가구, 모퉁이, 벽 틈에서 나오는 냄새, 메아리, 비밀스런 독특한 기억' 들이 우리에게 집을 '편안한 자신만의 은신처' 로 만들어 준다는 것이다. 우리가 일상에서 흔히 사용하는 표현 '내 집이 최고다' 도 본질적으로 이런 논지와 뜻이 다르지 않을 것이다.

19세기 중·후반 영국 빈민들의 삶은 끔찍했다. 무엇보다 그들에겐 "정신적 복지의 중심장소"도, "안락한 은신처"도 없었다. 급속한 산업화로 도시 이주자가 늘어나면서 영국의 많은 도시에 슬럼이 형성되었다. 감당할 수 없는 집세에다 불결한 환경, 일가족이 좁디좁은 공간에서 뒹굴어야 하는 등 주거 상황은 최

8 1938년 영국 태생의 대표적인 사회학자. 케임브리지대학 교수로 우리에겐 '제3의 길' 의 이론가로 알려져 있다. 주요 저서로는《사회구성》(1984),《사회이론과 현대사회학》(1987),《사회학》(1989) 등이 있다.

9 1884~1962년. 현대사회에서 이미지와 상상력의 힘을 파악한 프랑스의 과학철학자이자 문학비평가.

악이었다. 찰스 디킨스Charles Dickens의 소설이나 잭 런던Jack London의 글에는 이런 비참한 실상이 적나라하게 표현돼 있다. 도시만의 현상이 아니었다. 농촌도 마찬가지였는데, 농장 일꾼들은 가축 똥 냄새가 진동하는 썩은 짚이 쌓인 통나무집에서 생활했다. 열악한 주거환경이 건강에 나쁜 영향을 끼쳤음은 말할 나위가 없다. 많은 사람들이 치명적 질병에 걸려 죽었다.

옥타비아 힐이 주택사업에 헌신하게 된 데는 개인적인 계기도 적잖이 작용했다고 전해지고 있다. 1860년대 중반 어느 날, 힐의 집 앞에 한 봉제공장 여공이 쓰러졌고, 이를 목격한 힐은 그 여공을 집까지 데려다 주게 되었는데, 그때 그는 빈민가와 여공들의 생활상을 처음으로 접하고 충격에 빠졌다고 한다. 또 다른 일화도 있다. 언젠가 힐이 주거 상황을 조사하기 위해 런던의 한 빈민가를 찾았는데 무려 12명의 가족이 한 방에서 거주하고 있는 것을 목격했다고 한다. 그로서는 상상조차 못하는 일이었다. 그를 더 큰 충격에 빠뜨린 건 집주인의 태도였다. 힐이 집주인에게 "집세를 내지 못할 때 어떻게 합니까?"라고 물었을 때, 집주인은 "집세가 좀 밀리는 것에는 관심 없다."며 "내 관심은 저 방에서 몇 사람이 죽어나오는가 하는 것이라오."라고 답했다고 한다. 열악하고 불결한 주거환경으로 사람이 죽어나갈 정도였지만, 집주인은 주거환경 개선에는 아랑곳하지 않고 장의업을 겸하면서 돈을 챙기고 있었던 것이다.

이런 상황을 개선하기 위한 힐의 해법은 질서 있고 합리적인 주택관리였다. 열악한 주거환경의 원인이 집이 부족하거나 불결한 환경 탓만은 아니라고 보았고, 임대업자의 이기심과 임차인, 곧 빈민들의 태도가 더 큰 원인이라는 판단에 따른 것이었다. 집주인은 세입자에 대한 의무를 다하지 않았고, 세입자 또한 자신의 환경을 개선하려는 노력을 전혀 하지 않은 그릇된 태도가 문제의 핵심이라는 게 그의 진단이었다.

집세 직접 받고 생활 교육도 해

주거환경 개선을 위해서는 사람의 태도를 바꾸는 게 더 중요하다는 게 그의 생각이었다. 이런 뜻에 따른 주택개선 사업을 위해선 직접 책임지고 통제 가능한 집이 필요했다. 그 자신이 집주인이 되거나, 적어도 집의 관리자가 되기 위해서다. 1865년 힐은 런던 중서부 매럴러번 지역에 방 6개가 딸린 통나무집 3채를 마련했다. 아버지에게서 얼마의 돈을 상속받은 데다 후원자인 존 러스킨John Ruskin의 지원[10]이 있었기에 가능했다. 러스킨은 힐에게 돈을 지원하면서 연리 5%의 이자를 내도록 요구했다. 힐이 이 정도의 이자를 갚을 수 있다면 주택개선 사업이 성공적이라는 게 러스킨의 생각이었다. 이렇듯 주택개선을 위한 옥타비아

10 힐은 국립미술관과 드위치(Dulwich) 미술관에서 존 러스킨을 위해 일한 적이 있었다. 러스킨은 그것을 기억하고 그를 인상깊게 보았다. 또한 평소 협동조합에 대한 관심도 있어서 지원하게 되었다.(출처: Mann, Peter H., "Octavia Hill: An Appraisal", *The Town Planning Review, Vol. 23, No. 3 (October 1952)*; 위키백과 재인용)

위키미디어 공용

젊은 시절 옥타비아 힐의 모습(오른쪽)과 그의 재정적 후원자였던 존 러스킨

힐의 첫 작업은 그 자신이 주택임대업자이자 재산관리인이 되는 것이었다.

힐은 마련한 집을 깨끗이 수리한 뒤 몇몇 빈민 가정에 이를 빌려주었다. 사람들의 태도가 더 큰 문제라고 본 만큼 주거 사정을 개선하기 위한 그의 노력은 집수리에 머물지 않았다. 그는 집과 삶에 대한 빈민들의 태도를 바꾸려면 꼬박꼬박 집세를 내는 게 중요하다고 봤고, 그들에게 집세를 제 날짜에 철저히 지불할 것을 요구했다. 대신 집세는 시세보다 낮췄다. 집세를 낮춰 정해진 날짜에 내도록 하는 게 주거환경 개선책의 첫 단계라고 여긴 것이다. 그는 매주 집세를 거두기 위해 세입자들의 집을 꼬박꼬박 찾았다.

힐은 집세 징수 행위를 세입자를 사적으로 알 수 있는 기회로 삼았다. 가가호호 방문하면서 가장의 음주 습관, 부부관계, 아이들의 모습 등 집안 형편을 두루두루 꿸 수 있었고, 대화를 통해 그들이 겪고 있는 여러 문제의 해결에 도움을 주기도 했다. 그는 이로써 세입자들의 생활 전반에 개입했다. 임대인의 권한을 이용해 세입자들에게 삶의 의지를 북돋고, 세입자들끼리 협동심과 공동체 의식을 키우는 데도 힘썼다. 그는 세입자들에게 자기 집 마구간을 깨끗이 청소해 일종의 공동회관으로 제공했고, 아예 한 구역의 땅은 아이들을 위한 놀이 공간으로 만들기도 했다. 그의 주택 관리 사업을 두고 빈민들을 더 나은 생활로 이끌기 위한 끈기 있는 교육과정이라고 평가하는 이유다.

힐의 전기를 쓴 영국의 주택정책 전문가인 피터 말파스Peter Malpass는 이런 방식을 두고 자본가 임대인들의 상업적 관리 방식이나 빈민가 임대인들의 혼란스런 방식과는 전혀 다른 차원이었다고 평가했다.

"회복할 수 없을 정도로 무책임해 보이는 사람들이 거주하는 곳에 행정질서를 세우고, 계속 투자에 대한 보상을 보여 주려던 노력으로 그는 개척자로서 위치를 확보하게 되었다. 그의 독창성은 빈민들을 위해 임대인과 중산층의 역할을 결합시키는 방법에 있었다. 그의 접근법을 이해하는 열쇠는 그가 주택 관리를 사회사업 형태로 만들었다는 데 있다."

말파스의 평가대로 힐의 주택개선 사업은 오늘날의 전형적인 사회사업의 모습과 닮아 있다. 그를 주택사업가이자 환경운동가로서만이 아닌, 초기 영국의 사회행동적 사회사업의 선구자로 평가하는 까닭이다. 그의 사업은 많은 사람을 필요로 했다. 인간적 접촉을 매개로 하기 때문이다. 이런 주택개선 사업에는 고용된 일꾼보다 자원봉사자들이 더 적합했다. 그래서 그는 많은 자원봉사자를 확보하는 게 중요하다고 여겼다. 월·화·수요일 아침

마다 집세 징수가 이뤄졌고, 징수하는 날의 오후에는 늘 결산이 있었으며, 징수와 더불어 세입자들의 요구에 따른 집수리 계약도 이뤄졌다. 목요일과 금요일에는 집세의 연체금이 독촉되었고, 집수리 대금이 지불되었으며, 새로운 임대가 이뤄졌고, 세입자들의 이사와 입주 등이 처리되었다. 여기에 그치지 않고 세입자들의 이익을 위한 협회를 조직화하는 데도 힘썼고, 아이들을 위한 방과 후 학교 클럽도 운영했다. 세입자들에게는 집세를 성실하게 내도록 하고, 집주인들에게는 집수리의 의무를 확실히 지키도록 힘썼다.

10년 만에 주택사업 '큰손' 돼

집을 임대한 첫해인 1865년에는 어려움이 많았지만, 그는 인내하면서 열정적으로 자신의 의지대로 일을 추진했다. 서서히 결실이 무르익어, 혼돈의 슬럼가에는 점차 규칙이 형성되었고, 사람들의 의식에도 변화가 일었다. 경찰조차 들어가기 꺼리는 슬럼 지역에 질서가 잡혔고, 그가 집세로 받은 돈을 잔뜩 담은 가방을 들고 돌아다녔어도 단 한 번도 강탈당한 일이 없었다고 한다.

힐의 주택개선 사업의 요체는 이렇듯 신축이나 재건축 등 주택개량이 아니라 관리였다. 그는 집과 사람을 따로 분리해서 생각하면 안 된다고 봤다. 이런 시각 아래 그는 거의 모든 세입자들과 긴밀한 관계를 유지했고, 비인간적인 관료조직과 정부, 특히 지방정부의 간섭을 반대했다. 힐은 정부의 개입은 주택의 난삽한 파괴와 재건축을 가져올 뿐만 아니라 공동체 파괴로 이어진다고 판단했다. 힐이 만들어내는 변화를 지켜보던 후원자 러스킨은 이듬해 매럴러번 지역의 또 다른 곳에 5채를 더 구매해 힐에게 맡겼다. 영국의 권위지 〈더 타임스〉The Times는 당시 힐과 러스킨에 의한 주택개선 사업의 변화를 다음과 같이 보도했다. "집들은 황폐한 마구간과 똥 무더기로 뒤덮인 듯 비참한 상태였다. 집들이 수리되고 환경이 개선되고, 황무지 같은 지역은 점차 놀이 공간으로 바뀌었다. 러스킨은 그곳에 직접 나무를 심었다."

세입자들은 집세를 꼬박꼬박 냈고, 이에 힘입어 힐은 러스킨의 요구대로 투자금에 대한 이자를 지급할 수 있었다. 남은 수익금은 더 질 높은 주거환경 개선에 투자되었다. 힐의 사업은 대성공이었다. 첫 사업을 벌인 지 10년 뒤인 1874년, 힐은 15채의 집과 3천여 명의 세입자를 관리하는 주택사업의 '큰손'이 되었다.

주택관리 · 사회사업에 헌신한 생애, 빈민의 자기책임성도 중시

힐의 주거 개선을 위한 노력은 오늘날에 어떤 시사점을 주는가? 주거 개선의 요체는 '뉴타운 신축' 방식이 아닌 삶의 태도를 바꾸어주는 관리에 있었다는 점이다. '열정 어린 관리자'가 임차인들의 삶에 지속적으로 개입해 그들의 주변 환경을 더 쾌적하게 하도록 주택을 개·보수해 주고, 더불어 월세를 꼬박꼬박 내도록 하는 등 그들의 삶의 태도를 바꿔 궁극에는 삶의 질을 높

위키피디아 제공

영국 런던 중서부 매럴러번 역 주변의 모습. 1800년대에는 빈민가였으나 깔끔한 현대 도시로 다시 태어났다.

이는 방식이었다. 그의 주택 관리 체계는 노동집약적인 중류층 부인들의 자원봉사 활동에 기반해 이뤄졌다는 점도 눈여겨 볼 만하다. 자선을 빈곤 구제 이상의 도덕적 구원으로 여기는 중류층 부인들을 집세 수금원이나 자산관리자로 활용했던 것이다.

이런 방식에 대한 비판도 없지 않다. 남기철은 그의 업적을 높이 평가하면서도 "주택 소유나 점유에서 구조적 공공성의 증진 방안이 실천적으로 고려되지 않고 '선의의 관리자'가 '임차인의 태도 전환'을 가져와 복지를 증진하는 데 초점이 맞춰졌다"고 지적했다. 이런 한계는 그의 빈곤관과 무관하지 않다. 1869년 그는 한 글에서 "자기 스스로 지속적으로 노력하지 않는 외부적인 도움은 백해무익한 것 이상으로 나쁘다"고 기술했다. 근로원 등 작업장 같은 곳에 빈민을 수용해 놓고 구제하는 '원내 구제'와 달리 스핀햄랜드 제도 같은 원외 구제 시스템에 대해 그는 강력한 비판자였다. 힐은 스핀햄랜드 제도가 수혜자들에게 일을 하지 않도록 함에 따라 공공자금을 헛되이 사용하는 것이라고 생각했다.

주거 개선을 위한 힐의 방법에서 보듯이, 그는 세입자에게 꼬박꼬박 월세를 내도록 하고 스스로 주변 환경을 쾌적하게 만들도록 하는 등 빈민들의 자기책임성을 중요시했다. 남기철은 "중산층, 사실상 상류층의 문화와 규범에 절대적 가치를 부여하고 이를 빈곤층에게 이식하는 것에서 문제 해결의 기본을 찾고 있다"고 평가했다. 실제로 힐은 당시 중산층과 상류층이 내세운 가치인 자조Self-reliance를 매우 강조했고, 정부가 제공하는 사회서비스나 노령연금은 빈민들에게 약보다 독이 될 것이라고 믿었다.

"현대 그리고 우리나라에서도 그의 활동은 많은 함의를 줄 수 있겠지만, 유사한 활동을 똑같이 전개한다면 다소 낭만적인 관점의 협소한 유용성에 그칠 수밖에 없을 것 같다. 주택과 거주 상황의 개선, 입주자의 생활과 복지 상황의 개선이 '집주인과 임차인의 악순환적 태도 개혁'이라는 것에 초점을 맞춘다는 것은 이제는 다소 무리한 구상이라고 본다. 물론 그럼에도 그가 주거 빈곤과 박탈의 현장에 뛰어들어 생활공동체에 변화를 도모한 점의 의미는 과소평가될 수는 없다." (남기철)

이런 평가에도 불구하고 그가 매우 행동적이고 실험적인 방식으로 빈곤층의 주거 현실을 개선하기 위해 힘쓴 선구적인 사회사업가임에는 의심할 여지가 없다.

1877년 힐은 병을 얻어 쓰러졌고, 몇 개월 동안 일을 할 수 없는 지경이 되었다.[11] 후원자인 존 러스킨과의 갈등과 가까운 친구의 죽음 등 몇 가지 이유도 없지 않았지만 결정적 원인은 만성적 과로였다. 그의 주거개선 사업이 큰 호응을 얻으면서 그가 관리해야 할 주택도 계속 늘어났기 때문이기도 했다. 후원자였던 존 러스킨이 정신불안 증세로 비난자로 바뀌어 어려움을 겪기도 했지만[12] 새 후원자가 나타나면서 사업은 계속 확대되었다. 초기 자원봉사자 중심으로 이뤄진 그의 주거개선·관리 사업은 직업적 일꾼들이 가세해야 할 정도로 규모가 커졌다.

사업 확대만큼 영향력도 함께 커졌고, 그의 주거 개선 사업 아이디어는 영국을 넘어 미국과 유럽 대륙으로 확산되었다. 일부 개인과 추종자들은 물론 몇몇 지방정부도 그의 모델을 본떠 나름의 주거개선 사업을 벌였다. 힐은 애초 빈민들에 대한 주거개선과 주택제공 사업은 국가와 지방정부의 정책적 개입 영역이 아니라고 봤으나 간간이 그의 모델을 좇은 지역의 시의회나 시 관계자들과 정책 협의를 벌이기도 했다.

비어트리스 웹Beatrice Webb은 힐에 대해 이렇게 평했다. "그는 가난한 이들의 빈곤 의미를 최초로 깨달은 사람이다." 비어트리스는 1880년대 중반 런던 동부 변두리에서 주택관리자 중의 한

11 Darley, Gillian, "Hill, Octavia(1838–1912)", *Oxford Dictionary of National Biography*, Oxford University Press, 2004, accessed 1 November 2010.

12 Darley, 2004. quoted by Smith; 위키백과 재인용.

위키피디아 제공

옥타비아 힐은 사실상 강제노역장인 근로원을 긍정적으로 보았다. 1808년께 성 제임스 근로원의 작업장 모습.

사람으로 힐의 주택개선 사업을 체험했다. 힐을 추앙하는 한 미국인은 그를 두고 "장미에 휘감긴 권장權杖으로 3천 명의 백성을 통치하는 작은 왕국의 지도자"라고 표현하기도 했다.

빈민을 위한 공유지 보전 운동도

1878년 옥타비아 힐은 언니 미란다 힐Miranda Hill, 1836~1910과 함께 카일협회Kyrle Society[13]를 결성한다. 미란다 또한 열정 가득한 사

13 1878년 설립. 병원, 교실, 전도실, 전원주택 등의 벽 꾸미기, 작은 개방된 공간, 창결화단, 꽃에 대한 애정 등의 구축, 그리고 빈곤층의 예술적인 감각을 향상시키기와 같은 일을 한다.
출처: http://www.infoplease.com/dictionary/brewers/kyrle-society.html

회개혁가로 옥타비아와 함께 빈민의 주택개선에 힘썼는데, 이 자매는 가난한 사람들을 위해서는 깨끗한 집은 물론 공원과 휴식 공간 등 오픈 스페이스가 필요하다는 생각으로 카일협회를 결성해 이른바 '공유지 보전운동'을 벌였다. 이는 공유지를 확보해 빈민들의 삶의 질을 높일 수 있게 학습과 여가 등의 공간을 제공하는 일이었다. '아름다움을 전파하는 협회'라고 수식되는 이 협회의 슬로건은 '빈민들에게 아름다운 가정을'이었다. 이 단체의 목표는 예술, 도서, 음악 그리고 오픈 스페이스를 도시 빈민들의 삶의 공간에 넣어주자는 것이었다.

1893년 11월 힐은 내셔널 트러스트National Trust, 국민신탁 창립에도 참여한다. 내셔널 트러스트는 약 120년의 역사를 자랑하며 회원 수만 350만 명에 이르는 영국 최대 환경단체 중 하나다. 영국 국토 면적의 1%를 소유하고 해안선의 17%를 갖고 있는 영국 최대의 사적 소유주이기도 하다[14]. 빈민들의 주거환경 개선을 위한 힐의 열정은 말년에는 자연보존운동으로 귀착했다.

1912년 8월 13일, 옥타비아 힐은 암으로 사망했다. 그가 평생을 보낸 매럴러번의 집에서였으며, 향년 73살이었다. "중요한 것은 (사물을 정확히 인식할 수 있는)빠른 눈, 바른 판단을 내릴 수 있

14 우리나라에선 2000년 한국내셔널트러스트가 출범한 이래 무등산 공유화 운동 등 나름의 활동을 벌여 왔다. 광주 시민들의 안식처인 무등산을 '시민들의 손으로 지키자'는 의미에서 출발한 '무등산 땅 1m^2 갖기 운동'은 수만 명의 시민이 참여해 상당한 토지를 매입하여 세계환경보존운동의 고무적인 사례로 주목받았다.

는 순수한 영혼, 새롭고 더 좋은 날을 다가오게 할 수 있는 이슈를 휘어잡을 수 있는 담대한 희망, 더 큰 이상과 더 큰 희망과, 그리고 이 둘을 깨달을 수 있는 인내심이다." 일생을 빈민을 위한 주택 관리와 사회사업, 환경보존에 헌신한 힐이 남긴 말이다.

세계인권선언으로 승화한 힐의 정신

힐이 죽고 36년이 흐른 1948년, 제3회 유엔 총회에서 세계 48개국은 만장일치로 세계인권선언을 채택한다. 전문과 30개 조로 구성된 이 선언문 25조는 다음과 같다.

"모든 사람은 먹을거리, 입을 옷, 주택, 의료, 필수적인 사회서비스를 포함해 자신과 가족의 건강과 안녕에 적합한 삶의 수준을 누릴 권리를 가지며 실업, 질병, 장애, 배우자와의 사별, 노령, 그 밖의 자신이 통제할 수 없는 상황에서 생계의 결핍이 발생했을 때 사회보장을 누릴 권리를 가진다."

주거권이 인간다운 생활을 위한 표면적 기본권 중 하나로 명확히 표현된 것이다. 옥타비아 힐이 주택 사업을 통해 보여 준 것은 주택문제는 본질적으로 인간다운 주거권을 보장하는 것임을 분명히 한 것이 아닐까 싶다.

"주택 문제는 한국 복지국가 건설이 넘어야 할 산이다. 왜냐하면 복지국가 운동은 사회·경제 시스템의 전환을 의미하며 여기에는 지나치게 높은 주거비와 교육비를 줄이는 일이 포함되기 때문이다."

국내 주택정책 전문가인 김수현 세종대 교수의 말이다. 소득 대비 주택 가격이 세계 최고의 수준이고, 가계 자산의 80%가 부동산에 잠겨 있는 상황에서는 국가 복지를 확대하더라도 그것이 일반 가계의 삶의 질 향상으로 이어지기 어렵다는 것으로 주거복지나 주택정책에 대한 일대 혁신 없이 복지국가 건설이 가능하지 않다는 얘기다.

위키피디아 제공

옥타비아 힐과 함께 주택관리 사업을 한 비어트리스 웹은 "가난한 이들의 빈곤 의미를 최초로 깨달은 사람"이라고 힐을 평했다. 1875년의 비어트리스 웹 사진.

참고 문헌

아사 브릭스 저, 한국복지연구회 역, 《사회복지의 사상》, 이론과실천, 1990.
김수현, 《주택정책의 원칙과 쟁점》, 한울아카데미, 2011.
존 허드슨, 스테판 쿠너 외 1인 저, 김보영 역, 《복지국가를 향한 짧은 안내서》, 나눔의집, 2010.
위키피디아(www.wikipedia.org)

남기철 교수가 말하는 옥타비아 힐과 주거복지

우리나라 국민들에게 집값이나 전세값은 생활고를 나타내는 대명사처럼 사용되곤 한다. 주택은 사람의 생활에 필수적이면서도 너무나 비싼 재화이고, 또 총량이 제한되어 있는 토지와 불가분의 관계에 있기 때문에 공공정책의 대상이 되는 것이 당연하다. 하지만 우리나라에서 주택이란 투기의 대상이고 많은 서민들에게는 살고 있는 주택과 관련된 돈이(집값이건 전세금이건) 재산의 대부분이다. 국민이 살아가기 위해 필요한 공간, 최소한의 주택에 대한 불안감 없이 살 수 있는 사회, 우리나라에서는 자칫 불가능하게 들릴 수도 있는 이상이다. 주거복지라는 말은 생경하기만 하다. 만약 주거복지라는 말에 가장 어울리는 최초의 인물을 꼽으라면 옥타비아 힐을 들 수 있을 것이다. 아마도 주택에 대해 복지라는 개념과 이상을 접목하고자 했던 최초의 선구자라 불러도 과언이 아닐 것이다.

힐은 인간으로서 최소한의 존엄성도 유지할 수 없게 만드는 주거빈민의 상황에 주목하였다. 모두가 천형처럼 여기던 19세기 빈민의 주거생활을 개선할 수 있다고 보았다. 또 이를 사회행동으로 실천해 보였다. 무작정 낡은 집을 허물어버리고 새 집을 짓는 것이 아니라 기존의 주택을 생활이 가능한 환경으로 관리하는 것, 그리고 이 과정에서 집주인과 세입자가 정해진 책임을 다하는 것을 기본 방법으로 삼았다. 무엇보다 중요한 것은 공동체적인 실천을 조직화하여 실제로 이를 구현해 보였다는 점이다. 때문에 옥타비아 힐은 당시 자선조직협회나 인보관 활동으로 대표되던 민간의 사회복지적 실천행동에서 빼놓을 수 없는 인물이기도 하다. 세입자들이 책임성 있는 주거생활이 이루어질 수 있도록 계몽과 관리활동을 구현해 보였고 실제 생활의 향상을 이끌어내었다. 힐의 활동은 회의적이었던 많은 후원자들이 참여하게 만들 만큼 열정적이었다.

물론 21세기 우리의 관점에서 본다면 옥타비아 힐의 접근이 현재의 대한민국 주거빈민의 상황과는 잘 맞지 않는 부분도 있다. 특히 주거취약계층이 가지는 나태함이나 적절치 못한 생활방식을 '교정'하는 것에 초점을 두었던 실천은 주거빈곤의 문제를 도덕적 문제로 치환한 것이라는 비판도 가능할 수 있다. 초기 자선조직협회의 활동이 가지는 한계점과 유사할 것이다. 하지만 인간은 역사 속에서 살아가기에 모든 개인은 자신에게 주어진 역사적 상황과 조건 속에서 실천해 간다. 옥타비아 힐의 주거복지 활동은 지금의 조건과 맞지 않는다고 해서 쉽게 폄하할 수 있는 것은 아니다. 특히 힐의 내셔널 트러스트 활동, 공유지의 확보 등은 그 개혁적 의미가 엄청난 것이라 할 수 있다.

100여 년이 지난 지금, 이제 주거권, 사회권이라는 단어는 국민의 인권 중 하나로 어색하지는 않다. 그렇지만 우리나라에서 주거권 보장을 위한 책임을 국가가 실질적으로 담보하고 있는가 하는 점에 대해서는 회의적일 수밖에 없다. 아직도 주택정책은 (재)개발 정책을 의미하거나 거래활성화, 가격정책 등에 초점이 있다. 공공성보다는 시장성에 초점을 두고 있다. 수천명의 거리노숙인, 수십만 명에 이르는 고시원 거주민, 그리고 주택이라 부를 수 없는 쪽방이나 찜질방, PC방에서 생활하는 수많은 사람들이 비인권적인 주거생활을 영위하고 있다. 우리나라에서는 가난해서 집이 없는 것이 아니라 집이 없어 가난하다는 말을 하곤 한다. 마치 의자뺏기놀이에서 밀려나듯이 정규적인 주거상황에서 밀려나면 다시는 복귀할 수 없다고 여겨진다. 비좁고 열악한 한 평 남짓의 쪽방이나 고시원의 월세가 이삼십만 원을 훌쩍 넘는데 국민기초생활보장제도의 주거급여는 십만 원이 채 되지 않는다.

물론 우리나라에도 공공임대주택이 있고 또 조금씩 늘어가고 있다. 얼마 전에는 국민기초생활보장제도의 급여 중 하나로 통합되어 있었던 주거급여가 분리되었다. 소위 주택바우처가 전국적 제도로서 전면화되는 시점에 있다. 주거복지사라는 전문자격을 만들겠다는 논의들도 일각에서 이루어지고 있다. 일견 그럴듯해 보일 수 있다. 그렇지만 아직은 우리나라의 공공프로그램이 주거복지를 구현해낼 것이라 기대하기는 어려운 수준이다. 주거급여의 분리가 빈곤층 주거생활의 안정에 실질적으로 기여할 것으로 기대하는 현장 전문가는 많지 않다. 오히려 관할하는 정부부처를 바꾸면서 전달체계와 자원을 확보해 보려는 공급자 중심의 제도개편이라는 비판이 만만치 않다. 대표적인 공공임대주택이라 할 수 있는 영구임대아파트 역시 사회적 배제와 '게토화'가 심각한 상황이다. 주택이 아니라 주택에서 살아가는 사람의 주거생활을 고민하는 열정이 필요하다.

온 국민이 최소한의 안전하고 쾌적한 주거생활을 누릴 수 있도록 하는 꿈, 비인간적인 주거여건을 바꾸어 보겠다는 꿈, 100년 전 먼 나라에서 옥타비아 힐이 꾸었던 꿈을 지금 우리나라에서도 되새겨볼 수 있지 않을까? 최근에 공공임대단지에서 마을만들기 활동이 늘어나고 있고, 또 어느 지자체가 "시민 누구도 한뎃잠을 자지 않게 하겠다"고 선언한 것에서 위안을 얻기도 한다. 주거를 상품의 수요(demand)만이 아닌 복지 욕구(needs)로 구현하는 꿈을 우리 사회가 고민해야 할 것이다.

6장

리처드 토니

영국 경제민주화의 주창자

리처드 토니
Richard Henry Tawney
1880 - 1962

경제사가, 노동운동가, 사회비평가, 기독교 사회주의자, 사회사상가 등으로 다채롭게 수식된다. 인도 콜카타에서 태어나 옥스퍼드대학을 졸업했다. 평생 노동문제 연구와 노동자 교육에 종사하고, 노동문제의 해결과 노동조건의 개선을 위해 노력했다. 1931년부터 1949년까지 런던정치경제대학(LSE)에서 경제사를 가르쳤다.

저서로는 《16세기의 농업문제》*The Agrarian Problem in the 16th Century* (1912), 《획득사회》*The Acquistive Society*(1920), 《종교와 자본주의의 발흥》*Religion and the Rise of Capitalism* (1926), 《평등》*Equality* (1931) 등이 있다.

주요 약력

1880년 인도 콜카타 출생
1905년~1932년 노동자교육협회 집행위원
1912년~1931년 런던교육청 자문위원회 위원
1919년 석탄산업위원회 위원
1928년~1944년 노동자교육협회 회장
1931년~1949년 런던정치경제대학(LSE) 교수(경제사)
1962년 사망

"20세기 영국 사회주의의 수호성인"(앤서니 라이트), "가장 탁월한 민주사회주의자"(휴 게이츠켈), "영국 사회주의의 주창자로서 토니만큼 위대한 이는 없다"(토니 벤)

리처드 토니에 대한 찬사다. 비어트리스 웹Beatrice Webb도 "토니는 그를 알고 있는 모든 이로부터 사랑받고 존경받는 학자이자, 사회개혁가이자, 성인"이라고 평했다. 영국 언론인 폴 바커Paul Barker[1]는 그를 만났던 일화를 다음과 같이 소개했다. "그때 나는 살아 있는 성인과 함께 시간을 보내는 행운을 가졌다는 느낌을 갖고 돌아왔다. 그에게는 친절과 선의가 넘쳐흐르고 있었다."

리처드 토니는 누구인가? 그가 어떤 인물이기에 당대의 내노라하는 인물들이 그를 성인이라고까지 극찬하는가? 그와 복지국가 발전은 어떤 연관이 있는가?

노동운동과 기독교사회주의 등 영국 복지국가 발전에 끼친 영향과 명성에 비해 토니는 국내에서는 널리 알려지지 않은 인물이다. 그는 사회주의와 복지국가의 중요한 이념적 근거인 평등사상을 주창하고, 평생을 자선과 노동자 교육에 헌신해 수많은 이들 한테서 존경과 사랑을 받은 사회개혁가이자 사상가이자 교육자였다.

1 이 책에 영감을 준 《*Founders of the Welfare State*》을 펴냈다.

위키피디아 제공

기독교 사회주의자인 리처드 토니는 자본주의와 평등에 대해 고민한 영국 경제민주화의 선구자다.

특권과 안락한 삶을 예약받은 인생

토니는 1880년 인도 콜카타에서 태어났다. 아버지는 콜카타에 있는 프레지던시대학 학장이었다. 당시 중·상류층 집안의 자제들이 그러했듯이 토니도 '대영제국'의 본토에서 엘리트 코스를 밟았다. 출신 배경으로만 보면 남부러울 것 없고 많은 특권을 지닌 집안에서 풍족한 삶을 예약받은 이였지만 평생 이런 안락과 특권을 거부하고 살았다. 그는 왜 자신의 행운을 받아들이지 않고, 낮은 곳으로 내려와 고난의 삶의 항로를 선택했을까?

잉글랜드 남부 지방인 서리주(州)의 안락한 가정에서 성장한 토니는 럭비스쿨(영국 잉글랜드 워릭셔주의 마을 럭비에 있는 중등학교)에서 청소년 시절을 보냈다. 이곳에서 그는 평생의 친구 윌리엄 템플William Temple[2]을 만난다. 템플은 복지국가Welfare State란 말을 탄생시킨 인물로 알려져 있다. 복지국가란 말의 어원은, 1941년 제2차 세계대전 전범국인 독일을 두고 칭하던 무력국가Power

2 1881~1944년. 웨스트민스터교회의 평의원(1919~1921), 맨체스터의 주교(1921~1929)에 이어, 요크 대주교(1929~1942), 캔터베리 대주교(1942~1944)를 역임했다.

State 또는 전쟁국가Warfare State에 빗대어, 그 반대 의미를 지닌 국가로 템플이 처음 사용했다는 설이 유력하다.

토니는 이어 옥스퍼드대학의 베일리얼 칼리지로 진학한다. 오늘날 관광명소이기도 한 이 칼리지는 사회봉사의 전통이 강한 곳이었다. 이 대학의 이런 전통은 토니의 깊고 지속적인 신앙심과 결합되어 그에게 사회적 책임감을 깊게 각인시켰다. 토니는 공개적으로 자신의 신앙심을 드러내지는 않았지만 독실한 신도였다. 하지만 그는 당시의 교회를 '재산과 체면을 중시하는 세속화된 계급적 제도'로 인식했다.

복지국가의 설계자 베버리지와의 만남

옥스퍼드대학에서 토니는 또 다른 친구 윌리엄 베버리지William Beveridge를 만난다. 템플과의 만남만큼 역사적 조우다. 둘의 관계는 단지 친구에 그치지 않는다. 토니가 1909년 베버리지의 누이 지넷Jeanette과 결혼하면서 처남-매부지간이 됐다. 이때 둘의 혼례를 주재한 이가 윌리엄 템플이었다. 영국 복지국가 건설의 동시대의 주역들이 토니와 지넷의 결혼식에 함께 서있는 모습은 상상만으로도 흥미롭다. 복지국가란 조어를 만든 템플 주교와 복지국가의 사상적 이념 중 하나인 평등의 문제를 고민한 토니, 그리고 위대한 복지국가 건설자들 중에서도 늘 맨 윗자리를 차지하고 있는 베버리지, 이 세 명의 역사적 인물이 토니의 결혼식에서 자리를 함께한 것이다.

FLICKER

리처드 토니가 다녔던 럭비스쿨의 모습.

1903년 토니도 베버리지와 마찬가지로 토인비홀에 들어가 생활한다. 토인비홀Toynbee Hall[3]은 1884년 세계 최초로 설립된 인보관Settlement house이다. 토인비홀 설립에 큰 족적을 남긴 새뮤얼 바네트Samuel Barnett 목사는 당시 옥스퍼드대학 학생들에게 자원봉사 활동에 동참할 것을 촉구했고 여기에 적잖은 학생들이 응했는데, 이들 중에 토니와 베버리지가 있었던 것이다. 그들은 런던 슬럼가에 있는 토인비홀을 체험하면서 빈곤 등의 사회문제를 실감한다.

인보관Settlement house[4] 생활의 체험에서 그들은 자선이 빈곤 등

3 세계 최초의 세틀먼트하우스의 이름으로 세틀먼트 운동에 투신하여 젊어서 사망한 아놀드 토인비(Arnold J. Toynbee *같은 이름을 지닌 유명한 역사학자와는 다른 인물임)를 기념해서 토인비홀로 명명되었다. 토니와 베버리지 등 복지국가 발달사에 등장한 인물 중 여럿이 이곳을 거쳤다.

4 인보(鄰保) 사업과 빈민 구제를 목적으로 세워진 단체나 기관으로, 빈민지역에서 함께 생활하며 지역사회 환경과 생활을 개선하는 것을 목표로 한

리처드 토니가 다녔던 옥스퍼드대학의 베일리얼 칼리지

가난한 사람들의 문제를 해결할 수 없음을 깨닫는다. 구조적인 사회개혁과 변화가 동반되지 않고서는 가난한 사람들을 위한 사회정의가 실현될 수 없다는 사실도 인식한다.

노동자 교육을 통해 정치 · 경제적 문제임을 깊이 인식

토니는 특히 노동자 교육에 큰 힘을 쏟았다. 1908년 스코틀랜드 남서부의 항구도시 글래스고에서 시간강사로 경제학을 가르칠 무렵이었는데, 그 해부터 3년간 매주 금요일 잉글랜드 중서부 롱턴 지역에서 노동자들을 가르쳤다. 토요일 오후에는 잉글랜드

다.

위키미디아 제공

옥스퍼드대학에 있는 토인비홀의 1902년 모습.

북부 지역의 로치데일 지역으로 옮겨 노동자들에게 경제를 가르쳤다. 노동자교육협회WEA[5]의 노동자 교육 프로그램의 일환이었으며, 구체적으로는 경제학을 개별지도 수업tutorial classes 형태로 진행하였다. 그는 이 경험을 통해 노동계급의 처지와 상황에 대한 자신의 시각을 세우는데, 교육과정에서 만난 방직공·옹기장이·광부·엔지니어들과 어울리며 노동자들의 생활문제가 정치·경제적 문제임을 깊이 인식하게 됐던 것이다.

제1차 세계대전이 터지자 토니는 장교가 아닌 이등병으로 참전한다. 그런데 1916년 솜 전투Battle of the Somme[6]에 참가했다가 중상을 입는다. 솜 전투는 1916년의 제1차 전투에서만 영국군 사

5 1830년대 영국에 설립된 산업노동자를 위한 사회교육 단체.

6 제1차 세계대전 중 프랑스의 솜에서 영국·프랑스 연합군과 독일군이 2회에 걸쳐 벌인 격전. 제1차는 1916년 7월부터 11월까지였고, 제2차 전투는 1918년 3월이었다.

상자가 6만여 명에 이를 정도로 피의 격전이었다. 그는 여기서 치명상을 입었지만 기적적으로 살아남는다. 이후 프랑스 야전병원을 거쳐 영국으로 옮겨진다. 전쟁은 토니에게 인간의 원죄에 대해 고심하도록 했으며, 정치 및 경제·사회적 변화의 긴급함도 깨닫도록 했다고 한다.

1912년 그는 처녀작 《16세기 농업문제》를 발간한다. 경제사가로서 첫 저작이었다. 이 책에서 그는 튜더 왕조Tudor dynasty의 토지 사유화를 둘러싼 토지개발을 파헤쳤다. 또한 당대의 사회 구성원들에게 강요된 자본주의적 사고와 행동양식에 대해 저항할 것을 설파했다.

1917년 런던정치경제대학LSE에 강사로 자리를 잡은 토니는 경제사 연구에 몰두해 이듬해 《기독교와 산업문제》란 보고서를 내놓았다. 1926년에는 몇몇 학자들과 함께 경제사학회를 결성했고, 이내 런던정치경제대학에 교수로 안착한다. 평생 학문에 매진할 수 있는 좋은 집을 얻은 것이다. 그곳에서 그는 1949년 은퇴할 때까지 경제사를 가르치고 연구했다. 은퇴이후에도 석좌교수로 맨체스터, 버밍엄, 셰필드, 런던, 시카고, 멜버른, 파리 대학 등에서 가르침을 계속했다. 그의 가르침은 주로 특권 거부, 경제권력 통제, 민주사회주의, 평등주의 등에 걸쳐 이뤄졌고 그 모든 것은 향후 복지국가 건설에 토양이 되었다.

인간성 회복을 위한 '기능사회' 강조

토니는 여러 저작을 남겼다. 주요 작품으로는 《획득사회》The Acquistive Society, 1920, 《종교와 자본주의의 발흥》Religion and the Rise of Capitalism, 1926, 《평등》Equality, 1931 이다. 토니의 사상을 알려면 이 세 권의 책을 반드시 읽어야 한다. 토니 사상의 정수를 확인할 수 있기 때문이다.

토니가 규정한 획득사회는 자본주의 사회다. 18세기 말부터 19세기 초, 그가 겪은 유럽의 산업자본주의 사회는 "부의 획득과 소유를 제1 원리로 삼는" 사회며 "경제적 이기주의와 부의 숭배로 가치관이 전도된 사회"였다. 그래서 토니의 저작을 일찍이 국내에 소개하는 데 앞장선 김종철은 이 책 영어제목인 *The Acquistive Society*를 《탐욕의 사회》로 번역했다. 이 책에서 토니는 "재산이 인간을 두 계급, 즉 재산 소유자와 노동자로 나누어 대립시킨다"면서 "자본주의 사회에서 재산은 인간을 수단화한다"고 설파한다. 이 책은 자본주의 사회에 대한 통렬한 비판서다.

"이 사회에서는 재산권이 지나치게 존중된다. 재산은 인간의 사회적 목적에 봉사하는 기능을 가져야 하고, 인간의 창조적 활동을 위한 수단이 되어야 하는데, 근대 (자본주의)사회에서는 이 관계가 역전되어 재산은 인간의 창조적 활동으로부터 유리되었다는 것이다." 토니의 《획득사회》에 대한 김종철의 해설이다.

《종교와 자본주의의 발흥》은 16~17세기 프로테스탄티즘과

LSE 제공

리처드 토니는 부의 세습과 교육제도를 불평등의 두 기둥으로 보았다. 1958년 영국 런던정치경제대학(LSE) 노동조합론 수강생들과 찍은 사진(왼쪽에서 5번째).

자본주의 발전 사이의 상관관계를 다룬 것으로, 고전으로 평가받는 역작이다. 독일 사회학자 막스 베버Max Weber[7]의 《프로테스탄티즘의 윤리와 자본주의 정신》과 비교되기도 한다. 토니는 이 책에서 '중세의 사회경제적 배경 속에서 신학이 경제 문제를 어떻게 다뤘으며, 영국 교회와 마르틴 루터Martin Luther 등 대륙의 종교개혁가들에게서 그것은 어떻게 발전되었으며, 청교도 운동은 자본주의에 어떤 영향을 끼쳤는가'를 짚었다.

"기독교의 영역이 축소되면서 자본주의 사회는 사회의 여러

7 1864~1920년. 19세기 후반기부터 20세기 초에 걸치는 시대에 활동한 독일의 저명한 사회과학자이자 사상가이다. 그는 정치, 경제, 사회, 역사, 종교 등 학문과 문화 일반에 대해 박식하고도 깊이 있는 조예를 가진 학자였다. 19세기 후반기의 서구 사회과학의 발전에 크게 공헌하였을 뿐만 아니라 오늘날에도 철학이나 사회학 등에서 큰 영향을 미치고 있다. 출처: 서울대학교 철학사상연구소

제도와 경제활동을 연결할 수 있는 공동의 목표를 상실하게 되었다. 한때 인류의 전 생활 영역의 윤리적 기준을 제공한 기독교는 이제 지극히 사인화私人化되고 개별적인 것으로 남게 되었다. 이제 사적 권리와 사적 이해만이 그것 자체로서 가치 있는 것, 궁극적인 정치적·사회적 실재로서 떠오르게 되었다. 사적 권리 가운데 가장 중요한 것은 물론 재산에 대한 권리이며, 절대적이고 무조건적인 권리로서 재산권은 사회의 여타의 모든 가치를 거기에 종속시킨다."[8]

이윤보다 '기능'을 중시하는 사회 꿈꿔

여기서 우리가 주목해야 할 토니의 개념 중 하나는 '기능'Function이다. 이에 대해 그는 "사회적 목적이란 아이디어를 표현하고 구체화하는 하나의 행동"이라고 정의했다. "획득사회에서 인간의 마음은 무제한 부의 습득과 자기이해 추구에 초점을 둔다. 따라서 모든 경제활동은 특정의 사회적 목표에 종속되지 않으며, 기회는 재능이나 노력에 따라 주어지기도 하지만 출생이나 사회적 지위, 교육과 유산 등 넓은 의미의 재산에 따라서 더욱 좌우된다. …… 획득사회에서 남아 있는 유일한 기준은 부의 소유이며, 기능은 잊힌 개념이 되고, 기능이 잊혔다

8 고세훈, "R.H. 토니의 정치사상-기독교적 비판", 〈신앙과 학문〉 Vol.1, No.3, 1996에서 인용.

는 말은 부의 취득에 대한 유일한 제한이 잊혔다는 의미와 다름없다." (고세훈, 1996)

따라서 획득사회에선 부의 불합리한 불평등을 야기하며, 자원 배분의 왜곡이 일어나고, 국가적으로 부의 낭비가 발생하는 것은 물론 노동자의 일상과 전혀 무관한 사치품의 생산이 이루어지고, 그것을 만드는 노동자의 행위를 소모시키는 일이 일상적으로 발생한다. 토니는 공동의 목적의식, 곧 공공선이 결여된 획득사회에서는 "이 모든 것을 방지할 수도, 규제할 수도 없으며, 심지어 인식하는 것조차 어렵다"며 획득사회는 "죄의식을 상실한 사회이며, 불평등이 바로 종교인 사회"라고 질타한다. 그 때문에 이 사회에서는 노사갈등이 필연적이며, 힘의 균형만이 집단 간 소득의 상대적 크기를 결정한다. 그는 이런 갈등과 불평등을 해소하기 위해 인간이 개개인의 욕구보다 더 우월한 상위 기준을 갖고 있어야 한다고 생각했다. 그는 이를 '기능의 원칙'에 따른 보상체계로 보았다. 사회적 기여나 공공서비스에 따른 보상체계를 말한다.

그래서 획득사회에 대한 토니의 대안은 '기능사회'다. 철저히 기능에 따라 산업 활동이 이뤄지는 사회다. 결코 금전적·재정적 이윤의 극대화가 산업 수행의 동기가 되어선 안 되며, 기능만이 기준인 사회다. 예컨대 의사는 활동 목적을 영리에 두어선 안 되며, 오직 '환자의 건강지킴이'란 기능에 따라 의료서비스를 제공해야 한다. 매우 유토피아적 아이디어로 보이지만 그는 이를 위한 실천적 방법론을 제시하며 자신의 구상이 장밋빛 몽상만이 아님을 증명하려고 애쓴다.

토니는 한 산업을 기능적으로 조직하려면 두 가지 조건이 충족되어야 한다고 보았다. 하나는 소유주나 그 대리인이 그들의 이익을 위해서 경영하는 것이 아니라 공공의 서비스를 위해 경영해야 한다는 것이다. 다른 하나는 경영 내역은 엄격한 공적 감시를 받아야 하고, 서비스의 책임은 생산자가 담당해야 한다는 점이다. 자본의 존재 이유와 기능은 인간에 대한 봉사, 즉 자본은 인간이라는 목적가치에 대한 수단이지 그 목적은 아니라는 논지다.

고세훈은 토니가 '기능사회'란 개념을 통해 획득사회인 자본주의 사회의 문제를 단지 인간의 타락으로만 환원시키지 않고 오히려 '목적으로서 인간의 회복'이라는 공동 목표를 설정해 자본주의의 문제를 적극적으로 극복하려 했다고 평했다. 토니는 궁극적으로 인간의 노력을 통해 '하나님의 영광과 인간 조건의 구원'이 가능하다고 보았다는 것이다.

"민주주의를 말할 때 우리는 투표권은 유지하지만 생활권과 노동권을 망각하는 민주주의를 의미하지는 않는다. 자유를 말할 때 우리는 사회조직과 계획경제를 배제하는 조잡한 개인주의를 의미하지는 않는다. 평등을 말할 때 우리는 사회경제적 특권에 따라 무효가 되는 정치적 평등을 의미하지는 않는다. 경제 재건을 말할 때 우리는 공평한 분배보다 최대한도의 생산을 덜 생각한다." 1940년 7월 1일치 영국 일간지 〈더 타임스〉의 글이다.

토니는 1951년판 《평등》Equality의 머리말에서 이 글을 인용하며 왜 그가 《평등》이란 책을 썼는지 분명히 했다. 《평등》은 1931년 초판이 나온 뒤 1938년과 1951년에 증보판으로 다시 출간되었다. 하지만 그가 "다시 쓰지는 않았다"고 한 것처럼, 책의 골격은 개정판과 증보판에서 조금도 바뀌지 않았다. 전후 복지가 확대되었다고 하지만 본질적으로 '영국 인구 2% 미만의 소수계급이 국부 산출의 4분의 1 가까이를 해마다 차지할 수 있게 만드는' 제도와 상황은 변하지 않았기 때문이다.

인구 1%가 재산 57%를 차지했던 불평등한 영국

토니는 1938년판 《평등》의 서문에서 "이 책이 평등한 사회를 세운다는 대의에 약간이나마 기여할 수 있다는 희망을 품고 발간한다"고 썼다. 이 책의 첫 장은 '감사와 사랑을 품고 시드니와 비어트리스 웹에게'라는 글로 시작한다. 《평등》은 1929년 이래 그가 대학에서 한 강의 내용을 바탕으로 발간되었으며, 그가 책을 집필하던 시기는 영국 노동당이 야당으로 있던 때였다. 《평등》을 국내에 번역해 소개한 김종철은 "토니가 상아탑 속에서 순수한 연구에만 몰두하는 학자가 아니라 학문에 정진하면서 스스로의 이상과 포부를 실천적 생활을 통해 구현하려고 노력한 행동인임을 잘 보여 주는 책"이라고 평했다. 그는 나아가 "역사 연구에 충실하면서 거기서 얻은 교훈을 지금 여기에 적용하려고 노력하는 토니의 태도는 참된 지식인의 길이라고 생각한다"며 토니를 예찬하기도 했다.

토니가 《평등》을 통해 말하려 한 바는 영국 사회의 불평등이다. 그 두 기둥은 세습적인 부와 교육제도라는 게 토니의 생각이었다. 그의 눈에 비친 당시 영국의 모습은 "(젊은이 가운데) 극소수는 건강에 유리한 조건을 누리고 지속적으로 신중하게 영양을 공급받으면서 자신은 책임과 감독권을 행사할 사회집단에 속해 있다고 격려를 받는" 반면, "대다수는 건강에 어김없이 위태로운 …… 조건에 처해서 그들의 힘이 개발되기 시작하는 바로 그 나이에 교육을 마치며, 평범한 인간에게 가장 바람직한 자질은 유순함, 다시 말하면 더 나은 사람들에 대한 존경심과 복종의 습관이라고 믿도록 때로는 부추김을 당하는" 사회였다.

김종철은 토니가 《평등》을 통해 말하려 한 것은 "1926~1928년에 인구의 1%가 개인 재산 전체의 57%를 차지하고 있는 극도의 불평등이 존재하는 한, 그리고 그것을 이용하는 계급이 정치·경제 분야에서 권력과 제도를 장악하고 불평등을 확대하는 한, 영국 사회에는 사회정의도 인간다운 삶도 있을 수 없다는 점이었다"고 논평했다.

그렇다면 토니의 이런 생각은 영국사회에 어떤 영향을 끼쳤을까? 그의 사상에 대해 영국사회는 어떻게 반응했는가? 그가 생각하는 평등은 어떤 상태를 말하며, 또 어떤 수단을 통해 이룰 수 있다고 보았나?

위키피디아 제공

리처드 토니는 저서 《평등》을 영국 복지국가 발전에 크게 기여한 시드니와 비어트리스 웹 부부에게 바쳤다. 1932년 러시아 여행을 하는 웹 부부.

영국 사회주의의 아이콘, 불평등 해소 방안으로 국유화 주창

1970년대 중반 '신자유의 기수' 마거릿 대처Margaret Thatcher가 영국 보수당 지도자가 되었을 때다. 우익 성향의 한 유명 언론인이 대처에게 '토니(의 저서)'를 읽으라고 충고했다. 왜, 토니인가? 대처가 맞설 사회주의 이념과 국유화 등의 정책을 이해하려면 반드시 토니의 저작을 읽어야 한다는 생각 때문이었다.

그 언론인의 생각은 틀리지 않았다. 토니는 영국 사회주의 지식인의 아이콘이었다. 그가 이런 평가를 얻는 데는 세 권의 책, 《획득사회》, 《종교와 자본주의의 발흥》, 《평등》에서 비롯된다. 특히 《획득사회》는 리처드 크로스먼에 의해 '사회주의자의 바이블'로 불렸고[9], 20년 이상 런던정치경제대학 등에서 한 강의

9 Hastings, A., *A History of English Christianity 1920-1990(1991, third*

를 엮은 《평등》 또한 사회주의 사상의 핵심을 논한 고전으로 평가된다.

여기서 평등 철학을 잠시 탐색해 볼 필요가 있다. 평등 사상의 계보는 루소Jean-Jacques Rousseau를 원조로 해, 마르크스Karl Marx를 거쳐 토니로 이어진다. 이후 존 롤스John Rawls와 로널드 드워킨Ronald Dworkin 등에 의해 풍성해졌다.

기회 · 조건 · 결과, 3가지 색깔의 평등

평등Equality은 라틴어가 어원[10]이며, 동일·공평·공정·정의 등을 뜻한다. '모든 인간을 차별 없이 동등하게 존중하거나 대우하는 상태'를 가리킨다. 그런데 '동등한 상태'란 어떤 것인가? 기회의 평등, 조건의 평등, 결과의 평등 등으로 각자의 지위와 생각에 따라 재정의 되기도 한다. 예컨대 '기회의 평등'은 자본주의 사회의 핵심 이데올로기로 많은 이들이 적극 지지하고 동의한다.

ed.), SCM Press; 위키백과 재인용.

10 '평등, 수평, 동등, 공정'을 의미하는 라틴어의 아에콸리타스(aeqālitās)를 어원으로 하여 당초는 '표면의 완만함'을 의미하는 기술어에 불과하였지만 15세기 이후 '신분의 대등함', '힘의 대등함'의 실현과 각종 특권의 폐기를 정당한 요구사항으로서 소구(訴求)하는 가치어로 바뀌어 근대 시민혁명의 향도이념의 하나로 성장하였다. 출처: 정치학대사전편찬위원회, 《21세기 정치학대사전》, 아카데미리서치, 2002.

하지만 장애인과 비장애인을 같은 선상에서 뛰게 하고 기회를 똑같이 주었으니 평등하다고 말할 수 있을까? 진정 그것을 평등이라고 여길 수 있을까? 그런 평등이 정의로운가? 기회의 평등이 진정한 의미의 평등이 되려면 출발점의 조건과 환경이 누구에게나 동등해야 한다는 주장 또한 강한 설득력을 얻는다. 가령 가정 형편이 어려워 아르바이트를 전전하는 학생과 유복한 부모를 둔 덕분에 공부만 파고들 수 있는 학생, 이 둘에게 똑같이 B학점 이상이면 장학금을 주겠다고 하는 게 과연 평등일까? 이런 상황에서 우리는 '조건의 평등'이란 개념을 숙고하게 된다.

'결과의 평등'은 가장 급진적인 평등 개념이다. 자본주의 체제에서 태생적으로 열악한 사회적 약자들은 아무리 조건이나 환경을 똑같이 해 주어도 결국 불평등한 현실의 패자로 살아갈 수밖에 없을 때, 그것 역시 평등하다고 할 수 있을까? 이런 의문에 기반한 결과의 평등은 가장 반자본주의적인 평등 개념이다. 어쩌면 가장 인본주의적인 평등 개념이라고 할 수 있지만 결과의 평등이 과연 현실 세계에서 실현될 수 있을까? 그렇게 됐을 때 다른 문제가 없을까? 도리어 그런 평등 추구가 자유를 구속하고 억압하지 않을까? 평등에 대한 정의는 이처럼 간단하지 않다. 에데올로기적이다.

토니는 평등에 접근할 때 산술적이고 이상주의적 평등을 염두에 두지 않았다. 그에게 평등은 "능력이나 재능의 평등이 아니라 환경·제도·생활방식의 평등"이다. 따라서 "불평등은 개인

1927년 영국 옥스퍼드 대학에서 여름학기 강의를 할 때의 토니 모습.

적 재능의 불평등이 아니라 사회경제적 환경의 불평등"이다.

이런 토니의 사상은 기독교적 유산과 전통에서 그 뿌리를 찾을 수 있다. '인간은 누구나 동등한 존재로 세상에 태어났으며, 사회를 이뤄 살아가는 사회구성원은 모두 예외 없이 평등하다'는 기독교적 명제에서 토니는 모든 인간은 신에 의해 부여된 궁극적 가치를 동등하게 지니는 까닭에 예외 없이 평등해야 한다고 주창했다. 이런 맥락에서 1912년 그는 "평등을 믿으려면 신을 믿어야 한다"고 발언했다.

전후 영국 산업 국유화에 지대한 영향

그렇다면 불평등을 어떻게 완화 또는 해소하여 평등을 이룰 수 있을까?

"사회제도 – 재산권, 산업조직, 공중보건, 교육체제 – 는 가능한 한 인간을 구분하는 계급적 차이가 아니라 인간을 결합시키는 공동의 인간성을 강조하고 강화하도록 계획되어야 한다."

불평등 극복을 위한 그의 해결책은 인간성을 강화하는 정치·경제·사회·문화·교육 등 공동체 전반의 제도 개선이었다. 구체적으로 그는 재산과 소득의 재분배, 공동체적 공급의 확산, 공익사업 확대 등을 제시하기도 했다. 이를 위해 특히 토니는 경제권력의 규제를 강조했다.

"민주주의는 무책임한 폭군 노릇을 하는 경제권력을 분명히 규제된 한계 안에서 움직이도록 하며, 공권력에 대한 책임을 지고 행동하는 사회의 공복으로 전환시켜야 한다."

"경제체제는 반드시 권력체제라는 것이 진실이다. 그것은 권력의 위계다. 그 체제의 지렛대를 잡고 있는 사람들은 의식적 또는 무의식적으로 무수한 인간의 생명에 대해 결정적 영향력을 행사한다. 이런 권력은 너무나 거대하기 때문에 사적인 인물에게 맡겨선 안 되며 그들 자신과 주주들의 금전적 이득이나 손실에 대한 배려에 따라 일차적으로 운용되어선 안 된다. …… 요컨대 권력은 규제의 형태로든 소유의 형태로든 공적 통제에 복종함으로써 전통적인 영국 방식에 의해 책임 있는 공적 또는 준(準)공적 기능으로 전환될 수 있다."(《평등》)

토니는 또한 "민주주의가 하나의 정치체제로만 머무는 한 정치체제로서 불안정하다"면서 "파시즘은 노예적인 국가를 수립하고 노동자의 자유를 자본가에게 선물로 줌으로써 자본주의의 충성을 얻는다"고 진단했다. 그래서 "해결책으로서의 사회주의는 그 충돌을 빚어내는 경제·법적 조건들을 끝장냄으로써 그 충돌을 종식시킬 것"이라며, "사회주의의 근본 교조는 인간의 존엄성"이라고 역설했다.

"사회주의는 민주주의의 초석인 원칙들, 다시 말하면 민주주의라는 호칭을 정당화하기 위해 권위는 동의에 의존해야 하며, 인간들 사이의 성격과 재능의 차이는 …… 공통된 인간성이라는 중대한 사실에 비하면 사소한 의미밖에 없다는 원칙들을 받아들인다."

토니가 생각한 자본주의 극복과 경제권력 규제의 구체적인 방책 중 하나는 국유화였다. 다만 국유화를 위해서는 3가지 전제가 있어야 한다고 생각했다. 첫째, 자연자원을 개발하는 데서 얻는 이익은 국가 전체에 공유되어야 한다. 둘째, 개인이 산업을 조직하는 것은 무질서하고 비효율적이란 점을 인식한다. 셋째, 노동자가 자신의 노동생활에 영향을 주는 결정을 할 때 정당한 몫을 차지하려는 소망을 실현해야 한다. 토니의 국유화 주장은 전후 노동당 정부에서 실현되면서 구체적 현실이 되었다. 노동당 정부는 1951년까지 은행, 유·무선 통신, 항공, 전력, 석탄, 가스, 철도, 도로교통, 철강 등 모두 12개 산업을 국유화했다. 하지만 이들 산업은 보수당 정부에 의해 다시 민영화되었다.

영국 사회주의와 사회정책, 복지국가 발전에 큰 영향

토니는 사회주의의 장래를 위해 해야 할 가장 중요한 것은 노동조합운동과 강력한 연계를 유지하는 일이라고 생각했다. 존 러스킨John Ruskin과 윌리엄 모리스William Morris[11]에게서 많은 영향을 받은 그는 특권에 대한 투쟁을 위해서도 노동조합의 힘이 중요하다고 여겼다. 이런 그의 생각은 그의 생애에 고스란히 나타난다. 실로 노동자와 노동조합과 평생을 함께하는 삶이었다. 토니는 1905년부터 1948년까지 40년 이상 노동자 교육에 헌신했다. 노동자교육협회에서 회장(1928~44)을 맡기도 했다. 비어트리스 웹이 그를 두고 '사회주의의 성인'[12]이라고 묘사한 것은 노동자교육협회에서 보여준 그의 헌신에서 비롯되었다. 이처럼 노동자에 대한 애정이 컸기에 그는 노동조합의 권력 남용과 야합 투표를 비판하는 데도 주저하지 않았다.

그의 활동은 그렇다고 노동에만 국한되지 않았다. 전방위적이었다. 1906년 토니는 '페이비언 협회'Fabian Society에 참가해 이사를 맡았고 1909년엔 영국 노동당의 모체가 되었던 독립노동당에도 참가했으며, 이후엔 노동당에 참여했다. 토니는 또한《모두를 위한 중등교육》1922이란 책을 펴내는 등 사회교육Adult

11 1834~1896년. 영국 출신의 화가이자 공예가(工藝家), 건축가, 시인, 정치가, 사회운동가 등 다양한 활동을 하였다.

12 Ramsden, J. (2005) p. 633 ; 위키백과 재인용

Education 전문가로서도 명성이 높다. 그는 양차 세계대전 사이에 나온 노동당의 교육에 관한 정강을 대부분 작성했으며, 당시 유력 언론 〈맨체스터 가디언〉의 교육 문제 대표 집필자이기도 했다. 1926년 이른바 〈해도우 보고서〉Hadow Reporot[13]의 책임자 중 한 사람이었으며, 사립학교들이 국가 교육제도에 통합되어야 한다는 획기적인 주장을 펴기도 했다.

"우리는 지식이 종교와 마찬가지로 모든 계급과 부의 차이를 초월하는 것으로 생각하고, 모든 인간은 신 앞에서와 같이 교육에서도 평등하다는 것을 상기해야 한다. …… 돈을 위해 교육을 파는 것은 돈을 위해 신의 선물을 파는 것과 다름없다."

1912년 토니의 말이다.

토니는 수많은 경제 관련 위원회와 정부 기관의 고문으로 일했고, 사회개혁가로서의 성취도 적지 않았다. 그는 의무교육 기간 연장, 노동자 교육의 확대, 최저임금제 실시 등 많은 해법을 제시했고, 이들 정책은 실제 채택되었다. 하지만 정치의 길은 순탄치 않았다. 노동당 하원의원 후보로 몇차례 출마했으나 그때마다 당선에 실패했다.

13 해도우의 이름을 딴 리포트. 해도우(Sir William Henry Hadow, 1859~1937)는 영국의 교육개혁가로 통일학교운동 또는 학제개혁운동을 주도했다.

1945년 전후 노동당의 클레멘트 애틀리 정부가 그가 주창했던 국유화 정책을 펼 때 토니는 인생 후반기에 있었다. 조세개혁, 국가보건서비스 창설, 공공교육제도 확대 등도 이뤄졌다. 하지만 그 사이 많은 벗들이 사망했고, 아내 지넷Jeanette Tawney마저 1958년 세상을 떠나자 큰 실의가 찾아왔다.

1962년 1월, 런던의 한 요양원에서 '사회주의의 성인'도 아내를 따라 영면했다. 평화로운 죽음이었다. 비바람이 몰아치는 날, 가까운 친지와 지인만 참여한 가운데 그는 런던 외곽 하이게이트 공동묘지에 있는 아내 옆에 묻혔다. 그가 평생을 함께 하고자 했던 노동자들을 대표해 한 노동자가 그의 관에 첫 흙을 뿌렸다.

OSS TERILL 〈R. H. TAWNEY AND HIS LIFE〉

1940년대 글로스터셔에 있는 별장 로즈 카티지에서 산책하는 토니 부부.

그의 사후 역사가들은 "당대의 어떤 이도 이처럼 광범위하게 영향을 끼친 이는 없다"고 평했다. 오늘날 그는 경제사가, 사회비평가, 윤리적 사회주의자, 기독교 사회주의자, 사회(성인)교육의 주창자 등 다채롭게 수식되고 있다.

"민주주의가 하나의 정치적 제도로 머무를 뿐, 그 이상의 것으로 되지 않는 한 정치체제로서의 민주주의는 불안정할 수밖에 없다. 민주주의는 하나의 정부 형태일 뿐만 아니라 무엇보다 하나의 사회 유형이며 생활양식이다. 하나의 사회 유형, 생활방식으로서 민주주의가 되려면 첫째, 그것은 모든 형태의 특권을 단호하게 제거하지 않으면 안 된다. 둘째, 그것은 흔히 '무책임한 폭군'이 되어 있는 경제권력을 제어해 사회를 위해 봉사하도록 전환시켜야 하고, 그 권력이 명확한 한계 내에서 활동하도록 하며, 공적 권위에 대해 책임을 지도록 만들어야 한다."

1950년 영국을 무대로 한 토니의 말이지만 오늘날에도 울림이 크다. 김종철[14]은 "토니의 말은 민주주의의 핵심이 무엇인가에 대한 뛰어난 통찰을 집약하고 있다"며 "토니는 민주주의가 형식적인 정치제도가 아니라 실질적인 의미를 가지려면 무엇보다 폭군적인 경제권력에 대한 통제가 필요하다는 것을 단호하게 말했다"고 풀이했다. 김종철은 또 "우리가 직면한 온갖 문제들이 무분별한 생산력 증대를 부추기는 경제성장을 통해서 극복될 것이라는 미신에 더는 사로잡혀서는 안 된다. 끝없는 생산력 증대와 물질적 풍요를 겨냥하는 성장경제 논리는 차별과 격차를 끊임없이 양산할 뿐만 아니라 필연적으로 세계의 황폐화를 초래한다"고 덧붙였다. 토니를 말할때 우리가 꼭 언급해야할 대

14 〈녹색평론〉 발행인, 프레시안, "지금, 민주주의의 진정한 적은 무엇인가", 2007. 3. 14.

목에는 그가 "평등한 인간관계에 토대를 둔 사람들 사이의 우정과 환대"를 추구했다는 점이다. 새로운 사회를 위한 "우리의 희망"은 어쩌면 거창한 사상보다 토니가 말한 "평등한 인간관계"와 그에 따른 "우정과 환대"에 있지 않을까 싶다. 복지국가는 그런 관계를 촉진하는 의미 있는 정거장이 되어야 할 것이다.

참고 문헌

선우현,《평등》, 책세상, 2012.
R. H. 토니, 김종철 역,《종교와 자본주의의 발흥》, 한길사, 1990.
R. H. 토니, 김종철 역,《평등》, 한길사, 1985.
Richard Tawney, *The Acquisitive Society*, Dover Publications, 2004 (Republished).
Richard Tawney, *Religion and the Rise of Capitalism*, 1926.
Richard Tawney, *Equality*, 1931.
Ross Terill, *R. H. Tawney and his times*, 1976.
Anthony Wright, *R. H. Tawney*, Manchester University Press, 1987.
www.wikipedia.org

고세훈 교수가 본
리처드 토니와 그의 사상

영국 노동당 역사에서 토니만큼 당 안팎의 존경과 사랑을 받았던 인물도 없을 것이다. 그의 인간과 사상, 개인적 행로와 공적 활동이 엄정한 일관성을 유지하며 한 치의 어긋남도 허용치 않았기 때문일 것이다. 그는 노동자 제자들에겐 지식뿐 아니라 삶의 스승이었고 노동당 정치를 주도했던 수많은 지식인 – 정치인들에겐 사상의 원줄기 역할을 했던 대학자였다. 그는 20세기 영국 사회주의를 견인했던 굵직굵직한 저술들을 남겼으면서도 노동당 정치의 현장을 떠나지 않았고, 평생을 자선과 노동자 교육에 헌신했으며, 1차 대전이 발발하자 장교 임관 대신 일등병으로 자원하여 유명한 솜 전선에서 치명상을 당하기도 했고, 4차례나 선거에 패했으면서도 – 한 번은 당선이 확정적이던 선거구를 고사했다 – 영국 정치인 누구나 선망하는 상원의 작위는 거부했으며, 마지막 순간까지 검소와 절제의 흐트러짐 없는 삶을 살았다. 실로 토니는 “사회주의에 대해 글을 썼을 뿐 아니라, 개인의 삶에서 자신이 말한 바를 구현했다.”

토니는 경제사학자요 정치인이요 교사였지만 무엇보다 도덕가였다. 그가 옥스퍼드대 베일리얼 칼리지에 진학했을 때, 옥스퍼드에는 T. H. 그린(Thomas Hill Green)의 윤리적 이상주의의 향취가 여전히 짙게 배어있었고, 그린의 가장 충실한 계승자였던 베일리얼 칼리지의 E. 케어드(Edward Caird) 학장은 토니에게 가장 많은 영향을 미쳤던 도덕철학자였다. 실제로 “현대사회는 도덕적 원칙과 이상의 부재로 인해 병들어 있다”는 진단이야말로 토니의 삶과 사상의 출발점이었다. 토니에게 정신과 가치와 윤리는 역사의 진보를 위한 토대였으니, 그가 이것들의 쇠락과 실종을 가져온 경제적, 사회적 환경과 구조를 파헤치고 사회의 전면적 재조직을 촉구하는 일에 헌신했던 것은 자연스러운 일이었다.

대부분의 토니 연구자들은 토니가 제1차 세계대전 발발 이전에 맨체스터에 거주하던 2년 동안의 일기(1972년 *Commonplace Book*란 책으로 출간)에서 감동적으로 기술했던 – 혹은 고백했던 – 기독교적 확신이 차후의 그의 저작에 일관된 영향을 미쳤다는 데 대체로 의견을 같이한다. (비교적 최근에 출간된 G. 암스트롱과 T. 그레이의 *The Authentic Tawney*는 이런 전통적 견해에 이의를 제기하며 토니 사상의 '단계적 변천'을 부각시킨다. 그러나 토니가, 비록 정례적인 교회 출석자는 아니었지만, 럭비와 베일리얼 시절부터 윌리엄 템플 캔터베리 대주교와의 개인적 사상적 교류를 멈추지 않았고, 사회적 문제에 대한 영국 국교회의 책임을 환기시키는 일을 게을리하지 않았으며, 그의 문제제기와 처방 모두에 함의된 종교적 세계관 등은, 세부적인 정책적 지향의 변화에도 불구하고, 죽을 때까지 그의 삶과 저술들의 저변에 놀라울 정도로 일관된 기독교적 가치관이 흐르고 있음을 보여준다는 것이 내 생각이다.) 그러나 토니가 역사 연구에서 사상과 가치의 역할에 주목했다고 해서 그것들을 독립적 원인으로 취급한 것은 아니다. 그는 변화의 진정한 동력은 도덕적 태도와 신념이라는 점을 강조하면서도 그것들의 운명은 물질적 환경과 경제적 힘에 부단히 노출되고 변형된다는 점 또한 놓치지 않았다.

가령 막스 베버는 프로테스탄티즘의 정신을 자본주의 발전의 주된 동력이라고 말했지만, 토니는 종교개혁 이후 기독교가 자본주의를 정면에서 맞서기보다는 오히려 그것에 의해 사인화되면서 복음의 원리와 장구한 중세적 전통에 담긴 사회적 관심에서 멀어져 갔다는 점을 부각시켰다. 교회가 자본주의에 타협하고 거기에 포섭되면서 사회를 하나의 통일체로 유지시켜 주었던 공동의 목표와 가치는 사라지고 취득형 사회의 사익과 경쟁논리만이 남아 공동체가 해체되어 왔다는 것이다. 실제로 토니의 전 삶과 저작을 관통하는 주제는 종교개혁 이전의 기독교가 제공했던 공동체의 정신과 가치를 현대사회가 여하히 회복할 것인가와 관련하여, 그 회복의 도정에 버티고 있는 사회경제적 장애물들을 어떻게 제거할 것인가에 직접적으로 닿아 있다.

그는 사회문제에 대한 복음적 관심을 회복하기 위해서 먼저 자본주의의 개인주의적/기계론적 사회관에 대비된 성경의 공동체적/유기체적 사회관을 환기시키며, 전자가 필연적 결과물로서 취득적 사회(획득사회)와 후자의 특징인 기능적 사회를 대비시킨다. 이때 기능은 사회적 목적이 전제된, 곧 전체의 목적에 복무하는 역할로서의 기능이며, 만일 기능이 정당한 형태의 자산과 부당한 형태의 재산을 가르는 기준이 된다면, 현대사회의 자산 대부분은 본질적으로 무기능적(functionless)이라고 간주되어야 한다는 것이 토니의 관찰이다. 그는 노동과 기능에서 분리된 자산을, 홉슨의 용어를 빌어, 비자산(improperty) 혹은 무기능 자산(functionless property)으로 불렀는데, 자본주의 사회에서 재산소유는 그것이 봉사(기능)하는 공동체 전체의 목적에서 분리된, 독립적인(무기능적) 권리로 축소되었다. 자본가들은 재산을 소유했다는 것만으로 특권, 즉 "보상에 합당한 기능을 수행하지 않는 권리"을 취득한다. 사적 권리와 이익에 기초한 특권 개념은 다시 권위 혹은 권력의 정당성의 부재로 이어지고 부의 취득에 몰두하는 취득성 사회를 탄생시켰다. 마침내 재산권(력)에 기초한 "비합리적 불평등"의 길이 열린 것이다.

이제 인간은 신의 무한한 위대성을 잊으면서 인간의 무한한 왜소함도 잊었고, 그리하여 인간들 간의 차이, 구분을 만들고 강조하고 과장하고 거기에 집착한다. 토니에게 자본주의라는 "취득형 사회"의 질병은 "불평등의 질병"이었다. 불평등은 도덕적으로 혐오스럽고 경제적으로 비효율적일 뿐 아니라, 사회적 일체감과 연대, 협력적 에너지의 기반이 되는 공동문화를 건설할 수 없게 만든다. 평등의 상실이 자유의 상실을 가져온다는 점 또한 치명적이다. 무기능적 경제활동의 증가는 소수에게 불비례적이고 불로소득적 보상을 허용하면서

다수에게 선택의 자유와 기회를 박탈한다. 소수 자산가가 소극적 자유를 외치며 무기능, 무책임하고 자의적인 경제권력을 행사할 때, 절대 다수의 적극적 자유는 일상적으로 조롱당하는 것이다.

그리하여 자유가 역량(capacity) 즉 일상생활에서의 실제적 역량이라면, 복지정책뿐 아니라 빈곤과 불평등을 줄이기 위해 고안된 모든 사회경제정책은 자유의 재분배에 기여한다. 당연히 국가복지, 재분배적 조세정책, 노동자의 지위를 강화하는 산업민주화 등 권력의 분산과 책임성을 고양시키는 모든 조치들은 자유의 확대, 불평등의 축소에 기여하는 것으로서 환영되어야 한다. 그러나 토니가 보기에 국가복지의 가장 큰 의의는 그것이 사람들의 품성과 기질에 영향을 준다는 점이었다. 그에게 복지는 의존 아닌 자립의 문화, 곧 사회주의적 재건이라는 중차대한 과제에 자신감과 열정, 활력을 가지고 대면할 수 있는 사람들을 만들어내는 데 공헌한다. 즉 토니는 복지가 노동자를 달래기 위한 임시 방편이라는 좌파의 상투적 주장에 동의하지 않으며, 오히려 사회복지는 개인의 인생관에 영향을 미침으로 사회적 심리를 변화시키고, 나아가서 사회구조의 변화를 위한 항구적 힘으로 작용한다는 것이다. 그러나 토니는 복지 자체에 대한 어떤 정교한 이론이나 분석을 시도하지 않았다. 복지는 노동자의 정신과 의지를 배양하고 역동적 인구의 창출에 기여하지만, 그가 꿈꾸던 공동의 도덕적, 문화적 원칙과 전통을 지닌 공동체라는 목적에 비추면 물적 자원의 재분배는 목적 아닌 수단, 그것도 불완전한 수단에 불과했다. 그가 애틀리 노동당 정부의 복지확대를 매우 긍정적으로 평가했으면서도 동시에 그것의 불충분성에 대해 민감했던 것은 이 때문이었다. 가령 토니에게 복지정책이 타깃으로 하는 빈곤과 양극화는 분명 완화되고 교정되어야 할 문제이지만, 그것은 그 이전에 먼저 사회경제적 삶의 행위준칙들에 대한 공동의 합의가 부재하다는 '징후'였다. 특히 "힘 있는 자들은 개혁의 의지가 없고 개혁의지가 있는 자들은 힘이 없는 것"이 문제일 때, 새 공동체를 향한 노력은 노동운동을 통한 저항권력(resisting power)의 배양과 긴밀히 관련된다는 것이 그의 인식이었다. 민주주의는 정치영역에서 시장과 경제영역으로 확대되어야 한다는 것이다. 이러한 관점은 신 앞에서 인간의 불완전성에 대한 자각을 인간관계와 사회경제적 조직의 출발점으로 삼았던 토니에게 지극히 자연스러운 것이며, 국가복지와 경제(시장) 민주화의 불가피한 연계를 토구하는 작업을 위해서도 중요한 도덕적 단초를 제공한다.

토니는 가장 복음주의적 신앙은 불가피하게 가장 급진적인 사회개혁을 요구한다는 점을 우리에게 보여 주었지만, 그의 기대와는 달리 전후 일련의 노동당정부하에서도, 정부지출의 증가에도 불구하고, 불평등은 꾸준히 증대되고, 오늘날 신자유주의의 파고를 거치면서 토니가 꿈꿨던 사회적 연대와 공동체의 전망은 점점 멀어지고 있는 듯이 보인다. 그러나 세계자본주의가 광포해질수록, 토니 근본주의가 갖는 의의는 갈수록 커질 수밖에 없다. 이런 점에서 전후 영국의 비판적 사회정책의 계보를 잇는 대표적 학자들인 R. 티트머스, P. 타운센드, B. 아벨-스미스 등의 연구가 지닌 세계사적 의의는 결코 사소하다 할 수 없을 것이다. 그리고 이들은 모두 토니의 '목적'에 비춰 전후의 복지개념 그리고 그것의 정책적 함의와 적용을 비판적으로 성찰한 토니 전통의 확실한 계승자들이었다.

7장

토머스 험프리 마셜

시민권 이론으로 보편적 복지를 주창하다

위키피디아 제공

토머스 험프리 마셜

Thomas Humprey Marshall

1893 - 1981

사회권을 핵심 개념으로 하는 시민권(Citizenship) 이론을 통해 복지가 시혜가 아니라 시민의 보편적 권리라는 사상을 발전시킨 영국의 사회학자다.

런던 출생으로 럭비스쿨, 트리니티 칼리지, 케임브리지 대학 등에서 공부했다. 앨프리드 마셜과 혼동하는 경우가 적잖은데, 앨프리드는 경제학자이며, 토머스는 사회학자다. 저서에는 《시민권과 사회계급》(1950), 《사회정책》(1965) 등이 있다.

주요 약력

1893년 런던 출생

1914년~1918년 케임브리지 대학교 트리니티 대학 연구원

1919년~1925년 런던정치경제대학(LSE) 강사로 합류

1939년~1944년 LSE 사회과학학과 학장

1956년~1960년 UNESCO의 사회과학부분 책임자

1981년 사망

복지국가의 이념적 토대 '시민권'

복지는 극심한 빈곤으로부터의 구제에서 출발했다. 따라서 왕이나 귀족 등 권력자 또는 국가가 주는 시혜나 은전이 복지를 뜻했다. 사회보험이 도입되고 아동수당이 실시되는 등 근대국가가 빈곤으로부터의 구제를 체계적으로 벌이는 한편 각종 사회적 위험에 대해 안전하게 보장하는 시스템을 구축하는 보편적 복지국가 단계에 접어들려면 복지관도 달라져야 했다. 바로 복지가 시민의 보편적 권리라는 사상이다. T. H. 마셜은 이른바 '시민권 이론'을 주창해 복지국가의 이론적 지평을 확장한 인물이다. 그의 시민권 이론에 기초한 사회권 아이디어가 없었다면 복지는 여전히 자선이나 시혜의 범주를 넘어서지 못했을지도 모른다. 그의 사회권 개념을 통해 우리는 복지가 보편적 권리임을 자각할 수 있었고, 복지국가는 '사회권을 보장해 주는 국가'란 인식을 분명히 할 수 있었다.

마셜은 누구이며, 그가 정립한 시민권 이론은 어떤 것이며, 또 그것이 어떻게 복지국가의 이념적 토대가 되었을까?

토머스 험프리 마셜은 1893년 런던에서 태어났다. 럭비스쿨을 거쳐 케임브리지대학의 트리니티 칼리지에서 공부했으며, 1914년 역사학 전공으로 수석 졸업했다. 그리고 독일로 유학을 갔다가 제1차 세계대전에 휘말려 민간인 신분으로 독일군에 전쟁포로로 잡히는 등 수난을 겪기도 했다. 귀국해 1919년 연구원 신분으로 케임브리지대학에 다시 들어가 역사학을 공부했다.

역사학도인 그가 사회학자로 변신하게 된 결정적 계기는 1925년 영국 런던정치경제대학LSE 강사를 하게된 덕분이라고 한다.

그는 런던정치경제대학에서 스스로도 말했듯이 "아무것도 몰랐던" 사회사업을 가르쳤으며, 그러다 1930년 사회학과 조교수가 되었다. 1939~1944년엔 사회과학 계열 학장을 맡았고, 1956~1960년에는 유네스코에서 사회과학 분야의 책임자를 맡아 유엔의 '경제·사회·문화적 권리협약'을 기초하는 데도 기여했다.

그가 사회정책학자로서 면모를 보인 것은 정작 1960년 케임브리지대학 교수를 공식 은퇴한 뒤부터다. 그는 은퇴 이후 사회정책과 행정 분야의 이론연구에 집중했으며, 그 결과 1967년 유명한 저서 《20세기의 사회정책》을 출간했다. 탁월한 에세이스트라는 평가도 얻은 마셜이 시민권 이론을 담은 저작집 《시민권과 사회계급》Citizenship and Social Class을 출간한 것은 1950년이었다. 이 책으로 그는 이론가로서 널리 조명받기도 했지만, 학문적 이론서가 아니라는 이유로 일부 사회학계로부터는 '아마추어'란 혹평을 듣기도 했다. 이 책은 나중에 《기로에 선 사회학》이란 이름으로 확대 출간되기도 했다.

그의 시민권 이론은 다양한 분야에서 조명되고 수용되었는데, 특히 '복지국가 위기론'이 대두된 1980년대 초 재조명되었다. '시민권의 재발견'이었다.

시민권이란 개념은 1948년 마셜이 케임브리지대학에서 벌인 강연에서 처음 거론되었다. 당시 그는 현대 민주복지 사회의 이

토머스 험프리 마셜이 다녔던 영국 케임브리지대학 트리니티 칼리지.

상적 유형[1]을 이 개념을 통해 제시하려 했다. 시민권에 대해 그는 "공동체의 전체 구성원에게 부여되는 하나의 지위"라고 정의했다. "이 지위를 가진 모든 사람은 그 지위가 부여한 권리와 의무에서도 똑같은 자격을 갖는다."고 강조하기도 했다.

그의 시민권 개념은 성이 같아 혼동을 일으키는 앨프리드 마셜과 레너드 트렐로니 홉하우스Leonard Trelawny Hobhouse에게서 영향을 받았다. 특히 앨프리드 마셜의 '공동체의 완전한 구성원'과 '기본적인 인간 평등'이란 개념을 자신의 이론에 적극 수용했다는 것이다.

마셜은 시민권은 크게 시민적 권리, 정치적 권리, 사회적 권리

1 마셜은 동유럽의 공산주의 모델과 미국으로 대변되는 순수 자본주의 모델 사이의 중도적 길을 이상적 현대사회의 유형이라고 생각했다.

라는 세 유형으로 단계적으로 발전해 왔다고 생각했다. '시민적 권리' Civil Rights, 공민권는 개인의 자유를 현실화하는 데 필수 불가결한 권리를 뜻한다. 외적 억압이나 강제력으로부터 개인의 자유를 보장하는 것과 관련되는데, 신체의 자유, 언론의 자유, 사상과 신념의 자유, 소유의 자유, 유효한 계약 체결과 재판을 받을 수 있는 권리 등을 가리킨다. 대체로 '~으로부터의 자유'로 표현되는 자유권을 가리킨다.

위키피디아 제공

마셜의 대표적 저작 가운데 하나인 《시민권과 사회계급》.

시민적 권리는 부유하든 가난하든 빵을 훔친 사람은 누구에게나 동일하게 형벌을 내린다는 사상이며, 어느 누구든 자신의 능력을 개발하고 발전시킬 권리가 있다는 개념이기도 하다. 이 권리는 영국에서 여러 입법 과정을 통해 정립되었지만 가시적이고 직접적인 계기는 산업혁명과 시민운동이었다. 이 권리의 성취를 기반으로 시민은 계약 체결과 재산 축적의 법적 근거를 갖게 되었다.

시민적 권리, 자본주의와 연결

시민적 권리는 프랑스혁명이나 영국의 명예혁명 같은 정치·사회적 변화와 자본주의 경제의 도래와도 연결되어 있다. 계약 체결, 법 앞의 평등, 소유의 권리 등의 시민적 권리가 자본주의경제의 생산 시스템을 효율적으로 작동케 해 주는 역할을 한다는 점에서 그렇다. 하여 시민적 권리는 자본주의 시장의 메커니즘을 우

위키피디아 제공

(왼쪽부터) 토머스 마셜과 그에게 많은 영향을 준 앨프리드 마셜, 레너드 트렐로니 홉하우스.

선시하는 원리이며, 그렇기에 국가는 빈곤, 질병, 범죄 같은 사회문제에 의해 시장이 제 기능을 할 수 없을 때만 시장에 개입해야 한다는 사상을 뒷받침하는 원리이기도 하다.

'정치적 권리' Political Rights, 는 "정치제도에 참여하거나 정치권력을 행사할 수 있는 권리"를 뜻하며, 정치권으로 불린다. 정치적 권리의 성장은 시민사회의 성장에 기인한다. 봉건제에서 자본주의로 변화하는 과정에서 부를 축적한 신흥 부르주아 계급이 세금을 내는 대가로 의회(국회, 지방의회)에 참여하는 기회를 얻게 된 것이다. 초기에는 교육받고 부유한 남성에 국한해서 그 기회가 불평등하게 주어졌다. 시민적 권리의 등장은 자신의 이해관계를 표현할 수 있도록 했지만 단지 부와 교육받은 소수의 엘리트에게만 제한적으로 이뤄진 것이었다. 노동운동과 시민운동의 결과로 정치적 권리가 확대되면서 정치권은 입법가인 국회의원을 선출하거나 축출할 수 있는 힘으로 작용했다. 마셜은 정치적 권리가 19~20세기 사회갈등에 의해 발전했다고 보고, 경제적 무대에서 시민적 권리와 정치 무대에서 정치적 권리의 결합은 시민사회에서 자본주의가 성장할 수 있는 이데올로기적 기반을 제공해 주었다고 인식했다.

민주주의와 자본주의 시장경제 시스템은 상호작용을 하며 발전해 왔지만 양쪽 사이에는 원천적으로 긴장이 존재한다. 민주주의가 1인 1표에 따른 평등을 지지한다면 자본주의는 개인에 따라 각기 다른 힘을 인정하고 부의 불평등에 따른 '영향력의 불평등'을 옹호한다. 마셜은 이런 상황을 "20세기에는 시민권과 자본주의 시스템이 전쟁 중이었다"고 표현했다.

전쟁은 전투만 있는 게 아니라 타협을 통한 휴전과 정전의 상황도 맞는다. 민주주의와 자본주의 시스템도 마찬가지다. 생산수단을 갖지 못한 사람들은 사적 소유 시스템을 받아들일 필요가 있고, 생산수단을 가진 사람들은 다른 사회계급에게 사회적 자원을 분배하는 것을 받아들일 뿐만 아니라 재분배 프로그램을 수행하는 정치 시스템을 용인할 필요가 있다. 마셜은 민주주의와 자본주의 시스템이 타협한 산물이 사회적 권리, 곧 사회권 Social Rights이라고 이해했다. 복지국가는 자본주의와 민주주의의 타협, 곧 사회권이 보장되는 국가를 뜻했다. 마셜이 주창한 시민권 이론의 마지막 단계가 사회적권리, 사회권Social Rights이다.

여기 주목할 것은 역시 사회권이다.

"사회권은 어느 정도의 경제적 복리와 사회보장, 그리고 사회의 지배적 기준에서 보았을 때 문명화된 삶을 충분히 누리고 사회의 유산에 참여할 수 있는 권리다."

사회권에 대한 마셜의 정의다. 풀이 하면, 사회권은 어느 정도의 경제적 복리와 사회보장을 받을 권리, 사회적 유산을 충분히 공유할 권리, 그리고 사회의 보편적 기준에 따라 문명화된 존재로서 개인의 삶을 영위할 수 있는 권리 등을 포괄하는 개념이라고 할 수 있다. 누구나 인간이라면 똑같이 이런 권리를 갖고 있으며, 복지국가는 사회권을 보장하는 국가라는 게 마셜의 일관된 견해다. 한마디로 인간다운 생활을 보장받을 권리로 광의의 의미에서 복지권이라고 할 수 있다. 인간다운 삶을 위해선 빈곤에서 겨우 벗어나는 것만으로는 부족하다. 적절한 건강, 충분한 교육, 알맞은 주거, 쾌적한 환경을 보장받아야 함은 물론 사회보장제도에 의해 삶의 안전을 보장받을 수 있어야 한다. 이는 국가에 의한 시혜가 아니라 시민의 당당한 권리로서 보장되어야 한다는 게 사회권의 의미다.

공민권과 참정권은 사회권으로 완성

마셜은 시민권citizenship은 18세기에는 사유재산권 등 법적 지위와 관련된 시민적 권리(공민권)가, 19세기에는 보통선거권 등 정치적 권리(정치권)가, 그리고 20세기에는 사회적 권리(사회권)가 대두되는 식으로 단계적으로 발전해 왔다고 주장했다.

사회권은 공민권(자유권)과 정치권을 바탕으로 발전했다는 게 마셜의 생각인 것이다. 그는 공민권을 통해 시민사회가 성장했고, 정치권에 힘입어 민주주의가 발전했으며, 이런 바탕에서 사회권이 제기될 수 있었다고 생각했다. 그는 경제 안정과 복지가 이뤄지지 않는다면 공민권도 정치권도 위태로울 수밖에 없다는 생각에서 공민권과 정치권을 효과적으로 보장하기 위해서도 사회권이 정립되어야 한다고 인식했다. 하루하루 벌어먹기 힘들 정도로 열악한 노동 상황에 놓인 불안정한 노동자들은 투표할 시간조차 낼 수 없는 게 현실이지 않은가? 그래서 마셜은 공민권과 정치권은 사회권에 의해 비로소 완성되고 또 사회권에 의해 지지되어야 이른바 '시민권의 삼각대'가 균형을 잃지 않게 된다고 본 것이다.

마셜은 사회권을 보장하는 주요 제도로 사회서비스와 교육 시스템을 중시했다. 교육의 기회 균등과 각종 사회서비스를 통해 인간다운 시민의 삶을 누구에게나 보장해 줌으로써 사회적 불평등을 줄일 수 있다는 생각이었다.

그러나 불평등을 필요악으로 여기는 자본주의 체계에서 사회권과 자본주의 경제가 지속적으로 양립할 수 있을까? 이런 의문에 대해 마셜은 앞서 언급했듯이 "20세기는 시민권과 자본주의가 전쟁 상태"로서 사회권과 자본주의가 원천적으로 모순적 긴장 관계에 놓여 있다고 판단했다. 어쩌면 마셜은 시민권 이론을 통해 자본주의가 낳은 불평등한 사회계급 체계에 '선전포고'를 한 것인지도 모른다.

사회권은 실제 자본주의 모순이 낳은 여러 역사적 사건에 대한 응전을 통해 발전했다. 특히 19세기 말부터 진행된 일련의 변화된 사회·경제적 조건의 변화가 사회권 생성에 기여했다는 게 마샬의 생각이었다. 노동자들의 투쟁을 통해 이룩한 임금 상승으로 인해 계급 간 경제적 차이가 줄어든 점이 그 하나이며, 누진적 직접세 체계가 정착해 세금 부담의 형평성이 높아진 점이 다른 하나다.

마셜이 사회권을 통해 추구한 것이 그렇다고 절대적 평등은 아니었다. 마셜은 모든 시민이 사회권을 가진 사회에서도 어느 정도의 불평등은 존재할 수밖에 없다고 보았다. 그는 사회권을 통해 소득의 평균화를 꾀하기보다 지위의 평등을 목표로 했다. 이 점에서 그의 시민권 사상은 마르크스주의나 급진적 사회주의와는 확연히 다르다. 그는 "우리는 절대적 평등을 추구하는 것이 아니다"라는 말로 이 점을 명확히 했다. 그는 계급투쟁 대신 시민권을 통한 온건한 지위의 평등을 선호했다. 그는 자본주의 체제 자체의 폐지나 변혁을 통한 계급혁명 대신 사회권에 기반한 사회정책을 통해 자본주의 경제를 합리적으로 개혁해 평등을 이루려고 했던 것이다.

김윤태는 마셜의 이런 사상에 대해 "자유시장을 인정하는 동시에 사회적 책임을 강조하는 20세기 초반 영국의 새로운 자유주의, 또는 사회적 자유주의 전통에 가깝다"고 해석했다. '사회적' 이란 수식어가 있긴 하지만 마셜의 사회권도 기본적으로 자유주의 독트린에 기초하고 있다는 뜻이다. 이 점에서 마셜과 윌리엄 베버리지William Beveridge는 똑같은 땅 위에 서 있었다고 할 수 있다. 중요한 복지제도인 사회보험을 실현하는 데 국가는 결코 개인에 대한 보상·기회·책임 등을 무시해서는 안 된다는 자유주의 독트린이란 토양 말이다.

그러나 마셜은 베버리지의 '내셔널미니멈' National Minimum 개념에 대해서는 생각이 달랐다. 그는 최저한의 복지 수준은 수혜자에게 낙인 효과를 줄 수 있기 때문에 극복되어야 한다고 보았다. 국가가 주는 복지 급여가 최저한의 삶을 보장하는 데 그쳐서는 안 되며, 보편적이고 적정한 복지로 업그레이드되어야 하고, 그것이 하나의 권리로서 주어져야 한다는 생각이었다. 마셜의 시민권 이론을 두고 복지국가의 이념을 확장했다고 평가하는 배경에는 이런 맥락이 있다.

사회권 보장하는 국가가 곧 복지국가

마셜은 어떻게 이런 생각을 주조했을까? 특히 그에게 두 사람이 가장 큰 영향을 끼쳤다. 첫 번째 인물이 그와 성이 같은 마셜이다. '마셜'이라고 하면 경제학자 앨프리드 마셜 Alfred Marshall, 1842~1924을 떠올리는 경우가 많다. 성姓이 같고 둘 다 케임브리지 대학을 나온 영국의 지성이라 혼동하기 쉬운데, 앨프리드 마셜은 경제학자이고 토머스 험프리 마셜은 사회학자다. 앨프리드는 "경제학이란 한편으로 부의 연구이고 다른 한편으로는 인간 연구의 일부인데, 후자가 중요하다"라고 말한 이로 유명하다. 이 발언에서 보듯 그는 경제학을 인간 복지를 위한 학문으로 파악한 인물로, 경제학이 과연 누구를 위해 복무해야 하는지를 정립했다. 복지국가를 세운 사람들의 대열에 우뚝 서 있는 케인스John Maynard Keynes가 바로 그의 제자다. 그런 면에서 복지국가를 만든 사람들의 대열에 앨프리드를 부분적으로 위치짓는다고 해서 그리 이상할 것도 없다.

앨프리드 마셜은 시민의 계몽과 중산층화를 위한 수단으로 교육, 기술 진보, 노동시간 단축을 강조했는데, 토머스 마셜은 이런 앨프리드의 생각을 적극 수용했다. 이 개념은 서구적 상황, 특히 시민의 권리 투쟁과 사회보장을 놓고 이루어지는 논쟁이 활발했던 영국의 상황에 기초해 생성되었다. 잠시 우리를 살펴보면 대한민국 근대사는 이런 역사적 체험이 적다. 그러다보니 개념이 현실감 있게 매만져지지 않고, 공민권이나 정치권은 절차적 권리여서 제도화가 상대적으로 용이했지만, 사회권은 물질적 자원의 동원이나 분배적 장치 없었기에 실현되기도 어려웠다. 그러니 일상에서 보편적 권리란 느낌을 갖기 쉽지 않다. 권리라면 어떤 상황에서든 응당 주어져야 하는 것인데 사회권은 그렇지 못했다. 이런 상황은 사회권을 실현성 있는 권리가 아닌 명목상의 권리나 추상적 선언으로 생각하게끔 하는 이유가 되기도 한다.

마셜에게 영향을 끼친 또 다른 인물은 레너드 트렐로니 홉하우스Leonard Trelawny Hobhouse, 1864~1929다. 기자 출신으로 런던대학 사회학 교수를 지낸 그는 시민적 자유, 재정적 자유, 개인적 자유, 사회적 자유, 경제적 자유, 국내·국제적 자유, 정치적 자유 등 자유의 연속적 발전에 포착해 자유주의Liberalism 개념을 재정리했다. 마셜은 홉하우스의 아이디어를 권리의 연속적 발전에 대입해 시민권 이론을 정립했다.

하지만 마셜의 시민권 이론은 다양한 비판에 직면한다. 그의 이론은 자본주의 경제를 그대로 유지하면서 사회적 불평등을 완화하려는 시도이기에 그의 이론에 대한 비판 중 하나도 자본주의 사회의 모순을 제대로 지적하지 못했다는 점이다. 자본주의가 낳은 재산을 가진 사람과 갖지 않은 사람들 사이의 근본적 모순관계를 고려하지 못했다는 지적이다. 또 다른 비판은 페미니스트들에 의한 것인데, 그의 이론이 여성·장애인·흑인 등의 사회적 권리에는 소홀하면서 다수 남성의 권리에만 초점을 맞추고 있다는 것이다. 여성이 투표할 권리, 곧 정치권을 얻은 것은 20세기에 들어서야 가능했다.

자본주의 경제 시스템, 민주주의 제도, 그리고 사회보장체계는 복지국가의 중요한 요소다. 복지국가는 이 세 요소의 제도적 결합이라고도 할 수 있다. 마셜은 자본주의 경제의 불평등한 계급체제 속에서 민주주의 원리에 따라 평등한 사회권이 보장되어야 한다는 주장으로 일견 모순되어 보이는 세 요소를 시민권 이론으로 통합했다.

마셜의 사회권 아이디어는 이론적으로 복지와 복지국가의 이념을 확장했지만 현실에서도 반드시 그렇게 이루어진 것은 아니다. 제2차 세계대전 이후 유럽 등지에서 사회권이 발전하고 확대되었지만 1980년대 신자유주의 도래 이후에는 급격히 위축 또는 쇠퇴하는 모습을 보였다.

가디언 홈페이지

홉하우스는 1897년부터 1906년까지 〈맨체스터 가디언〉에서 기자와 편집인으로 일했다. 1921년 〈맨체스터 가디언〉 창간 100주년을 맞아 그동안의 편집인들이 한자리에 모였다. 앞줄 오른쪽 끝에 앉아 있는 인물이 홉하우스다.

인기 높은 사회정책학자이자 진보적 자유주의자

1976년 영국의 한 기관이 사회정책 분야에서 가장 인기 있는 저작이 무엇인지 조사했는데, 마셜이 펴낸 《20세기의 사회정책》1970이 아주 높은 평가를 받았다. 사회정책을 공부하는 학생들이 가장 많이 찾는 개론서였기 때문이다. 국내에선 주로 사회복지나 인권 분야에 국한해 알려져 있지만 영국에서 그는 명성이 높은 학자다. 마셜은 사회주의자이지만 그의 사회주의는 자본주의의 전복을 꾀하자는 계급혁명론과는 거리가 멀다. 후학들이 '페이비언 사회주의자' 또는 '윤리적 사회주의자'로 부르듯이 그는 의회민주주의를 통해 자본주의 시스템을 개혁하자는 점진적 사회주의를 표방했다.

몇몇 학자들은 그가 사회주의를 주창하더라도 자본주의를

인정한다는 측면에서 진보적(사회적) 자유주의자에 가깝다고 평한다. 이는 "빈곤 퇴치의 임무는 복지와 자본주의, 양자의 협력에 의해 수행되어야 한다"는 그의 어록에서도 잘 나타난다. 그는 경제적 번영과 사회복지 사이의 균형을 중시했고, 그가 주창한 시민권 이론은 어쩌면 이런 시각에서 고안된 개념일지 모른다.

마셜에 대한 후학들의 추앙은 시민권 이론 가운데 특히 사회권에 모아진다. 마셜은 사회권을 통해 교육, 건강, 사회적 보호, 주거와 소득 보장이 시민의 권리이자 국가의 일차적 책임임을 분명히 제시함으로써 복지 패러다임의 전환을 꾀하도록 했다. 김윤태는 "마셜은 자선과 박애를 기초로 빈민들에게 구호를 제공했던 기존의 복지에 대한 인식을 권리 개념에 기초한 전 국민 대상의 보편적 복지로 옮겨가게 하는 패러다임의 전환을 일으켰으며, 국가가 복지 제공에 일차적 책임이 있다고 지적한 점은 매우 중요한 의미를 갖는다"고 평했다(김윤태, 2013).

영국의 대표적 사회학자 앤서니 기든스Anthony Giddens는 마셜의 이론은 보편적으로 적용되지 않는 오직 영국에 국한된 것일 뿐이라고 일축했다. 기든스는 마셜이 시민권 발전을 지나치게 점진적 진화의 과정으로 간주했다면서 시민권이 18세기부터 단계적으로 공민권 → 정치권 → 사회권으로 발전했다는 주장은 모든 나라에 해당되지 않는다고 지적했다. 예컨대 18세기 말 공민권과 정치권이 보장된 미국에서 1863년 노예해방선언이 나오기까지 흑인에겐 정치권이 없었다. 특히 남부의 흑인은 1964년

민권법Civil Rights Act에 이어 1965년 투표법이 제정된 뒤에야 그나마 투표가 가능했다. 공민권과 정치권의 발전이 늦은 독일에서는 오히려 1880년대 비스마르크에 의해 사회권 보장이 전면적이지는 않지만 먼저 이뤄지기도 했다.

앤서니 기든스의 비판에 직면

기든스는 마셜의 이론이 시민권의 발전 과정에서 나타나는 인간 또는 사회집단들의 투쟁의 중요성을 간과했다는 점도 꼬집었다. 복지국가의 발전이 절로 이뤄지지 않은 것처럼, 시민권의 확대 또한 결코 자연적 진화에 따른 현상이 아니라는 게 기든스의 논점이었다. 시민권은 역사적으로 오랜 시간 시민들의 투쟁을 통해 획득되었고, 특히 특권이 없는 사람들이 자신의 영역을 확대하기 위해 치열한 노력 끝에 성취한 쟁취물인데 마셜이 이를 간과했다는 것이다.

이런 지적은 기든스뿐이 아니었다. 영국 마르크스주의 사회학자 톰 보토모어Thomas Bottomore는 "어떠한 사회집단들이 역동적으로 시민의 권리를 확대하려는, 그리고 더 일반적으로 더 큰 평등을 가져오려는 노력에 참여했는지 아니면 저항했는지를 고려하는 것이 중요하다"고 지적했다. 경제성장과 사회권의 관계를 모순적으로 바라보는 견해에 대한 브라이언 터너Bryan S. Turner의 반박, 또 그의 시민권 이론이 여성의 사회적 권리를 소홀히 했다는 페미니즘 쪽의 반발도 시민권 이론을 둘러싼 쟁점이다.

토머스 험프리 마셜의 시민권 이론에 대해 앤서니 기든스는 사회집단들의 투쟁을 간과했다고 비판했다.

이런 비판에도 마셜의 이론은 '보편적 복지'란 관점에서 볼 때 여전히 큰 빛을 발한다. 그는 사회권을 한 사회의 모든 구성원이 평등하게 보유하고 누릴 보편적 권리로 보았고, 이는 보편주의 원칙에 입각한 복지국가에 대한 사회적 지지의 근거로 작동될 것이라고 확신했다.

이 점에서는 마셜은 윌리엄 베버리지와 기본적 관점을 공유한다. 베버리지는 "사회보험과 관련 서비스"란 제목의 〈베버리지 보고서〉에서 사회보장의 궁극적 목표는 궁핍의 해소라고 보았다. 이를 위해 그는 보편주의 원칙을 기반으로 소득수준에 관계없이 누구에게나 최저한도의 생활보장 곧 내셔널미니멈National Minimum이 평생 보장되어야 하며 그 구체적인 수단으로 사회보험 확대를 꾀했다. 이어 완전고용, 포괄적 보건서비스, 아동수당은 보편적 복지국가 건설을 위한 주춧돌이다.

마셜의 시민권 이론은 이처럼 베버리지의 보편주의적 관점과 맥을 같이하는데, 베버리지나 마셜이 생각한 복지는 자산 조사를 통해 특별한 욕구가 있다고 인정된 개인에게만 복지급여의 수급 자격을 주는 잔여주의적 복지가 아니었으며, 계급이나 시장에서의 지위와 상관없이 모든 시민에게 동등한 권리를 부여하는 복지다. 그래서 마셜에게 복지국가는 사회적 권리의 집합이며, 보편적 시민권으로서 사회권의 제도화를 의미했다.

따라서 보편적 복지국가의 사회정책 목표에 대해 마셜은 크게 3가지를 들었다. 빈곤 해소, 복지 극대화, 평등 추구다. 이 가운데 빈곤 해소는 복지국가 성립 이전의 주요 과제며, 복지 극대화와 평등 추구는 복지국가 형성 이후 복지사회의 목표라고 할 수 있다.

마셜과 베버리지가 그렸던 보편적 복지국가는 1950~60년대 경제성장을 거치며 이른바 '풍요로운 사회' 로 근접하는 듯 했으나 이내 그 틀을 수정해야 했다. 오일쇼크 등으로 1970년대 후반 경기가 침체되고 재정적자가 심화되면서 복지국가는 유효성은 물론 정당성마저 위협받는 상황이 됐다. 복지국가의 중요 정책인 완전고용이 포기되고, 1980년대들어서는 영국과 미국에서 신자유주의적 정부가 들어서면서 복지국가의 경제이론인 케인스주의 경제학마저 붕괴된다.

이어 등장한 레이거노믹스와 대처리즘은 국가가 제공하는 실업수당과 사회보장을 축소했으며, 개인의 책임과 시장 기능을 강조하는 복지 개혁이 광범위하게 추진됐다. 당시 경제협력개발기구OECD 회원국의 사회복지지출은 1960~75년에는 해마다 8%씩 늘었는데, 1975~81년에는 증가율이 4% 수준으로 떨어졌다. 경제불황과 재정적자에 따른 것이지만 자본의 세계화, 저출산·고령화, 비정규직과 실업 증가 등에도 큰 영향을 받은 탓이다.

국가 역할에 대한 본질적 성찰 일깨워

이런 분위기는 부의 재분배, 복지 확대, 시민권 등의 목소리를 위축시켰고 대신 개인의 자유, 소비자 선택, 복지 축소, 자립, 선별주의, 경쟁과 효율 등의 목소리가 힘을 얻도록 만들었다. 급기야 1990년대 후반 앤서니 기든스Anthony Giddens가 전통적 복지국가 종말을 선언하도록 한다. 기든스는 "고령화, 인구구조와 가족구조의 변화 등 새로운 사회적 위험이 등장하면서 전통적 복지국가의 종말이 다가오고 있다"고 선언했다. 기든스는 과거의 복지를 소극적 복지로 규정하고 그 대안으로 '적극적 복지'Positive Welfare 개념을 제시했다. 김윤태는 "(기든스의) 적극적 복지 전략은 경제정책과 사회정책을 통합시키고 전통적 소득재분배를 통한 결과의 평등보다 새로운 사회적 위험에 능동적으로 대처할 수 있는 능력을 길러주는 투자, 특히 인적자본에 대한 투자를 강조했다"고 평했다.

1972년, 말년에 접어든 마셜은 논문 〈복지-자본주의의 가치 문제〉에서 민주주의-복지-자본주의가 불안정하게 얽혀 있다는 '복합연결사회' Hyphenated Society라는 새로운 담론을 제시했다. 시민권의 세 요소인 시민적 권리(공민권), 정치적 권리(정치권), 사회적 권리(사회권)는 자본주의, 민주주의, 복지로 대응할 수 있는데, 복합연결사회는 이 세 가치가 불안정하게 결합되어 있는 사회라고 인식했다. 복합연결사회는 민주주의, 자본주의, 복지체제라는 세 개의 다리로 되어 있는 의자로서, 이른바 '민주적 복지

자본주의 체제'를 가리킨다. 위의 세 제도는 각각 다른 시스템의 합법성과 지속성을 담보해 주는 중요한 요소로 상호보완적인 매트릭스인 것이다.

1970년대 중반 이후 경제사회적 상황 변화는 이들 세 요소 간 균형을 무너뜨렸으며, 특히 복지 섹터가 다른 두 요소보다 더 지위를 상실했다"고 마셜은 진단했다. 복지의 지위 상실은 권리로서의 복지 축소와 개인의 책임 강조로 현실화했고, 노동시장에서 비정규직이 늘었고, 사회권의 보편적 의미도 함께 퇴색되었다. 세계화는 이런 사회권의 위기를 가속화했으며 각 나라에서 정부의 역할을 약화시켰다는 게 마셜의 판단이었다.

역설적인 것은 사회권이 위기에 놓일수록 그의 아이디어가 우리에게 강한 메시지를 던지고 있다는 점이다. 인간의 보편적 인권과 국가의 역할에 대한 본질적 성찰을 하도록 하기 때문이지 아닐까 싶다. 마셜이 본디 사회권을 통해 보여 주려 한 바도 국가의 역할에 대한 새로운 성찰이었다. 김윤태는 "마셜의 시민권 이론은 국가의 적극적 역할에 대한 강한 신념을 전제한다"고 말했다.

사회권 개념으로 복지국가 사상의 지평을 넓힌 마셜은 1981년 케임브리지에 있는 자신의 집에서 사망했다. 사회학자로 널리 알려진 그는 실은 폭넓은 문화적 취미를 지닌 인물이었다. 상당한 바이올린 연주 실력을 자랑했고, 품위있고 맛깔스런 글을 구사한 탁월한 에세이스트이기도 했다.

참고 문헌

김윤태, "불평등의 시대에 '시민권과 사회계급' 다시 읽기", 《시민권과 복지국가》, 이학사, 2013.

김윤태, "토머스 험프리 마셜의 시민권 이론의 재검토: 사회권, 정치, 복지국가의 역동성", 〈담론 201〉, 16권 1호, 2013.

박순우, "T. H. Marshall의 시민권적 복지론의 재조명", 〈사회복지정책〉 창간호, 1995.

T. H. Marshall, *Citizenship and Social Class*, 1950(reprinted 1992).

Vic George and Robert Page, *Modern Thinkers on Welfare*, 1995.

김윤태 교수가 말하는 마셜의 시민권 사상과 한국의 사회권

복지는 시민의 권리인가? 국가는 모든 시민에게 복지를 제공할 의무가 있는가? 이 질문은 현대 복지국가의 핵심적 주제이다. 20세기 인류의 최고 발명품으로 평가받을 수 있는 '복지국가'의 사상적 기원은 주목할 가치가 있다. 20세기 역사의 거대한 그림을 보면 열광, 광신, 폭력의 역사 대신 화해, 타협, 조정의 가치를 중시하는 복지국가의 철학적 토대는 '사회권'에서 찾을 수 있다. 깊게 박힌 거목의 뿌리처럼 복지국가의 근간이 되는 사회권에 관한 이론을 처음 제시한 학자가 영국 사회학자 T. H. 마셜이라는 것을 누구도 부인할 수 없다.

케임브리지 역사학도에서 런던정치경제대학(LSE) 사회학 교수가 된 마셜은 자본주의 사회의 계급 구조에 지대한 관심을 가졌다. 그는 자본주의와 시민권(citizenship)이 지속적으로 "내전 상태"에 있다고 보았다. 자본주의는 "능력에 따른 불균등한 보상을 제공"하며, 지속적으로 경제적 불평등을 재생산한다. 반면에, 시민권은 "사회의 구성원 모두에게 부여되는 지위(status)로서 모든 사람이 평등하게 보유할 수 있는 자격"이다. 평등한 시민권은 불평등한 자본주의와 양립할 수 없다. 그러나 마셜은 서로 모순적인 세 가지 요소 – 자본주의, 민주주의, 복지국가가 공존하는 '복합연결사회'가 현대사회의 특징이라고 주장했다.

마셜은 현대 사회의 모든 성원은 시민으로서 개인의 자유, 정치적 참여, 경제적 복지와 보장을 누릴 수 있다고 생각했다. 재산, 성별, 종교, 학력, 능력에 관계없이 모든 시민이 사상과 표현의 자유를 누리고 투표권을 행사하는 것처럼 사회복지의 혜택을 받을 수 있다. 하지만 시민권이 하늘에서 부여되거나 혁명적 상황에서 일거에 생겨났다는 단순하고 아름다운 환상은 마셜에게는 존재하지 않는다. 저서 《시민권과 사회계급》에서 마셜은 영국의 역사를 분석하면서 18세기 이래로 3가지 시민권이 순차적으로 발전했다고 보았다. 개인의 자유를 위해 필요한 권리인 공민권이 가장 먼저 시민권으로 등장하고, 이후 정치권력에 참여할 권리로서 정치권이 발전했다. 그리고 20세기 이후 시민권의 마지막 단계인 사회권이 등장했다. 이러한 역사적 변화는 시민권의 확대를 위해 노력한 사람들의 투쟁의 결과이다.

마셜은 시민권의 중요한 구성 요소로 공민권과 정치권과 함께 사회권 – 복지에 대한 권리 – 을 강조했다. 마셜의 위대한 이론적 기여는 사회권을 '보편적' 권리로 보았다는 점이다. 사회권의 관점에 따르면, 부자가 가난한 사람이나 똑같이 교육을 받고, 질병에 걸렸을 때 병원에서 치료를 받을 수 있어야 한다. 마셜은 사회권을 보건과 교육 서비스뿐 아니라 사회보험, 공공부조, 사회서비스를 포함하는 사회보장을 받을 권리로 정의했다. 복지국가의 열렬한 지지자였던 마셜은 "사회적 시민권이야말로 복지국가의 핵심 개념을 구성한다"고 강조했다.

마셜은 서재에 앉아 있었지만, 항상 바깥 세상에 눈을 돌렸으며, 유럽인권규약 제정에도 참여하였다. 마셜은 생산수단의 사회화를 주장하는 맑스주의자에 동의하지 않았지만, 사회권이 민주 사회의 필수적 요소라고 믿었다. 복지국가를 통해 사회계급이 만드는 불평등을 수정할 것이며, 균등한 소득은 아니지만 균등한 권리를 보장하는 사회를 만들어야 한다고 보았다. 마셜은 "복지국가는 정당하고 수용할 수 있는 경제적 불평등을 만드는 일부 조치를 인정해야 하지만, 복지국가의 원칙은 엄격한 계급 구분과 상이한 사회적 수준에서 뚜렷이 구별되는 문화 유형의 유지와 형성을 선호하는 어떤 시도에도 반대한다"고 강조했다. 곧 시민권의 확대가 불평등한 자본주의 사회를 변화시킬 것이라고 믿었다.

19세기에 태어난 마셜은 20세기 현대 복지국가의 발전에 중요한 영향을 미쳤다. 마셜의 사회권은 우리의 복지 철학을 근본적으로 바꾸었다. 그는 복지를 가난한 사람에 대한 시혜나 은전이 아니라 시민의 기본적 권리 중 하나로 인정하는 철학적 토대를 제공하였다. 시민권은 과거의 잔여적 복지와 다른 보편적 복지의 기준을 제시하여 사회정책의 방향을 바꾸었다. 마셜의 시민권 이론은 〈베버리지 보고서〉의 보편주의 원칙과 기본적 가치를 공유한다. 마셜의 시민권은 사회복지 급여와 서비스가 현대 사회에서 제도적 장치를 통하여 모든 국민에게 보편적으로 제공되어야 하는 정당성을 강조했다.

마셜이 보기에 1940년대는 시대가 달라지는 전환기, 엄청난 순간이었다. 이때 영국의 베버리지 체제와 스웨덴의 복지체제가 등장하였다. 유럽 복지체제 가운데 가장 보편주의 원칙에 충실하였다. 마셜은 "영국 복지국가의 구조가 다른 나라의 제도에 비해 상대적으로 더 강력한 사회주의적 특징을 가지고 있기 때문에 복지제도를 운영하고 재정을 조달하기 위해 정부와 납세자들의 부담이 무겁다"고 지적했다. 덴마크 사회학자 요스타 에스핑안데르센(Gøsta Esping-Andersen)은 마셜의 사회권이 스칸디나비아 국가에서 발견되는 사회민주주의 복지국가에 적용되었다고 주장했다. 그러나 시간이 지나면서 세상은 바뀌었다. 1980년대 이후 영국의 대처 정부와 미국의 레이건 정부가 주도한 신자유주의 개혁이 전 세계로 확산되면서 시장화, 탈규제, 사유화, 복지 축소가 사회권의 기본적 원칙을 위협했다.

신자유주의의 시대에서 빈곤과 불평등이 확대되면서 복지국가의 기본 원칙인 사회권이 다시 주목을 받았다. 어둠이 짙을수록 빛은 더욱 밝아졌다. 사회권의 보편적 가치는 국제사회에서 널리 공감을 얻고 있다. 일찍이 1948년 제정된 '세계인권선언'도 인간의 권리를 공민권과 정치권으로만 제한하지 않고 사회적, 경제적, 문화적 권리 등 일반적으로 인정된 인간의 모든 권리를 옹호했다. 그 후 1966년에 국제연합(UN)은 세계인권선언의 내용을 실효성 있게 만들기 위해 법적 구속력을 갖춘 '국제인권규약'을 작성하였다. 한국은 1990년 국제인권규약에 가입해 5년마다 규약의 이행 상황에 대해 국제연합에 보고한다. 하지만 한국 사회에서 사회권의 진보를 위한 길은 아직도 멀어 보인다.

1987년 민주화 운동의 성공 이후 한국에서 사회권이 부각되었다. 헌법에 국가가 국민에게 복지를 제공할 의무를 명시했다. 헌법 34조는 "국가는 사회보장, 사회복지 증진에 노력할 의무를 가진다"고 쓰여 있다. 사회권의 불꽃이 타올랐다. 1998년 김대중 정부가 출범한 이후 국민기초생활보장제도를 도입하고 사회보험이 전면적으로 확대되었다. 그러나 한국의 복지국가는 아직 매우 미성숙한 상태에 머무르고 있다. 경제협력개발기구(OECD) 회원국의 복지 예산에 비해 최하위권 수준이며, 국내총생산 대비 9% 수준에 불과하다. 또한 국민연금과 고용보험의 사각지대가 많으며, 사회보험의 혜택을 받지 못하는 비정규직 노동자의 수가 많다. 결과적으로 근로빈곤층이 증가하고 빈부 격차와 노동시장의 이중화가 심각해지면서 사회경제적 불평등이 더욱 커지고 있다. 불평등의 증가는 곧 사회권의 한계를 보여준다. 점점 증가하는 불평등의 시대에서 마셜의 사회권은 더욱 중요한 의미를 갖는다. 또한 사회권을 쟁취하기 위한 사람들의 투쟁을 강조한 마셜의 사회학적 통찰력은 계속 주목을 끌을 것이다.

8장

어나이린 베번

영국 무상의료 시스템의 창설자

위키피디아 제공

어나이린 베번
Aneurin Bevan
1897 - 1960

웨일스 출신의 정치인. 1945년에서 1951년 사이에 영국 노동당 애틀리 내각에서 보건부 장관을 역임하면서, 돈이 없어도 치료받을 수 있는 이른바 '무상의료의 나라'를 '꿈'이 아닌 '현실'이 되도록 했다. 광부의 아들로 태어나 평생 사회정의와 노동자들의 권리를 위해 애썼고, 영국 노동당 내 좌파계열을 대표하는 인물이기도 했다.

주택장관으로서는 공공임대주택으로 전후 주택난 해소에 앞장섰다. 또 복지국가에 기여한 공로로 사후 40년 뒤인 지난 2004년 100명의 위대한 웨일스인 중 첫 번째로 꼽혔다.

주요 약력

1897년 웨일스의 탄광촌에서 출생
1929년 하원의원 당선
1942년~1945년 노동당의 기관신문의 편집자
1945년~1951년 애틀리 내각에서 보건부 등 장관
1951년 무상의료 등 사회보장 예산 감축에 반대해 사임
1960년 사망

인생에서 가장 마음 아픈 순간은 언제일까? 사랑하는 이가 많이 아플 때를 떠올려 본다. 그런데 돈이 없어 치료를 못 받는 지경에 놓였다면, 그 아픔이 어떻겠는가? 이럴 때 한번쯤 상상하는 것은 … "돈이 없어도 누구나 치료받을 수 있는 세상이라면 얼마나 좋을까?" 상상 속 세상은 이른바 '무상의료의 나라'다.

과연 이런 세상은 누군가의 푸념 어린 상상이나 비현실적인 꿈속에서만 존재하는가? 아직 한 번도 경험하지 못했다면 그 상상은 터무니없고 몽상으로 받아들여질 수 있다. 불온한 사상으로 보는 시선도 있을 것이다. 회의 가득한 갖가지 의구심을 불러온다. 재원은 누가 부담하나? 세금폭탄이 쏟아지는 건 아닌가? 의료의 질이 턱없이 낮아지지 않을까? 꿈의 의료체계라고 하지만 현실로 존재할 수 있는가?

'모든 사람이 필요에 따라 무상으로 의료서비스를 이용할 수 있는 보건의료 체계'는 터무니없는 꿈과 철없는 환상은 아니다. 그것은 '오늘의 현실'이며 '오래된 역사'이기도 하다. 비록 그 체계의 현실화는 '기적'에 가까운 일이긴 했어도 불가능한 일은 아니었다. 70여 년 전 영국에서 이미 현실이었고 스웨덴 등 적잖은 나라에서 오늘날 시행하고 있다. 이들 나라에서는 어떻게 이런 의료체계를 현실로 만들었나? 누가 이런 기적을 이뤄냈을까? '복지국가를 만든 사람들'의 반열에 영국의 정치가 어나이린 베번Aneurin Bevan을 올려놓은 까닭은 영국 무상의료 체계인 국가보건서비스NHS를 설립한 설계자이자 건설자이기 때문이다.

필자는 2000년대 초반 영국에 체류하면서 NHS를 직접 경험했다. 치료를 받았지만 돈을 내지 않았고, 약국에서 약을 탈 때 약값의 실제 가격과 상관없이 1만원 남짓한 돈만 내면 그만이었다. 치과 등 극히 일부를 제외하고는 사실상 무상의료였다. 암 등 중병에 걸려도 돈이 거의 들지 않는 시스템이었다. 한국에선 꿈같은 일이었지만 영국에선 여러 한계에도 불구하고 구체적 현실이었다.

보수당이 선정한 '위대한 영국인'

베번Aneurin Bevan은 영국 정가에서 '문제적 인물'이었다. 많은 별칭과 수식어가 그것을 방증한다. "엄청난 독서가, 유창한 연설가, 난공불락의 논객, 보수당 지도자 윈스턴 처칠에 맞설 수 있는 유일한 노동당 인물……." 그를 추앙하는 이들은 당시 그를 이렇게 수식했다. 그의 정적들은 '비열한 존재', '악질적 장관'이라고 비난했다. 그는 특히 2차 세계대전 후 영국 정치권에 격렬한 논쟁을 불러 일으킨 당사자가 이기도 했다. 예컨대 1948년 7월 맨체스터에서의 연설 도중 베번은 보수당을 향해 '기생충보다 못한 놈들'이라고 비난했다. 거침없는 성정으로 인해 자신이 속한 노동당 안에서도 많은 정적들을 낳았다.

정치인으로서 그는 '영국 노동당 내 좌파 계열의 수장'이었다. 영국 노동당은 이념과 정책 노선을 놓고 좌우 대립이 치열했는데, 베번은 베번주의자들Bevanities[1]이라고 불린 노동당 좌파 계열 정치인들을 대표하는 '대부'였다. 때로는 노동당을 분열시킨 인물로 비판받은 까닭도 이런 그의 위치 때문이었다.

이런 문제적 인물임에도 불구하고 그는 2006년 영국 보수당이 선정한 '위대한 12명의 영국인'[2] 중 한 명으로 선정됐다. 이들 12명에는 윈스턴 처칠도, 마거릿 대처도 들어가지 못했다. 그도 그럴것이 전후 영국 정가에서 이처럼 문제적이고 극적인 스토리를 지닌 입지전적 인물이 있을까 싶다.

위키피디아 제공

베번은 보수당 지도자 윈스턴 처질에 맞설 수 있는 유일한 노동당 인물이란 평가를 받기도 했다. 2006년 영국 보수당은 그를 '위대한 12명의 영국인'으로 선정했다.

베번은 1897년 11월 15일 웨일스 남부의 작은 탄광촌 트레데가란 곳에서 태어났다. 아버지는 물론 할아버지도 광부였던 광부 집안 출신이었다. 그도 13살 때 학교를 중단하고 갱도로 들어가야 했다. 어린 시절의 가난과 질병의 경험은 후일 그가 엄청난 열정을 지니게 한 동력이 되었는지 모른다.

공식 학력은 짧았어도 그는 천재적 기질을 타고난 인물이었다. 아버지를 따라 사회주의를 지지했고 노동당원이 되었으며, 광부들의 지역 노조 조직에 참여해 노조운동가로도 빠르게 부

1 베버니즘(Bevanism)은 베번의 주도로 1950년대 후반에 노동당의 좌파들을 움직임인 베번주의자들(Bevanites)를 위한 이념논쟁이었다. 그들은 당내 온건파 또는 사회 민주주의자, 중도좌파로 다양하게 묘사되는 게이츠겔파(Gaitskellites)의 반대를 받았다. 출처 : 위키백과사전(http://en.wikipedia.org/wiki/Bevanites)

2 12명은 다음과 같다. 성 콜럼비아, 알프레드 대왕, 헨리 2세, 제임스 4세, 시모든 몽포르, 올리버 크롬웰, 로버트 글라이브, 아이작 뉴턴, 토머스 그레셤, 로버트 필, 밀리센트 포셋, 어나이린 베번.

상했다. 소속된 탄광회사로부터 혁명사상을 지닌 위험인물로 찍혀 해고당하는 수난을 겪기도 했지만 그것은 그를 노동운동가로 더욱 성장시키는 자양분일 뿐이었다.

22살 무렵인 1919년 베번은 자신이 속한 사우스웨일스탄광연맹의 지원에 힘입어 런던에 있는 노동자대학에 입학한다. 센트럴노동자대학Central Labor College은 1909년 노조들이 힘을 합해 만든 노동운동가 양성·교육 기관이었다. 이 기관은 1929년 폐쇄될 때까지 많은 노동운동가와 노조 출신 정치인을 키워냈다. 이곳에서 베번은 경제학, 정치학 그리고 역사학을 수학하면서 정치인으로서의 소양을 익힌다.

1929년 5월 3일 전국 총파업은 베번의 일생에서 일대 전환점이 되었다. 노동운동가에서 국회의원으로 변신하게 된 계기였기 때문이다. 남부 웨일스 탄광노동자들의 지도자로 등극한 그는 파업 시기에 벌인 기금모금 활동에 힘입어 그해 웨일스의 에브베일 지역에 기반을 둔 노동당 의원 후보로 공천되어 무난히 당선된다. 베번은 이때부터 사망할 때까지 단 한 번도 지역의 국회의원직을 잃지 않았다. 평생 노동자의 벗이자 강력한 옹호자임을 자처했다. 그러하기에 노동자의 적은 자신의 적이라고 여겼다. 특히 그는 보수당의 처칠과 대립했다. 그의 눈에 처칠은 노동자의 친구가 아니었던 것이다.

전후 노동당 정부가 둔 '신의 한수'

베번과 처칠의 갈등에 관한 일화 하나를 소개한다. 제2차 세계대전 중 베번은 영국군 지도부를 비판하는데, 영국군이 계급적 틀에 묶여 있고 유연하지 않다는 게 주요 내용이었다. 1942년 영국군이 북아프리카 카레이니카 지방에서 패배했을 때는 당시 연립내각 총리인 처칠을 직접 비난한다.

"처칠 총리는 반드시 깨달아야 한다. 만약 로멜Erwin Rommel[3]이 영국군에 있었다면 그는 아마 여전히 병장이었을 것이다. 실제 스페인 에브로강을 건넌 15만 영국군 중에는 마이클 던바이란 인물이 있다. 스페인군에서 참모총장을 지낸 인물이다. 에브로강 전투에서 승리한 전력도 있다. 하지만 그는 현재 (연합군에서는) 병장이다."

베번이 탄광산업의 국유화와 소련을 돕기 위한 유럽의 제2전선 형성을 주창할 때 그를 강력히 비난한 사람 또한 처칠이었다. 처칠은 당시 베번의 주장과 행위를 두고 '추잡한 소란 행위'라고 힐책했다. 이들의 껄끄러운 관계는 전후에도 이어졌다. 전후 중국에 마오쩌둥의 공산당 정권이 들어서자 이를 놓고 영국에

3 제2차 세계대전 중 사막의 여우(the Desert Fox)'라는 별칭을 얻을 정도로 뛰어난 독일 장군으로 평가받았으나 자살로 생을 마감했다.

선 중국 공산정권의 인정 여부를 놓고 갑론을박이 벌어졌다. "여러분이 어떤 사람을 인정한다고 해서 그를 좋아한다는 건 아니지 않느냐. 예컨대 우리 모두 에브베일 출신의 의원(베번을 지칭함)을 인정하는 것처럼……." 당시 처칠의 말이다. 베번을 의원으로서 인정은 하지만 좋아하지 않는 것처럼, 마오쩌둥毛泽东을 인정한다고 그를 좋아하는 건 아니라고 말한 것이다. 베번에 대한 처칠의 적대감을 읽을 수 있는 대목이다.

1934년 베번은 역시 국회의원인 제니 리 Jennie Lee와 결혼한다. 제니 리는 일찍이 스페인 사회주의 운동을 지지한 맹렬 여성으로 1930년대에는 스페인을 직접 방문하기도 했다. 베번은 한때 소속 정당인 노동당 안에서 쫓겨나기도 했다. 좌파들의 사회주의 연합전선 구축을 선동해 당의 정책을 따르지 않았다는 게 이유였다. 그러나 얼마 안 가 복권되었다. 당의 정책을 반대하지 않겠다는 데 동의한 뒤 다시 당원 자격을 인정받은 것이다.

1945년 7월 세계대전이 끝나고 뒤이어 치른 총선은 베번을 역사의 위대한 주인공으로 등장하게 한 결정적 정치 이벤트였다. 클레멘트 애틀리가 이끈 영국 노동당은 전쟁 영웅 처칠이 이끈 보수당을 압도적으로 누르고 집권했다. 영국 역사상 최초의 독자적 노동당 정부를 구성한 걸출한 정치인, 애틀리는 정부 조각 과정에서 광부의 아들인 베번을 보건장관으로 임명했다. 애틀리가 던진 이 '신의 한수'가 바로 영국 무상의료 체계인 국가보건서비스(NHS)를 탄생시키는 서막이 되었다.

전쟁이 끝나고 거의 3년 뒤인 1948년 7월 5일, 마침내 전 국민을 포괄하는 무상의료 체계인 국가보건서비스NHS가 탄생했다. 가히 '의료혁명'이었다. 돈을 내지 않아도 누구나 치료받을 수 있는 새로운 보건의료 체계로 기여(보험료 부담)에 따라 자격이 부여되는 기존 건강보험제도와 전혀 달랐기 때문이다. 재원을 국민들의 일반 세금으로 하는 이 보건의료체계는 국가가 모든 사람에게 동일한 의료서비스를 100%무상으로 제공하는 시스템이었다. 여기서 무상이란, 서비스를 받는 시점 또는 서비스를 전달하는 시점에서 어떤 부담도 지지 않음을 의미하는 것이지 그 자체가 공짜란 뜻은 아니다.

NHS 도입 이전 영국의 보건의료 체계를 평가하자면 '불충분성'과 '비합리성'이란 두 단어로 압축할 수 있다. 1911년 데이비드 로이드 조지 총리가 건강보험제도를 도입했으나 그 적용 범위와 의료의 질은 불충분했고 의료체계도 비합리적이었다. 오직 건강보험에 가입된 공장 노동자들에게만 의료서비스가 제공되었을 뿐 그들의 가족조차 제외되었다.

그래서 가족들은 개별적으로 자구적 의료보험 조직이라고 할 수 있는 '보험클럽'에 가입해야 했다. 당시 영국인들은 치료비가 부담되어 동업자끼리 기금을 모아 의사를 고용해 진료받는 조합 형태의 방식을 운영하는 관행이 있었는데 그 중 하나가 보험클럽이었다. 의사들의 수준도 천차만별이었다. 능력 있는 전문의는 대도시 부유한 지역으로 몰렸고, 자선단체나 지방정부가 운영하는 병원들은 환자에 대한 책임을 서로 떠넘기기까지 했다.

그러나 NHS가 도입되면서 영국인은 누구나 아플 때 돈이 없어도 치료받을 수 있게 되었다. 기존 건강보험제도의 혜택을 받지 못한 수많은 시민과 노동자 가족도 일반의·전문의·치과의·안과처치의로부터 안경, 틀니, 의약품과 조산, 출산, 아동복지 서비스에 이르기까지 다양한 보건의료 서비스를 무상으로 제공받게 된 것이다. 또한 NHS 도입은 당시 여러 자선단체가 소유하고 운영하던 1천여 개의 병원과 지방정부에 의해 운영되던 540개 병원 모두를 국가 소유로 만들었다.

NHS는 "소득 수준에 관계없이 누구나 필요에 따라 의료시설을 이용할 수 있어야 한다"는 생각을 현실화한 것이었다. '보편적이고 평등한 건강권 보장'을 국가의 책임으로 분명히 한 것이었다. 1946년 의회를 통과한 NHS법은 이런 건강권 보장 정신을 명문화했고, 베번은 그것을 현실화한 인물로 역사에 기록되었다.

NHS법은 "국민의 신체·정신적 건강 개선을 보장하고, 질병에 대한 예방과 진단·치료를 보장하며, 효과적인 서비스를 제공·보장하기 위해 구성된 포괄적 보건의료서비스 구축을 위해 노력해야 하는 의무"를 정부의 보건부 장관이 갖도록 했다. 제공되는 모든 서비스는 무상이어야 함도 이 법에 명시되었다.

베번은 어떻게 의사집단과 보수당의 반대, 그리고 자신이 속한 일부 노동당 인사들의 반발까지 극복하고 이 제도를 도입할 수 있었을까?

NHS는 '베번의 소신과 열정의 산물'

역사는 헌걸찬 인물들에 의해 창조되지만 그들의 활약상 이면에는 그런 성취를 가능케 한 흐름이 존재한다. NHS 도입의 역사 또한 그랬다. NHS 도입은 극적인 일이었지만 갑자기 이뤄진 게 아닌 숙성된 토양의 산물이었다. 베번이 NHS를 도입할 수 있었던 데는 평등한 건강권 보장과 보건의료에 대한 국가의 책임을 드높이려는 노력 등이 쌓여 온 결과였던 것이다. 공중보건법 제정이 그 시작일 수 있다. 콜레라와 장티푸스 등 전염병 발병률을 낮춘 것은 이 법에 따른 공중보건 시스템의 획기적 진전이 있었기에 가능했다.

이후 의료서비스의 공공성을 담은 조처가 잇따라 등장하는데, 1911년 국민보험법 제정도 그 중 하나였다. 이 법은 1차의료 Primary Care에 대한 국가의 책임을 명시했다. NHS는 1939년 당시 보건부 차관이던 아더 맥널티Arthur McNulty에 의해 좀 더 구체적 형태로 제안되었다. 그는 당시 한 보고서에서 국가에 의한 의료서비스를 실시해야 한다고 주장했다. 1942년 〈베버리지 보고서〉의 핵심 내용으로 이어졌음은 물론이다. 1944년 전시 연립내각에서 마련된 백서에도 담겼는데, 당시 백서에는 두 가지 원칙이 포함되었다. 그 중 하나는 포괄적 서비스여야 한다는 것이고, 다른 하나는 지불 능력과 무관하게 무상으로 서비스가 제공되어야 한다는 것이었다.

하지만 아무리 토양이 숙성되어도 농부가 씨앗을 뿌리지 않으면 농산물을 수확할 수 없다. 이런 맥락에서 대부분의 학자들은 NHS 출범은 가능했던 큰 요인으로 베번을 첫손가락으로 꼽는다. 베번이란 인물이 있었기에 가능했다고 평가한다.

"1948년 7월 NHS 출범은 베번 개인의 소신과 열정의 개가였다. 거의 전적으로 베번 개인의 혜안과 노력의 산물이다."(고세훈)

1945년 7월 보건장관으로 임명되었을 때 베번의 가장 우선적인 관심사는 NHS 도입이었다. 그는 베버리지William Beveridge가 보고서에서 밝힌 국가보건서비스를 실현시키기 위해서는 전국적으로 동일한 의료 기준을 적용하기 위한 병원의 국유화가 필요하다고 보았다. 그해 10월 공개한 문건에서 '국가가 책임지는 단일한 의료서비스 체계'를 제안했다.

이런 제안이 현실이 되려면 베번이 가장 먼저 협상을 벌여야 할 대상이 의사집단이었다. 베번은 의사들과의 협상에 많은 열정을 쏟았다. 협상 초기 베번과 영국의사협회의 대화는 순조로운 듯했다. 보건의료체계는 공공재원을 기반하는 것이어야 한다는 여론이 전쟁이 끝나기 전부터 비등했던 상황이었다. 〈베버리지 보고서〉를 비롯해 1944년 백서 등 여타 보건의료 관련 보고서의 기조에는 이런 흐름이 이미 대세로 자리잡고 있었던 것이다.

의사협회는 따라서 이런 흐름을 무시할 수는 없었고 그렇다고 그대로 받아들일 수도 없는 것이어서 고심이 컸다. 이와 관련된 재밌는 일화가 있다. 1945년 총선 결과가 발표되던 날, 의사협회 소속 대표자 모임이 협회 본부에서 열렸는데 이날 회의는 초반에 제대로 진행되지 못했다고 한다. 자유당 소속으로 선거에 나섰던 윌리엄 베버리지William Beveridge가 총선에서 당선될 것이란 두려움 때문이었다. 베버리지는 〈베버리지 보고서〉를 통해 포괄적인 국가보건서비스를 적극 옹호하고 주창했던 터라 많은 의사에게 일찍부터 기피 인물로 여겨졌었다. 그러나 그가 패했다는 소식이 알려지면서 분위기는 반전됐다. 베버리지의 낙선 소식에 일부 의사는 회의장에서 환호를 지르기도 했다. 하지만 그들은 베번이란 예상치 못한 인물이 등장할 줄은 꿈에도 몰랐다.

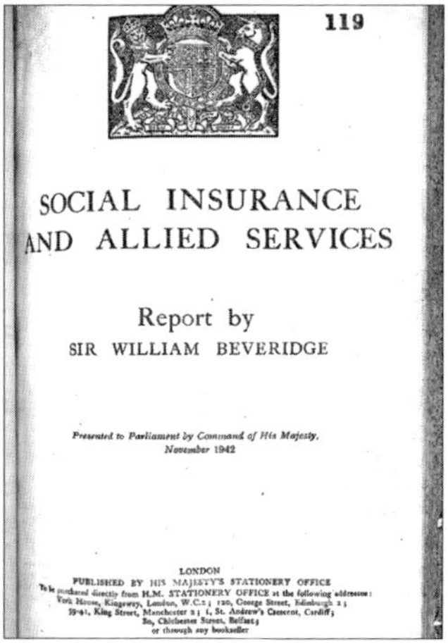
119

SOCIAL INSURANCE AND ALLIED SERVICES

Report by
SIR WILLIAM BEVERIDGE

Presented to Parliament by Command of His Majesty,
November 1942

LONDON
PUBLISHED BY HIS MAJESTY'S STATIONERY OFFICE
To be purchased directly from H.M. STATIONERY OFFICE at the following addresses:
York House, Kingsway, London, W.C.2; 120, George Street, Edinburgh 2;
39-41, King Street, Manchester 2; 1, St. Andrew's Crescent, Cardiff;
80, Chichester Street, Belfast;
or through any bookseller

위키피디아 제공

국가에 의한 포괄적 무상의료 서비스 제공 정신을 담은 〈베버리지 보고서〉는 영국 국가보건서비스(NHS) 탄생의 기틀이 되었다.

의사들 반발에도 '포괄적 무료 서비스' 고수

베번은 NHS도입을 위해 병원 국유화가 꼭 필요하다고 생각했다. 그것을 통해 정부의 보건의료서비스 통제 기능을 획기적으로 증대시켜야 했기 때문이다. 이를 위해 잉글랜드와 웨일스를 합쳐 14개, 스코틀랜드를 5개로 권역화하고, 각 권역에 지역병원청을 두도록 했다. 청장은 장관이 임명하고 일반 정책은 청장이 관장하지만 세부적이고 일상적인 병원 업무는 지방위원회가 맡도록 하는 방책도 고안했다.

이런 정책에 대해 1948년 2월 당시 영국의사협회 소속 의사 90%가 보이콧을 선언했다. 특히 가정의들의 반발이 컸다. 그들은 병원 국유화로 인해 자신들이 정부에서 봉급을 받고 직접적 통제를 받게되는 것 자체를 싫어했고, 방해운동을 벌이겠다고 위협했다. 이런 의사들의 반발에 대해 베번은 때로는 거친 언어로 대응했는데, 예컨대 1948년 2월 9일 의사협회 대의원들을 앞에 두고 "정치적으로 해로운 조무래기들"이란 말을 던진 것은 대표적인 사례다.

하지만 이렇듯 화만 낸 것은 아니었다. 때로는 파격적 타협과 양보를 하기도 했는데, 이로 인해 좌파 계열 의사들한테서는 사회주의 열정이 부족하다는 비난을 받기도 했다. 그는 끝내 영국 의사협회의 질기고 완강한 반발을 무마하는 데 성공했다. 무려 18개월간의 지난한 협상 끝에 이루어진 일로 그는 1948년 7월 5일 보편적 무상의료서비스를 시행할 수 있었던 것이다. 반발하던 동네 주치의 90%가 NHS 시행에 동참했다. 이런 배경에는 큰 보상이 있었다. "그들의 입을 금으로 채웠다"고 할 정도로 의사들에게 많은 대가를 줬던 것이다. 그렇지만 베번은 지불능력이 아닌 필요에 입각해 포괄적인 무료 서비스를 제공한다는 NHS의 큰 원칙에 대한 신념은 결코 양보하지 않았다. 또 당시 지방정부 관할이거나 민간이 경영하던 병원을 단일의 국가 체계로 통합한다는 원칙에도 어떤 양보와 타협도 하지 않았다.

영원한 민주사회주의자—공공임대주택으로 전후 주택난 해소

베번을 말할때 빠뜨릴 수 없는 또 하나의 성취가 주택정책이다. 베번은 애틀리 내각에서 보건장관과 주택장관을 겸했다. 전후

국가보건서비스(NHS) 출범은 어나이린 베번 개인의 소신과 이에 따른 노력의 산물이다. 1948년 베번은 한 병원을 방문해 "신념을 가지고 NHS를 지키기 위해 투쟁하는 한 NHS는 지속될 것"이라고 말했다.

영국의 주택 사정은 심각했다. 전쟁의 필연적 결과로 제2차 세계대전은 영국의 곳곳을 폐허로 만들었기 때문이다. 1940년 8월부터 독일 공군기의 공습이 있었는데 독일기는 처음엔 공군 활주로와 비행기 제조공장만을 겨냥했지만 얼마 지나지 않아 런던은 물론 코번트리, 플리머스, 리버풀, 헐, 스완지 등 주요 도시와 특히 항구도시에 무차별적으로 폭탄을 투하했다. 독일군의 공습은 1940년 9월과 1941년 5월 사이에 집중되었는데, 이때 공습으로 런던 인구 6분의 1에 해당하는 140만 명의 영국인들이 거주지를 잃었다. 거의 50만 채의 집이 폐허가 되었다는 집계가 있다.

그러다 보니 전후 시민들에게 가장 필요한 것은 살 집이었다. 그저 작더라도 안전한 주거 공간이 절실했다. '주택문제 해결'

은 그래서 노동당 정부가 해결해야 할 중차대한 과제였고 큰 도전이었다. 공습으로 집 자체가 절대적으로 부족한 상황이었기에 방책의 방향은 명료했다. 공공임대주택의 대량 공급이었다. 1946년 5만 5,600채의 주택이 지어졌다. 이듬해엔 13만 9,600채로 늘었고 1948년에는 22만 7,600채에 이르렀다. 전쟁 직후여서 자재나 노동숙련도 등에서 한계가 적잖았음에도 놀라운 성과였다.

베번이 선도한 이 같은 주택정책의 기조는 이후 보수 정부에서도 이어졌고, 확대되었다. 공공임대주택 공급은 자연스레 복지국가의 상징이 되었다. 1980년대 보수당의 마거릿 대처 정부 때 공공임대주택의 상당수가 거주자에게 매각되는, 이른바 신자유주의 개혁이 일어나면서 줄긴 했으나 아직도 공공임대주택은 전체 주택 가운데 20%(2006년 기준)에 육박한다. 스웨덴은 23%, 네덜란드는 35% 등 선진 복지국가에서는 그 비중이 적지 않다.

성취가 있으면 좌절도 있는 법이다. 베번의 시련은 실상 NHS 도입 이후 다가왔다. 1950년 2월 총선이 치러졌다. 노동당은 46.1%라는 높은 득표율을 기록했음에도 의석수는 78석이나 줄었다. 충격적인 상황으로 이는 노동당 내 노선 갈등을 낳았으며, 그해 8월 열린 각료회의에서 국방비의 대규모 증액이 결정되면서 갈등은 증폭되었다. 국방비 증액은 한국전쟁 참전 비용 때문이었다. 당시 보건장관에서 노동장관으로 자리를 옮긴 베번은 이런 내각의 결정을 반대했다. 그와 뜻을 같이한 반대파들은 노동당 내 의원그룹엔 적잖았으나, 각료 중엔 그가 유일했다.

베번의 반대 이유는 국방예산 증액이 무상의료 시스템에 타격을 줄 것이란 우려 때문이었다. 사실 베번에게 국가보건서비스NHS는 누구도, 무엇으로도 침범할 수 없는 성역이었다. 그는 이를 뒤흔드는 일체의 움직임과 주장에 대해 극도로 예민하게 대응했다. 의료 처방에 1실링을 부과하는 안이 제시되거나 입원 환자, 틀니, 안경에 대해 부담금을 내도록 하는 방안이 나왔을 때 그의 반발은 격렬했다. 베번은 무상의료란 대원칙을 거스르는 모든 움직임은 자신에 대한 정면 도전으로 간주했다. 1950년 총선 이후 노동당과 내각은 외교와 경제 분야를 중심으로 보수적 색깔이 점차 짙어갔다. 휴 게이츠켈Hugh Gaitskell[4]이 재무장관에 임명된 것도 이런 흐름과 무관하지 않았다.

게이츠켈Hugh Gaitskell은 1951년 예산안에서 틀니와 안경에 대해 환자가 일부 부담하는 안을 제기했다. 베번은 즉각 게이츠켈의 주장이 관철되면 노동장관을 사임하겠다고 반발했다. 그의 대응에도 끝내 게이츠켈의 주장이 관철되자 1951년 베번은 노동장관 직을 내던졌다. 해럴드 윌슨Harold Wilson, 존 프리먼John Freeman 등 좌파 각료 2명도 동반 사임했다.

베번을 비롯한 각료 3명의 사임은 영국 정가에 큰 파문을 던지는 사건이었다. 영국 정치에서 각료 사임은 정치 생명의 마감

4 1955~1963년. 영국 노동당 지도자로 베번과는 당내에서 경쟁자이자 적대적 위치에 있었다. 1955년 12월 애틀리의 뒤를 이어 노동당 당수가 되었다. 국가보건서비스에 본인부담을 지우도록 한 제도를 도입했다.

어나이린 베번은 전후 영국 노동당 내각의 초대 보건장관이자 주택 장관이었다. 그의 주택 정책은 공공임대주택의 대량 공급이었다. 이런 흐름은 이후 보수 정부에서도 계속되었다. 1986년 영국의 한 공공주택 단지 모습.

을 의미하는 것이라 좀체 드문 일이었다. 각료직을 스스로 사임한 장관은 거의 없었다. 더욱이 내각의 집단적 책임 원칙이 불문율로 여겨온 영국 정치에서 각료들은 불만이 있더라도 순응하는 게 관례였다.

더욱이 사임 당사자가 베번이었다. 베번은 단순히 각료 중 한 명이 아니었다. 노동당 내 좌파 그룹을 대변하는 지도자였다. 사망할 때까지 그는 자본주의를 민주적 방식으로 변혁시킬 수 있다는 신념을 단 한차례도 저버린 적이 없을 정도로 좌파 노선을 철저히 견지한 이였다. 좌파 지식인은 물론 우파 인사들에게도 지지를 얻을 정도로 영향력 있는 정치인이었으며, 최연소 각료로 보건장관에 취임했을 때 그는 노동당을 이끌 차기 지도자로 평가된 인물이었다. 그는 사임을 통해 무상의료라는 대원칙을 뒤흔드는 어떤 주의나 주장에도 비타협적임을 만천하에 명백히 밝혔다.

사임의 파문은 컸다. 이날 이후 언론은 베번과 그의 추종자를 두고 '베번주의자들' Bevanities이라는 칭호를 붙였다. 베번주의자들은 한동안 영국 노동당 내 좌파 그룹을 상징했다. '반상류층, 반사립학교, 반식민주의, 반자본주의, 반미'가 이들의 노선이었다. 베번주의자들은 "사적 소유 체제를 공적 소유로 대체하는 것이야말로 사회주의의 기본 원칙 가운데 하나"라고 생각해 공공소유를 핵심 이념으로 삼았다. 이들은 순회강연단Brains Trust을 조직해 전국 홍보에 나섰는데 강연단에는 베번의 아내 제니 리Jennie Lee를 비롯해 쟁쟁한 인물들이 망라되었다. 1951년 9월 애틀리 총리가 돌연 의회 해산을 요청했다. 10월 총선이 치러졌는데 노동당은 보수당보다 26석이 부족한 295석을 차지하는 데 그쳤다. 이에 따라 윈스턴 처칠이 이끄는 보수당이 새 집권당이 되었고 애틀리는 사임했다. 노동당 내 좌우 갈등의 골은 더 깊어 갔다.

1954년 봄, 베번은 또 한차례 사임한다. 이번에는 예비 내각의 각료 사임이었다. 미소 냉전의 상황에서 당 지도부가 취한 친미 외교 노선에 대한 반발이 이유였다. 그렇다고 그가 맹목적인 친소 노선 입장을 취한 것은 아니었다. 친미도 친소도 아닌 제3세력을 형성하자는 게 그의 노선이었다. 하지만 그의 예비 내각 사임은 좌파 동료들조차 당혹하게 하는 일이었고 그가 지도부 경쟁에서 밀려나는 결과로 이어졌다.

1954년 예비내각에서도 각료사임
당내 좌파 대표했지만 노선 투쟁서 패배

1955년 4월 치른 총선에서도 노동당은 보수당보다 68석이나 적은 277석을 얻는 데 그쳤다. 이 일로 애틀리가 정계 은퇴를 선언하자 당수를 놓고 베번, 게이츠켈, 모리슨 등이 경쟁했다. 하지만 베번은 게이츠켈에게 연달아 두번의 고배를 마신다. 베번은 게이츠켈 표(157표)의 절반에도 못 미치는 적은 표(70표)를 얻었다. 부당수 선거에서도 베번은 제임스 그리피스에게 패배하면서 좌절은 깊어갔다. 우여곡절 끝에 1959년에야 노동당 부당수에 선출되나 그해 말 병원에서 위암 선고를 받는다. 베번의 위암은 잇따른 좌절과 스트레스 때문이었을 것이라고 역사가들은 후술했다. 베번은 다음해인 1960년, 62살의 나이에 사망했다.

그의 사망은 전 국민적 추모 열기를 일으켰다. 영국 언론은 다투어 그를 기리고 칭송했다. "안녕, 위대한 영국의 정신이여", "베번은 사회주의의 역사였다"(〈데일리 익스프레스〉), "측량할 수 없는 비통함"(〈더 타임스〉), "우리 시대의 가장 큰 정치적 비극"(〈데일리 메일〉), "위대한 영국인"(〈데일리 헤럴드〉)……. 〈데일리 미러〉는 재빨리 베번 추모 기금을 만들기도 했다.

고세훈은 저서 《영국노동당사》에서 "노동당 좌파에게 이는(베번의 사망은) 한 시대, 한 세대의 꿈이 종식되었음을 의미했다"고 평했다. 그는 또 "그의 죽음을 두고 사람들이 슬퍼한 것은 그의 실패한 정치 역정이 아니었다. 그것은 노동당의 한 정신, 한 거대한 불꽃의 소멸에 대해서였다"라고 덧붙였다. 사후 40년 뒤 영국시민들은 그를 '역사상 가장 위대한 웨일스 영웅 100명' 중 한 명으로 뽑았다. NHS 도입 등 영국 복지국가 형성에 기여한 공로때문이었음에 이론의 여지가 없다.

FLICKER

베번은 장차 노동당을 이끌 지도자적 인물로 평가되었으나 당내 경쟁에서 번번이 밀렸다.

베번이 구축한 영국의 무상의료 시스템은 '낡은 병원 시설, 의료의 질, 긴 대기시간' 등의 문제로 불만의 대상이기도 했지만 오랫동안 영국인의 자부심이자 영국 복지국가의 대표적 상징이었다. 베번이 세운 초기의 대원칙은 ① 모든 사람에게 보편적으로 제공하며 ② (이용자의) 욕구에 기반해 서비스에 접근하고 ③ 포괄적 서비스를 ④ 무료로 제공하며 ⑤ 상호 협조에 입각해 의료서비스가 가장 필요한 사람에게 우선적으로 제공한다는 것이었다. NHS의 이 원칙은 신자유주의 방식으로 영국을 새로 디자인했다는 철의 여인 마거릿 대처도 함부로 손대지 못했다.

그러나 지난 2010년 집권한 영국 보수당의 데이비드 캐머런David Cameron 정부가 이런 원칙에 메스를 들이댔다. 캐머런 정부의 NHS 정책의 큰 방향은 더 많은 민영화라고 할 수 있다. 이는 실상 노동당의 블레어 정부 때도 있었던 움직임이지만, 보수당의 캐머런 정부의 정책방향은 NHS의 뿌리를 뒤흔드는 것이라고 할 정도로 거칠고 거셌다. 따라서 캐머런 정부의 NHS 정책에 대한 보건의료단체를 비롯한 시민사회의 반대운동도 강하게

영국 보수당 정부가 2010년 건강보험 재정을 해결한다는 명분으로 무상의료 시스템의 수술에 착수하면서 NHS는 영국 정치와 사회에서 또 하나의 이슈로 등장했다. 2011년 데이비드 캐머런 영국 총리가 이에 대한 입장을 밝히고 있다.

불타올랐다. 베번이 살아있다면 이런 상황을 보고 어떤 표정을 지을까? 자신이 구축한 NHS가 흔들리는 모습에 화들짝 놀라 특유의 격정적 언어로 화를 낼까? 거대한 풍랑을 맞은 'NHS호'를 바라보며 비통한 슬픔에 빠질까? NHS호의 항해는 결국 영국인들의 선택에 달려있다.

참고 문헌

고세훈, 《영국 노동당사》, 나남출판, 1999.

케네스 모건 저, 영국사학회 역, 《옥스퍼드 영국사》, 한울아카데미, 2009.

John Campbell, *Nye Bevan and the Mirage of British Socialism*, Weidenfeld, 1987.

Michael Foot, *Aneurin Bevan*, Macgibbon & Kee, 1963.

www.wikipedia.org

이진석 교수가 말하는 NHS와 한국의 의료보장

영국민은 자신들의 국가보건서비스(NHS)를 '복지국가라는 왕관에 박혀 있는 보석'이라고 칭한다. 국가보건서비스에 대한 영국민의 자부심과 애정을 흠뻑 느낄 수 있는 표현이다. 어나이린 베번은 명실공히 영국 국가보건서비스의 설계자이자 건축가였다. 그는 척박한 광산에서 캔 원석을 한 땀 두 땀 세공해서 왕관 한가운데 빛나는 보석으로 새겨 넣은 인물이다. 그는 희대의 문제적 인물이었다. 정적에 대한 가차 없는 독설과 독불장군 식의 비타협은 아직까지도 영국 국가보건서비스의 역사를 다루는 문헌에 빠지지 않고 거론된다. 그런 탓인지, 영국 국가보건서비스 역사를 다루는 일부 학자들은 베번이 없었더라도, 심지어는 노동당 정부가 없었더라도 그 당시 영국은 국가보건서비스 도입이 불가피한 상황이었다고 주장하기도 한다. 도리어 베번의 독설과 비타협적인 행동으로 인해 갈등과 충돌이 증폭되었다고 비판하기도 한다. 그러나 이처럼 베번의 역할을 평가절하하는 이들조차도 그가 국가보건서비스의 형성과 전개에 심대한 영향을 미쳤으며, 오늘날의 모습을 사실상 결정지었다는 점에는 이견이 없다. 그런 만큼 1948년 이후 영국 국가보건서비스의 성취와 한계의 상당 부분은 베번으로부터 비롯되었다고 해도 과언이 아니다.

영국에서 국가보건서비스 도입은 보건의료 분야의 개별 사건이 아니었다. 〈영국의학저널〉*British Medical Journal* 편집인은 1998년 영국 국가보건서비스 창립 50주년을 기념하는 편집인의 글에서 "국가보건서비스 도입은 영국 복지국가 건설의 가장 큰 줄기 중의 하나였다. 국가보건서비스 도입은 가족수당 도입, 전국민 대상 노후연금, 새로운 산재보상체계, 무상교육 대상 연령 확대,

공공임대주택 확대 등 사회보장체계 전반의 획기적인 향상과 종착점을 같이 하고 있었다."고 강조하였다. 사회보장체계에서 의료보장은 보편적 복지의 속성을 가장 강하게 띠고 있는 분야이다. 연령, 소득, 지역, 직업, 인종을 막론하고 누구에게나 언제든 닥칠 수 있는 사회적 위험을 다루고 있기 때문이다. 이런 측면에서 국가보건서비스 도입은 복지국가의 이념적 토대인 보편주의를 확립하고, 보편적 복지를 실현토록 한 중요한 분기점으로 이해할 수 있다.

영국 국가보건서비스 도입의 또 다른 의의는 건강이 인간의 기본적 권리라는 이념을 현실에서 제도화하고, 이것이 지속 가능하다는 사실을 입증함으로써, 전후 각국의 보편적 의료보장제도 도입과 확산을 뒷받침하였다는 점이다. 지금은 사회보험 방식도 전국민 의무가입 방식을 채택하고, 보험료의 준조세적 성격도 강화되어서, 국가보건서비스와 사회보험 방식의 경계가 더는 뚜렷하지 않다. 그러나 애초 사회보험 방식에서는 노동자 본인만을 수급 대상으로 포함하였다는 사실에서도 알 수 있는 것처럼, 국가보건서비스 도입 이전까지 의료보장은 인간의 기본권이 아니라 노동력 제공과 보험료 갹출의 대가로 주어지는 것이었다. 국가보건서비스 도입은 이런 과거의 궤적에서 벗어난 새로운 경로를 제시하는 것이었다. 그리고 과거의 궤적과 새로운 경로는 상호 침투하고 수렴되었다. 그 결과, 지금까지 사회보험 방식을 유지하고 있는 국가조차도 애초의 모습에서 크게 변화하여 국가보건서비스에 준하는 보편적 성격을 가지게 되었다. 이처럼 국가보건서비스 영향력은 이 방식을 채택한 국가뿐만이 아니라, 사회보험 방식을 유지하고 있는 국가에게까지 미쳤다.

영국 국가보건서비스는 도입 당시부터 숱한 비의도적 오해와 악의적 왜곡을 상대해야 했다. 반대파에 의해 붙여진 '괴물', '히틀러의 나치즘', '소비에트 의료' 등의 딱지가 내내 따라다녔다. 그리고 지금도 불친절하고 낙후된 서비스, 끝없는 대기기간, 의욕 없는 관료적 의료진, 박봉에 지친 의사들의 국외 유출 등에 대한 풍문을 여기저기서 들을 수 있다. 그러나 우리나라에서 유독

만연한 영국 국가보건서비스에 대한 부정적 소문의 상당수는 진실이 아니라, 악의적 왜곡인 경우가 많다. 일인당 국민소득이 우리나라의 곱절 가까이 되는 선진국의 국민이 우리나라에 알려진 것과 같은 후진적 의료를 감내하고 있다는 믿음은 상식적이지도 않다. 미국의 보건의료 분야 비영리 연구기관인 커먼웰스펀드에서 미국, 캐나다, 프랑스, 독일, 네덜란드, 스위스, 스웨덴, 호주, 뉴질랜드 등 서구 11개 선진국 국민을 대상으로 정례적으로 실시하는 국제비교 조사에 따르면, 영국은 의료서비스 접근성, 환자의 직접 의료비 부담, 보건의료체계에 대한 전반적 만족도 등 대다수 평가 영역에서 상위권을 기록하고 있다. 심지어는 영국의 가장 고질적 문제로 우리나라에 알려져 있는 전문의 진료를 위한 대기기간조차도 스위스, 영국, 미국, 네덜란드 4개국이 가장 양호한 성과를 보이고 있다. 국가보건서비스 도입을 격렬하게 반대했던 의료계의 반응도 1960년대 후반기에 이르러, "국가보건서비스 도입으로 진정한 의사-환자 관계를 형성할 수 있게 되었다."는 것으로 변화되어, 지금까지 유지되고 있다. 커먼웰스펀드가 각국 의사를 대상으로 실시한 조사 결과에 따르면, 자신의 임상 진료에 대한 만족도, 보건의료체계에 대한 전반적 만족도 모두 비교 대상 국가 중에서 상위권에 속하며, 의사 수입도 미국에 이어 비교 대상 국가 중 2위 수준을 기록하고 있다. 영국을 비롯한 유럽 국가보건서비스 체계에 대한 또 다른 오해는 혁신 동기가 없기 때문에 의학기술이 질적으로 낙후되었다는 인식이다. 그러나 혁신은 금전적 보상에 의해서만 지배받는 저차원적인 것이 아니라, 삶을 더 나은 방향으로 변화시키고자 하는 인간의 본질적이고 자연스러운 본능이다. 게다가 국가보건서비스가 혁신에 따르는 금전적 보상을 배제하는 것도 아니다. 오히려 양질의 적정비용이라는 요건을 충족하는 좋은 의학기술은 국가보건서비스 체계에서 더 큰 기회, 더 확실한 시장을 보장받는다. 국가보건서비스는 이윤 극대화를 목적으로 하는 의학기술 혁신의 동기는 위축할지언정, 좋은 의학기술을 개발하기 위한 혁신의 동기는 더욱 촉진한다.

초음파, CT, 시험관 아기 등 20세기 후반기를 대표하는 혁신 의학기술의 원산지가 바로 영국이었다.

1977년 첫 발을 뗀 우리나라 건강보험은 이제 청년기를 지나 장년기로 접어들고 있다. 우리나라 건강보험에 대한 국제적 평가는 우리 스스로 생각하는 것보다는 훨씬 후한 편이다. 그러나 익히 알고 있는 것처럼 취약한 보장성이 큰 흠결이다. 사회적, 재정적 지속가능성도 큰 도전과제이다. 우리나라 건강보험이 봉착한 문제의 연원을 거슬러 올라가 보면, 건강보험 도입 당시부터 지금껏 유지되고 있는 '저부담-저혜택-저수가 체계'와 '사적 소유-영리적 운영 중심의 의료공급체계'에 이르게 된다. 이 문제를 어떻게 해결하느냐에 우리나라 건강보험, 의료체계의 미래가 달려 있다. 그렇다면, 1948년 영국의 베번과 같은 지도자 혹은 일군의 개혁집단이 나타나면, 이 문제가 해결될 수 있을까? 그렇지 않다. 현재의 우리나라는 전후 영국처럼 모든 것이 파괴된 백지 상태가 아니다. 토대와 조건도 영국과는 다르다. 영국은 오랜 기간 동안 교구 단위로 계약을 맺은 의료진이 주민에게 서비스를 제공하는 전통이 존재했다. 그리고 전쟁을 거치면서 상당수의 민간병원이 독자 생존이 불가능한 상황에 처하게 되었다. 이런 토대와 조건이 인두제에 기초한 주치의제도 도입과 병원 국유화를 수월하게 한 요인으로 작용했다. 베번조차도 여기에 발을 딛고 자신의 신념과 추진력을 더해 국가보건서비스를 만들어간 것이다. 우리나라의 건강보험은 이미 30년 이상 유지되면서 형성된 각 집단의 복잡한 이해관계로 뒤엉켜 있다. 어느 일방이 압도적 힘의 우위로 제도를 맘껏 좌우할 수도 없으며, 그렇게 하는 것이 바람직하지도 않다. 이해관계의 조정과 사회적 타협이 이루어지지 않는다면, 우리나라 건강보험은 한 발짝도 앞으로 나아가기 힘들다는 사실이 이미 십수 년의 반복된 경험을 통해 입증되었다. 그렇다면, 우리 시대가 필요로 하는 베번은 굳은 신념과 강력한 추진력을 갖춘 일 개인이 아니라, 건강보험을 둘러싼 이해당사자들이 상호이해와 신뢰의 바탕 하에 한 걸음 한 걸음을 함께 만들어 가는 집단적 실천이라고 할 수 있다. 독설과 비타협의 대명사인 베번이 다시 태어나, 오늘날 우리나라 건강보험의 개혁을 맡게 된다면, 그는 집요하게 협상하고 타협할 것이다.

9장

리처드 티트머스

영국 사회정책학의 대부

FLICKER

리처드 티트머스
Richard Morris Titmuss
1907 - 1973

리처드 티트머스는 '영국 사회정책학의 대부'라고 할 수 있다. 평범한 샐러리맨에서 출발해 '사회행정'의 학문적 원리 곧, 사회정책학을 개척했으며, 1950년부터 1973년 사망할 때까지 런던정치경제대학 사회정책학과의 학과장을 역임하며 숱한 후학을 길러낸 큰 스승이기도 했다. 오늘날 사회정책(Social Policy)이라는 학문은 그에 의해 비로소 정립되었다.

복지국가 모형을 두고 잔여적 모형, 산업 성취 수행 모형, 제도적 재분배 모형으로 분류하는 등 그의 저서와 논문은 전후 보편적 복지국가의 개념을 정립하는 데도 큰 기여를 했다. 스웨덴에 군나르 뮈르달이라는 인물이 있었듯이 영국에는 티트머스가 있었다.

주요 약력

1907년 농부의 아들로 출생
1938년 《빈곤과 인구》 출간
1939년 《우리의 식량 문제》 출간
1950년~1973년 런던정치경제대학(LSE) 사회정책학과장 역임
1950년~1973년 국무조정실과 사회의학연구소에서 일함
1973년 사망

사회정책Social Policy이란 무엇인가? 이 질문을 받는다면 과연 몇 사람이나 답할 수 있을까? 사회복지를 공부한 이들조차 답하기 쉽지 않은 질문이다. 한국사회에선 여전히 낯선 개념이다. 2004년 노무현 정부의 청와대 비서실에 사회정책수석이란 직위가 생겼다. 아마도 '사회정책'이란 이름이 들어간 직위가 우리 정부 조직에서 처음 등장한 것이 이 때 일 것이다. 이 직위는 기존 노동복지수석의 개칭이지만 역할 영역은 노동과 복지를 넘어 환경과 문화 영역까지 아울렀다. 이후 언론에 이 개념이 쓰이더니 적잖은 언론사에서 사회정책이란 수식어가 붙은 부서가 등장했다. 한겨레신문사에서는 언론사 최초로 사회정책 전문 싱크탱크를 표방한 한겨레사회정책연구소가 2011년 설립되었고, 2014년엔 사회정책부라는 이름의 부서가 만들어졌다.

이런 변화에도 사회정책이란 개념적 상像은 여전히 사람들의 뇌리에 분명히 자리하고 있는 것 같지 않다. 많은 이들은 사회정책을 사회복지정책의 다른 이름으로 이해한다. 그렇다. 사회정책의 핵심적 기둥은 사회복지다. 하지만 사회정책은 사회복지의 범위를 넘어서는 개념이다. 사회복지란 말 대신 사회정책이란 개념을 쓴 데는 그 어원에서 보듯 충분한 이유가 있다. 사회문제 해결을 위한 제반 정책을 지칭하는 것으로 이해하는 사람도 적잖다. 맞다. 사회정책은 학문적 개념이면서 사회문제를 해결하기 위한 실천적인 정책수단이다. 사회문제를 해결하려면 여러 정책수단이 동원될 수 있고, 그래야 한다. 그렇다고 사회문제 해결을 위한 모든 정책을 사회정책이라고 규정하면 사회학과 다르지 않고 개념이 너무 포괄적이다. 더욱이 사회정책이란 개념의 역사성과 정수가 잘 드러나지 않는다. 그렇다면 사회정책이란 도대체 무엇인가? 그 내용과 범위는 어디까지인가? 사회정책 개념이 서구에서 학문적 시민권을 얻는 데는 티트머스의 활약이 결정적이었다. 그것은 자본주의 사회를 극복한 새로운 사회에 대한 문제의식의 발로였다.

보험회사 직원에서 런던정치경제대학 교수로

티트머스Richard Morris Titmuss는 1907년 영국의 한 농가에서 태어났다. 티트머스는 이곳의 작은 농장에서 일하는 농부의 둘째아들이었다. 1920년 그의 가족은 농산물 가격 하락에 따른 농업 공황이 밀어닥치자 새로운 기회를 찾아 런던으로 이주한다. 농업 공황은 1929년 대공황의 신호탄이었다.

그의 아버지는 말과 마차를 이용한 화물운송업으로 가족의 생계를 책임지려 했으나 1926년 빚만 가득 남긴 채 사망했다. 가난한 집안 환경 탓에 티트머스는 14살 무렵 이래 더는 학교를 다니지 못했다. 이후 그는 어떤 제도교육도 받은 바 없다. 그렇다면 어떻게 학력도 변변찮고 학위도 없는 그가 유수의 지식인들도 가기 힘든 런던정치경제대학의 교수가 되고 사회정책학의 대가가 되었을까?

그는 전형적인 독학자였다. 15살때 전화회사 급사로 취직한 그는 1926년 한 화재보험회사에 서기로 이직했다. 지방상업전문학교에서 부기를 6개월간 배운 덕분이다. 화재보험회사에서 1942년까지 16년간 보험회사 직원으로 산 그는 보험 업무 통계에 특출한 재능을 인정받아 32살에 조사관으로 승진했다.

생계를 위해 보험회사에서 일했지만 그의 진짜 관심은 따로 있었다. 보험업을 하면서 인구의 연령 구조에 눈뜬 그는 차츰 이민·실업 등 사회문제로 관심을 넓혔고, 외교정책·평화 문제까지 영역을 확장했다. 관심에만 머무르지 않고 문제에 천착해 해결 방법과 대안에 대해서도 고심했다. 이런 그의 관심과 노력은 티트머스의 '이중생활(?)'을 가져왔다. 낮에는 보험회사 조사관으로, 밤과 주말에는 사회문제 연구자로의 삶이었다.

보험회사 조사관의 직위는 그의 사회문제 연구에 좋은 밑거름이 되었다. 보험 실무에서 익힌 보험통계 기술을 활용해 출생률·빈곤·질병에 관한 자료를 산출해냈다. 31살의 티트머스는 1938년 자신의 연구를 완성해 《빈곤과 인구》Poverty and Population란 책을 내놓는다. 이 책은 영국 남부와 북부의 지역적 빈곤 격차를 규명했다.

티트머스의 연구와 성과에는 공동 연구자이기도 했던 부인 케이Kay, 본명 Kathleen Miller의 격려와 도움이 컸다. 케이는 티트머스에게 정치·사회 문제에 관심을 갖도록 했고, 그가 사회통계를 연구할 수 있게 강한 자신감을 불어넣었다. 티트머스가 책을 출간할 당시 인구문제는 정치·사회적 이슈였다. 급격한 출산율 하락 때문이었다. 1920~30년 유럽의 공업국들은 출생률 감소를 겪었는데 영국은 상대적으로 출생률 하락 폭이 컸다.

FLICKER

1907년 영국 중부 베드퍼드셔에서 태어난 티트머스는 보험회사 직원으로 일하다 런던정치경제대학 교수가 되었다. 런던정치경제대학 교수 시절의 티트머스 모습.

티트머스는 출산율 하락은 마침내 영국의 영향력 하락으로 이어질 것으로 내다봤다. 그는 출산율 급락을 두고 "개인적인 경쟁과 탐욕에 기초를 둔 경제적·사회적 가치관에 대한 대중의 반항"이라고 풀이했다. 그는 이 논지를 아내와 공동으로 집필해 출간한 《부모들의 반항》Parents Revolt이란 저서에 담았다. 티트머스 부부는 이 책에서 "영국 인구가 감소하고 평균 연령이 올라가는 상황에서도 인도에서 누리는 현재 영국의 영향력을 유지할 수 있을까?"라는 물음을 제기하며 출산율 급락에 강한 우려를 표했다.

티트머스 부부는 출산율 하락 원인에 대해 "생애에서 가장 귀중한 20년을 가사로 희생시키는 것에 대한 부인들의 반항이 생겼기 때문"이라고 설명했다. 티트머스 부부는 출산율 급락을 막기 위해서는 가족수당 지급이 필요하다고 주창했다. 또한 실업에 대한 케인스식의 대책을 옹호하기도 했다. 하지만 티트머스 부부는 이런 경제·사회적 처방만으로는 부족하다고 보고, 근본적으로 아동 양육이 가치 있는 일임을 받아들이는 협동사회를 창조하는 것이 중요하다고 설파했다.

1939년 그는 《식량 문제》Our Food Problem란 책을 냈다. 두 저서는 보험회사 조사관인 티트머스를 사회문제 연구가와 저술가로 떠오르게 했다. 나아가 이 책의 출간으로 티트머스는 시봄 라운트리 등 저명한 사회문제 연구자들과 교류할 기회를 얻을 수 있었다. 당시 그는 20세기 초 영국에서 유행처럼 번지던 우생학 학자들의 단체인 영국우생학회의 열렬한 회원이기도 했다.

전쟁 경험 토대 보편적 복지 주창

〈베버리지 보고서〉가 출간된 1942년, 티트머스는 보험회사를 그만두고 내각의 사무국 소속 공무원이 된다. 당시 그의 임무는 제2차 세계대전 시기 보건부의 활동 상황과 업적을 기록하는 일이었다. 이 작업은 티트머스 일생에서 가장 중요한 계기로 작용했다. 이 작업의 결과가 1950년 내놓은 《사회정책의 문제점》Problems of Social Policy이다. 이 책은 티트머스에게 큰 명성을 안겨주었다. 이 책은 독일군 공습을 피해 아동을 대도시에서 시골로 분산시킨 상황, 국가병원서비스 실시, 피폭 피해자에 대한 원조 등 제2차 세계대전 시기에 영국 보건부가 벌인 사회정책 사업을 낱낱이 담았다.

1939년 가을, 독일 비행기의 폭격을 피해 82만 7천여 명의 아동이 주요 도시에서 해변이나 농촌마을로 분산되었다. 책은 이에 대한 기록과 전시 기간에 긴급히 이뤄진 피폭 피해자와 상이군인 등에 대한 국가 지원의 무상 응급치료 등을 생생히 묘사했고 통계적 증거까지 담았다. 영국 사회정책학자 짐 킨케이드Jim Kincaid도 전시 보건부의 활약에 대해 "전쟁 기간 동안, 소득이나 사회계급에 상관없이 모든 국민에게 필요한 도움을 제공하기 위해 정부가 갖은 노력을 다함으로써 사회 통합이 이뤄지고 국민의 사기가 높아졌다."고 소개했다(아사 브릭스, 1990). 전쟁은 참상을 낳았지만 사회정책 측면에선 예상 밖의 결과를 가져왔다는 것이다. 특히 극빈층에 국한시킨 복지정책보다 자산조사 없는 보편적 복지정책이 훨씬 더 효과적이고 사회 통합적이라는 증거와 인식을 심어주었다. 자산조사에 기반한 빈곤층 위주의 복지정책은 전쟁 기간에 자산조사 시행이 어렵거나 불가능해지면서 현실적으로 이뤄질 수 없었다. 그래서 전쟁 기간 보건부는 서비스 대상자의 범위를 극빈층에서 노동자 전체로 넓히고, 중산층까지 포괄하도록 하지 않을 수밖에 없었다. 이런 조처는 극빈층에게는 열등감과 낙인감을 덜어주었고 중산층 이상에게는 보건복지 서비스를 체험케 하는 계기가 되도록 했다.

"주택 파괴나 인명 살상은 부유층이라고 해서 빈민층보다 쉽게 피할 수 있는 것은 아니었다. 전쟁의 위험에 대처하기 위해 정부가 제공하는 의료·재정적 지원은 사회적 차별 없이 모든 구성원에게 일률적으로 이뤄졌다." 《사회정책의 문제점》에서 밝힌 티트머스의 결론이었다. 이 책은 14살 이후 학교 문턱이라고는 넘어본 적 없던 그를 런던정치경제대학 교수로 갈 수 있게 한 결정적인 디딤돌이 되었다. 이 과정에선 사회학자 토머스 마셜의 적극적인 지원이 있었던 것으로 알려졌다.

이타주의는 복지국가의 원동력

복지국가의 형성 및 발달 과정에서 적잖은 이념과 사상이 영향을 끼쳤지만, 티트머스는 '이타주의'에 특히 주목했다. 그는 미국과 영국의 헌혈제도를 조사해 비교 분석함으로써 사회통합과 복지제도의 발전을 위한 사회정책의 중요한 역할은 이타주의를 제도화하는 것에 있다고 역설했다.

《리바이어던》Leviathan의 저자 토머스 홉스Thomas Hobbes는 모든 인간은 자신의 이익을 위해 행동한다고 설파했다. 인간의 행동은 알고 보면 다 자신의 이익에 따른 것이며, 우리는 이를 '자기의 행복만 꾀함을 목적으로 하는 이기주의'란 말로 압축해 표현한다. 인간 사회는 이런 개인의 이기주의들이 부딪치는 곳이기에 홉스는 인간 사회의 자연 상태는 '만인에 대한 만인의 투쟁'이라고 말했다.

이런 견해는 겉으로는 이타적 행동을 하는 듯이 보여도 속을 들여다보면 이기주의에서 비롯된다고 본다. 하지만 인간에게 이기적 속성만 있는 것은 아님을 우리는 경험으로 안다. 우리는 자신보다 타인을 먼저 생각하는 행동을 역사에서는 물론 현실세계에서도 수없이 목도한다.

조국과 공동체를 위해 자기 목숨을 초개같이 버리는 열사와 의인들의 삶이야 말할 것도 없다. 평생을 헐벗고 가난한 이들을 위해 헌신하는 삶 또한 낯설지 않다. 병자나 장애인을 남모르게 돌보는 이타심 가득한 이웃을 얼마든지 가까이서 확인할 수 있다.

이타주의는 '자기 이외의 누군가를 위한 행위'로 애타주의愛他主儀라고도 한다. 윤리학은 이를 '타인을 이롭게 하려는 욕구에 의해 동기 지워진 행위로서 행위자가 손해를 감수하는 것'이라고 정의한다. 도덕적이며 윤리적 행위라고 할 수 있다. 이타주의적 행위는 고등동물인 인간만의 속성도 아니다. 일벌처럼 다른 생물종에서도 관찰된다.

매혈보다 헌혈이 더 효율적

티트머스는 인간의 이기심을 지속적으로 자극하고 팽배시키는 자본주의 체제에서 이타주의는 복지국가를 형성하고 발전시키는 원동력이 되었다고 주장했다. 산업화로 인해 사회적 불평등이 확산되는 상황에서 사회 통합을 위해선 이타주의에 따른 자원봉사가 활발해져야 하고, 자원봉사·재정복지·직업복지 등의 상호관련성을 파악하지 않고서는 사회정책의 궁극적 목적인 사회 통합을 달성할 수 없다는 게 그의 주장이었다.

그는 영국과 미국의 헌혈제도를 비교 분석함으로써 이타주의가 사회복지 발전과 밀접한 상관관계가 있음을 입증하고자 했다. 구체적으로는 돈을 받지 않는 영국의 헌혈제도와 혈액을 상업적으로 거래하는 미국의 헌혈제도 가운데 어느 쪽이 더 효율적이고 질 좋은 혈액을 마련할 수 있는지 등을 조사해 비교 분석했다. 그는 1966년의 영국과 1965~67년 미국 헌혈상황을 비교했는데 이 조사 결과, 영국인들은 성별·연령별·직업별로 전반적으로 고르게 헌혈하는 것으로 나타났다. 또한 영국인들은 일시적 홍보나 요청에 따라 한 것이 아닌 자발적으로 헌혈을 했으며, 지속적으로 하는 경향을 보였다. 반면 미국은 헌혈자 가운데 47%가 돈을 받고 피를 제공한 유급 헌혈자였다. 그럼에도 미국의 많은 지역에서는 해마다 혈액이 부족했다. 혈액의 질도 좋지 않았다. 그의 이 연구는 1970년 《선물 관계》Gift Relationship[1]란 이름의 책으로 출간되었다. 티트머스 생애의 마지막 저서였다.

티트머스의 헌혈제도 비교 분석은 지금도 흥미롭다. 자발적 헌혈제도를 운영한 영국은 혈액의 질이 우수한 데 비해 혈액을 상업적으로 거래하고 수익을 추구하는 혈액은행이 많은 미국은 혈액이 부족한데다 질도 좋지 않았던 것이다. 혈액 수급의 비용면에서도 영국보다 미국이 최대 15배 정도로 많이 드는 것으로 분석되었다. 미국은 혈액의 분배도 문제가 컸다. 가난한 사람의 혈액이 부유한 사람에게 주로 전달되었다. 티트머스는 미국의 혈액시장은 사회를 파괴했고 헌혈을 위한 이타적 동기를 약화시키

1 《증여 관계》라고 번역하기도 한다.

고 편협한 이기심을 조장했다고 평가했다. 김윤태는 "티트머스의 (헌혈제도에 대한) 연구는 이기심을 기반으로 하는 제도가 오히려 실패할 수 있다는 역설을 증명했다"고 평했다.

따라서 티트머스는 미국의 경우 사회정책의 발전을 통해 이타주의를 제도화하는 게 매우 중요하다고 강조했다. 반면 영국의 헌혈제도는 복지제도가 어떻게 조직화되어야 할지에 대해 이상적 모델을 보여 주고 있으며, 영국은 이타주의와 사회 통합의 살아 있는 실체라고 칭송했다. 하지만 이타주의에 대한 티트머스의 강조는 자칫 '복지국가가 사적인 자선 행위의 원리에 의해 운영되어야 한다'는 생각을 키울 여지도 적지 않다. 공적인 복지제도보다 자원봉사나 자선 행위를 더 강조할 수 있는 것이다.

영국의 사회정책학자 짐 킨케이드Jim Kincaid는 실제 이런 관점에 입각해 티트머스의 이타주의 사상에 대한 주장을 모든 복지제도에 일반화해선 곤란하다고 평가하기도 했다. 킨케이드는 "복지국가는 결코 자발성과 자선에 의해 가능하지 않다"며 "헌혈을 한다는 것은 약간의 귀찮음과 불편 외에 별다른 비용을 지불하지 않는다. 그러나 세금을 받아내는 일은 매우 고통스러운 과정이며 개인의 성향에 맡길 수 없는 문제"라고 주장했다. 자발적 헌혈제도는 단지 귀찮음과 불편만 감수하면 운영이 가능하지만, 세금 또는 보험료를 통해 수많은 사회 구성원들의 인간다운 삶을 보장해 주어야 할 복지제도는 결코 개인들의 이타주의적 성향에만 기댈 수 없다는 것이다.

사회서비스가 이타주의[2] 높이는 데 기여

이타주의를 강조한 만큼 티트머스는 자신의 저작에서 시장 시스템에 대한 적의를 드러냈다. 시장의 힘 또는 경제 요인을 그는 대체로 착취적 힘으로 묘사했다. 이 때문에 그는 후대의 일부 학자들에 의해 '사회정책이 의존하는 부Wealth를 시장 시스템이 창출하고 있다는 사실을 간과했다'는 비판에 직면했다.

"우리가 원하는 사회는 모든 상호관계와 기본 원칙과 법률들이 도덕적 윤리 그 자체에 근원을 두고 있는 사회다." 티트머스는 저서 《선물 관계》에서 러시아 소설가 알렉산드르 솔제니친Aleksandr Solzhenitsyn의 소설 《암병동》의 이같은 문장을 인용하면서 복지 이념으로서 이타주의의 중요성을 거듭 강조했다. 그는 이타주의를 드높이기 위해선 사회서비스를 발달시킬 필요가 있다고 보았다. 보육·의료 등 사회서비스가 이타주의와 협동심을 높이는 데 기여할 것이란 생각에서였다.

티트머스는 또 자유를 중시한 인물이었다. 1950년 이래 줄곧 노동당 당원이었지만 그는 개인적 자유를 중시했고, 제약회사의 국유화를 반대하기도 했다. 그는 국가 개입의 필요성을 충분히 인정하면서도 동시에 국가권력이 일정한 범위 안에서 역할을 해

2 티트머스의 이타주의 사상은 김성철의 논문 '티트머스의 이타주의에 관한 일고'와 〈고대신문〉에 실린 김윤태의 칼럼 '선물과 사회적 인간'을 참고했다.

야 한다고 보았다. 예컨대 연금기금과 관련해 정부의 역할은 기금 투자를 감독하는 선에서 그쳐야 한다고 보았다.

짐 킨케이드는 "티트머스는 자유주의적 이상주의라는 고전적 이중 가치관에 사로잡혀 특권층과 빈곤층의 공존을 창피한 일로 보면서도 특권층에 대한 국가권력의 사용이 매우 제한적으로 이뤄져야 한다고 봤다"고 평했다. 티트머스에게 국가는 복지제도의 발전을 위해 일익을 담당하는 존재이면서도 동시에 개인의 자유를 위태롭게 할 수 있는 존재였던 것이다.

"우리 모두는 한 배를 타고 있다"

"우리 모두는 한 배를 타고 있다." 리처드 티트머스의 이 말은 오늘날 보편적 복지국가를 상징하는 대표적인 문구로 회자된다. 티트머스의 외침처럼 우리는 자본주의란 대양을 항해하는 배에 함께 타고 있는 탑승객일지도 모른다. 우리의 항해는 잔잔하고 평화로운 날도 있겠지만 거칠고 매서운 폭풍우에 함께 맞서야 할 때도 있을 것이다. 배 안에서 지위의 높낮이와 계급적 차이는 있지만 결국은 공동운명체의 일원이다. 리처드 티트머스는 당대 누구보다 보편적 복지국가와 보편적 복지서비스를 강력히 옹호한 인물이었다. 티트머스는 보편주의야말로 가장 바람직한 복지 이념이라고 생각했다. 복지 이념으로서 보편주의는 복지 혜택은 사회적 권리로서 모든 사람에게 똑같이 주어져야 한다는 원리다. 이에 반해 선별주의는 급여가 개인의 욕구에 근거한 자산조

티트머스는 제2차 세계대전에서 얻은 경험을 토대로 정부가 의료·재정 지원을 모두에게 제공하는 보편적 복지를 주창했다. 제2차 세계대전 때 폭격으로 폐허가된 런던 시내.

사를 통해 차별적으로 주어져야 한다는 원리다.

복지서비스는 티트머스에게 재분배를 위한 기제였으며 상위계급과 하위계급 간의 구분과 차별을 없애는 중요한 수단이었다. 또한 사회적 연대를 강화하고 궁극에는 '좋은 사회'Good Society를 만드는 핵심적 토대였다. 따라서 그가 생각한 복지서비스의 중심은 보편적 복지였다. 티트머스는 이런 신념을 말년에 더 강하게 견지했다. 사망 한해 전인 1972년, 그는 "보편주의는 사회적 연대, 이타주의, 관용 그리고 책임성을 증진하고 강화하는 기능을 수행한다"고 피력했다. 보편적 복지서비스의 지속성에 대해서도 그는 매우 낙관적이었다.

티트머스는 자산조사를 통해 저소득층 등 복지 수혜자를 가

려내는 선별적 복지서비스는 수혜자에게 지울 수 없는 상처를 준다고 혐오했으며, 이런 낙인은 사회적 연대를 해치는 등 한 사회를 위협하는 요소가 될 것으로 보았다. 그는 또 선별주의적 복지서비스는 복지 발전을 더디게 하는 요소라고 생각했다. 선별주의는 정치적으로도 바람직하지 않다고 여겼다. 그는 만약 어떤 사람이 다른 사람에게 부담스러운 존재로 취급받는다면 실제로 그는 부담스러운 행동을 취할 것이라고 경고했다. 티트머스는 사회정책의 궁극적 목표를 사회적 연대 강화를 통한 사회통합에 두었다. 이런 목표가 원활히 이뤄지기 위해서도 보편적 복지의 토대가 확고해야 한다는 게 티트머스의 생각이었다.

무상급식이 촉발한 보편 – 선별 복지 논란

한국 사회는 2010년을 기점으로 이른바 '보편적 복지-선별적 복지' 논쟁을 벌여 왔다. 불씨는 무상급식이었다. 초등 5, 6학년 학생에게 무상급식을 하자는 김상곤 경기도교육감의 예산 편성에 대해 당시 한나라당 중심의 경기도의회가 신청 예산(650억원) 전액을 삭감하고 대신 초·중·고 빈곤층 학생을 위한 예산을 따로 편성하면서였다. 경기도 발 여-야의 갈등은 곧이어 중앙정치권으로 번졌고 언론의 주요 이슈가 되면서 유례 없는 복지 논쟁을 낳았다.

무상급식을 찬성하는 쪽은 아이들 학교급식을 공적 재정을 통해 보편적 방식으로 시행하는 게 아동인권과 의무교육에 부합된다는 것이었고, 반대쪽은 자기부담 원칙에 입각해 기본적으로 각 가정이 스스로 부담하도록 하되 저소득 빈곤층에 선별적으로 공적 재정을 투입하자는 것이었다. 논쟁은 진보세력과 보수세력의 격돌로 진영화하는 양상을 띠기도 했으나 반드시 그렇지만은 않았다. 원희룡 등 한나라당 일부 의원과 지방선거를 앞두고 적잖은 한나라당 계열의 지방자치단체장 후보들이 무상급식 찬성 대열에 서기도 했다. 아무튼 이 논쟁은 우리 사회에 보편적 복지와 선별적 복지, 보편주의와 선별주의란 어휘를 대중적 단어로 만든 '역사적 사건'이었다.

현실에서 선별적 복지서비스와 보편적 복지서비스, 곧 선별주의와 보편주의는 극단적 선택 사항은 아니다. 그래선 곤란하다. 보편적 복지서비스의 경우 인간의 존엄성과 사회통합을 유지하는 데 긍정적이겠지만 급여 수준이 재정에 따라 불안정하고 지속 가능성에 문제가 발생할 여지가 많다. 반면 선별적 복지서비스는 욕구가 큰 사람에게 가용자원을 집중할 수 있지만, 수급자가 수치심을 느낄 수 있고 노동 동기를 떨어뜨리는 문제를 낳기도 한다.

전자의 대표적 제도는 국민건강보험과 국민연금이며, 후자의 대표적 제도는 국민기초생활보장제도와 공공임대주택제도다. 보편주의의 강력한 옹호자인 티트머스도 보편주의만이 절대선이라고 보지는 않았다. 그는 "보편주의만으로 충분하지 않으며 긍정적 차별이 필요하다"고도 주장했다. 보편적 복지의 핵심 이념을 실현하기 위해서도 보편주의와 선별주의는 동시에 요구된다.

다만 보편주의와 선별주의 중에 복지이념의 중심을 어디에 두느냐는 것인데, 보편적 복지제도를 중심에 놓고 선별적 복지제도를 적절히 보완하도록 하는 게 이상적일 것 같다. 흔히 보편적 복지국가 모델의 대표적인 사례로 거론되는 북유럽 모델도 보편주의를 기본적 원리로 하면서 선별주의적 정책 수단이 보완적으로 작동하도록 짜여 있다.

티트머스는 '좋은 사회'의 본질에 대한 근본적인 질문을 던지는 데도 열성적이었다. 산업사회에서 국가복지의 역할, 시장 시스템에 내재된 부당성, 공공선을 증진하는 수단으로서 사회정책의 가능성 등은 그의 특별한 관심사였다. 영국의 사회정책학자 폴 와일딩Paul Wilding은 티트머스의 복지사상을 일찍이 10가지 명제로 정리했다. 티트머스에 대한 이해의 폭을 넓혀주기에 소개한다. "시장은 필요가 아닌 수요에 따라 반응한다. 따라서 시장의 관심은 복지나 필요가 아니라 이익과 성장에 있다." 첫 명제다. 티트머스는 사실 경제에는 다소 무감각했고 시장의 긍정성에 대해서도 큰 고려가 없었다. 아니, 시장 시스템에 적대적인 태도를 취했다. 그는 "자본주의는 생물학적으로 실패작이다. 즉, 자본주의는 사회의 종말을 촉진하고 있다"고 설파한 바 있다. 그러나 현실에서 그는 자유주의적 성향을 보이기도 했다.

사회정책학자 짐 킨케이드는 그래서 티트머스를 모순적인 인물로 평하기도 했다. 그에 따르면, 티트머스는 자산조사는 반드시 낙인과 사회적 분리감을 주게 되고 관리하기에도 매우 낭비적이라고 줄기차게 주장하면서도 자산조사에 의거해 복지 혜택을 주는 보충급여위원회에서 시간제 요원으로 5년간 근무했다.

킨케이드는 이런 모순은 그의 지적 부조화나 나태함에 의한 것이 아니라 당대에 두 이데올로기가 갈등을 벌였고, 이런 갈등적·모순적 요소가 티트머스에게 투영되었기 때문이라고 풀이했다. "산업사회는 국가복지 시스템을 필요로 한다. 개인적·사회적 필요를 충족하기 위해서는 물론 공동체를 증진시키기 위해서다." 와일딩이 정리한 티트머스의 둘째 명제다. 셋째 명제는 사회정책의 목표에 관한 것으로, "사회정책은 사회통합을 목표로 한다는 점에서 경제정책과 구분된다"는 것이다. 넷째 명제는 "사회정책은 사회문제에 대한 단순한 대응이 아니며 그것은 사회공학으로서 능동적 역할을 함으로써 좋은 사회를 증진시키는데 목적이 있다"는 것이다.

큰 이론보다 디테일이 정책 성패 좌우

다섯째 명제가 바로 보편적 복지에 대한 옹호다. "국가복지는 보편적으로 제공되어야 한다"는 것이다. 그는 그 이유에 대해 "낙인stigma을 피하고 사회통합을 촉진하기 위해서"라고 설파했다. 여섯째는 "사회정책이 단순히 사회공학의 기술이 아니며 가치의 선택 문제"라는 주장이다. 티트머스에게 사회정책은 궁극적으로 '좋은 사회'를 증진시키는 것이었다. 그에게 좋은 사회란 "통합적이고 평등하며 공동체의 유대감이 강한 사회"다. 그런만큼 사회정책은 본질적으로 가치선택의 잣대가 되며, 이에 따라 프로그램을 선택하게 된다는 게 그의 논지였다.

일곱째 명제는, 사회복지가 노인이나 아동을 돌보는 '사회서비스', 세액 공제나 감면에 해당하는 '재정복지', 고용주에게서 받는 여러 혜택을 뜻하는 '기업복지'라는 3가지 시스템으로 구성된다는 것이다. 여덟째 명제는 "사적 복지 공급은 공동체와 사회적 연대를 분열시키고 파괴한다"는 주장이다. 아홉째는 "사회정책은 근본적 한계 때문이 아니라 정책적 결점이나 약점으로 인해 목표 달성을 이루는 데 실패한다"는 경고다. 이 명제는 "사회정책의 발전은 그 사회·문화와 동떨어져 이해될 수 없다. 가장 유익한 방법론은 거시적인 이론화 작업에 매달리기보다 특별한 조처 사항에 대해 철저히 탐구하는 것"이란 열째 명제와도 맞닿아 있다. 사회정책의 성공과 실패는 큰 이론보다 이를 수행하기 위한 세밀하고도 정확한 디테일에 있다는 논지다.

산업사회와 복지국가, 시장 시스템과 복지 시스템, 경제정책과 사회정책 등의 상호관계는 물론 가치선택, 사회정책, 사적 복지 그리고 사회정책의 실패와 발전 등 티트머스의 고민과 논제는 오늘날에도 여전히 유효하다. 사회정책에 대한 그의 기여와 공헌을 짧은 분량의 글로 정리하는 것은 무모한 일인지도 모른다. 그럼에도 분명히 말할 수 있는 것은 그의 저작이 "영국 사회복지 발달사에서 30여 년에 걸친 정치적 관심과 격렬한 논쟁을 감동적으로 기록한 보고서로서 계속 읽혀질 것"이란 점이다. 티트머스는 1973년 사망했다.

참고 문헌

P. Alcock, H. Glennerster, A. Oakley & A. Sinfield(Eds.), *Welfare & Wellbeing: Richard Titmuss's contribution to Social Policy*, Policy Press, 2001.

R. M. Titmuss, *Problems of Social Policy*, 1950(Online version of World War II Official History).

www. wikidepia.org.

김윤태 교수가 전하는 티트머스의 생애와 의미

리처드 M. 티트머스는 전후 영국 복지국가에 가장 큰 영향을 미친 사람 가운데 한 사람이다. 1950년 런던정치경제대학(LSE)에서 세계 최초의 사회정책학과를 창립한 티트머스는 국가복지의 역할에 대한 중요한 논쟁을 제기했다. 자신을 교수로 임용되도록 적극 후원한 사회학자 T. H. 마셜의 시민권 개념과 마찬가지로 티트머스는 복지국가가 '보편주의' 원칙에 의해 설계되어야 한다고 믿었다. 그에게 학자의 명성을 안겨준 《사회정책의 문제》*Problems of Social Policy*에서, 티트머스는 전쟁 시기 영국 사회정책이 소득과 계급과 상관없이 복지를 제공하여 사회통합이 이루어지고 국민의 사기가 높아졌다고 평가했다.

티트머스는 사회정책을 학문적 분과로 발전시킨 학자이자 정부 기구에 참여하여 사회의 복지를 위해 크게 공헌한 사회개혁가이며, 복지에 관한 철학을 발전시킨 사상가이었다. 티트머스의 연구 가운데 가장 주목을 끄는 것은 바로 1970년에 출간한 《선물 관계》*The Gift Relations*이다. 이 책은 영국과 미국의 헌혈 제도를 비교한 기념비적 연구이다. 이는 헌혈과 사회정책뿐 아니라 보편적 복지 서비스와 이타주의의 관계를 분석한 탁월한 통찰력을 제공한 것으로 평가를 받는다. 초등학교만 졸업한 티트머스의 저서는 고난도 통계기술과 수학을 연마한 경제학자들을 깜짝 놀라게 만들었다. 노벨 경제학상 수상자인 케네스 애로우가 〈뉴욕타임스〉에 서평을 게재하여 전 세계의 주목을 끌었다.

티트머스의 연구 주제가 된 영국과 미국의 헌혈제도는 매우 상이한 특징을 가지고 있다. 영국은 보편주의적 국가보건서비스(NHS)와 함께 자발적 헌혈제도를 운영한다. 이에 비해 미국은 민영보험과 함께 상업적 혈액은행이 운영된다. 티트머스가 시도한 연구는 영국과 미국의 많은 사람들에게 충격을 주었다. 티트머스의 연구는 4가지 중요한 발견을 제시했다. 첫째, 미국의 민간 혈액 시장에서는 "만성적 부족"이 발생했다. 이는 주류 경제학자들이 말하는 시장의 일반 균형 상태와는 거리가 먼 것이었다. 더욱이 미국 혈액시장에 간염, 성병, 마약중독에 걸린 사람들의 오염된 혈액이 공급되면서 심각한 문제가 발생했다. 둘째, 민간 혈액 시장이 효율적일 것이라는 주류 경제학자들의 주장과 달리, 미국의 민간 혈액 시장은 영국보다 "최대 15배까지 더 많은 행정 비용이 소요"되었다. 셋째, 미국에서 주로 가난한 사람들은 돈을 받기 위해 혈액을 판매했으며, 혈액 시장에서는 돈을 지불할 수 있는 부유한 사람들이 더 혜택을 받았다. 넷째, 미국의 혈액 시장은 개인의 이타적 동기에 따른 선택의 자유를 박탈했고, 궁극적으로 사회적 가치를 파괴했다.

티트머스의 책은 분명하고, 객관적이고, 명확하게 말하며, 강한 힘을 발휘했다. 티트머스는 논쟁을 즐기는 싸움꾼은 아니었지만, 책 속에서 에밀 뒤르켐(Émile Durkheim) 등 사회학의 고전을 인용하면서 밀턴 프리드먼(Milton Friedman) 등 당대의 경제학자들의 이론을 조목조목 반박했다. 티트머스의 주장은 시장의 기능을 절대적으로 신뢰하는 주류 경제학자들에게 가장 어려운 질문을 던졌다. 왜 시장이 스스로 균형을 이루지 못하는지 답변하지 못하는 경제학자들은 티트머스의 책을 신성모독적인 불손함, 또는 아마추어리즘에서 비롯된 오류투성이로 폄하했다. 저명한 도덕철학자 피터 싱어(Peter Singer)도 논쟁에 뛰어들어 티트머스를 옹호했다. 그의 책은 학문적 논쟁을 뛰어넘어 현실 정치와 정책의 대결 속으로 들어갔다. 오늘날 세계 각국의 정책을 보면, 혈액과 장기 시장의 만성적 공급 부족을 해결하기 위해 시장의 기능을 강화해야 한다는 주장은 더는 설득력을 갖지 못하고 있다. 실제로 대부분의 국가에서 혈액과 신체 장기를 시장의 교환에 맡겨 두지는 않는다. 사람들이 슈퍼마켓에서 물건을 고르듯이 혈액과 신체 장기를 구매하도록 허용하는 국가는 없다. 왜 아르마니, 구치, 프라다 또는 와규 쇠고기, 캐비어, 샴페인 등 사치품과 같이 최상품 혈액과 신체 장기는 시장에서 거래되지 않는지 곰곰이 생각해 볼 문제이지 않은가?

티트머스의 《선물 관계》의 출간 이후 영국, 미국 등 많은 국가들이 경제위기를 겪으면서 경제의 세계화, 탈규제, 감세를 추진하면서 보편적 복지국가를 공격했다. 동시에 신체 장기의 시장화가 발생하면서 전 세계적 차원에서 신체 장기의 매매가 본격화되었다. 이런 점에서 티트머스의 저서는 놀라운 예견력을 가지고 있다. 혈액의 시장화에 대한 날카로운 분석을 통해 티트머스는 시장 논리가 인간 사회를 지배할 때 어떤 결과를 만드는지 묵시록처럼 우리에게 보여준다. 티트머스의 연구는 신자유주의 시대의 신체의 상품화에 대한 우리의 생각에 커다란 영향을 미쳤다.

오늘날 신자유주의 시대에서 티트머스가 평생 고수했던 보편적 복지국가의 근본적 원칙은 점점 약화되고 있다. 노동시장의 임금격차가 더욱 커지고 부의 불평등이 심화되었지만, 사회정책의 재분배 기능은 정체되거나 점차 약화되었다. 그럼에도 불구하고 혈액과 신체 장기의 '선물 관계'를 유지하려는 티트머스의 통찰력은 사회정책의 근본을 관통하는 원칙을 보여준다. 또한 의료, 교육, 보육, 요양 등 사회서비스의 중요성을 강조하는 그의 주장은 신자유주의 시대의 사회 해체를 목도하는 우리에게 중요한 시사점을 제공한다.

오늘날 한국 사회에서 대부분의 복지와 사회 서비스는 시장에서 구매되고 있다. 많은 사람들이 자녀의 보육과 사교육을 엄청난 비용을 지출해야 한다. 대학생이 있는 가족은 거액의 등록금을 마련하기 위해 커다란 부담을 감수해야 한다. 신혼부부는 집을 마련하지 못해 부모에게 지원을 요청해야 하거나, 결혼을 미루어야 한다. 질병에 걸린 환자들은 의료비 부담으로 말할 수 없는 고통을 겪는다. 은퇴한 노인들은 병원과 요양기관의 비용을 감당하기 어려워 신음만 깊어간다. 시장에서 선택과 경쟁이 중요하다고 강조하는 경제학자들은 불가피한 결과라고 말할지 모른다. 하지만 시장에서 돈이 없는 사람이 복지와 서비스를 이용할 수 없다면 빈부격차는 더욱 증가하고 결국 사회는 해체되고 말 것이다. 이는 전적으로 공공 서비스의 부재가 만든 사회적 실패이다. 티트머스는 일찍이 보편적 복지가 없다면 "사회의 분열"(division of society)이 더욱 심해질 것이라고 경고했다.

시장 기능을 절대적으로 신봉하는 대다수 경제학자들은 '선물 관계'를 일시적, 일탈적, 비합리적 행위로 간주한다. 경제적 효율성을 추구하는 경제적 인간[호모 이코노미쿠스]이 사회의 자원을 효율적으로 할당하고 시장의 균형을 이룰 것이라고 가정한다. 그러나 사회의 운영은 훨씬 복잡하고 미묘하며, 단순하게 시장의 논리에 따라 결정되는 것은 아니다. 오히려 미국의 혈액시장에서 볼 수 있듯이 시장의 기능은 사회적 인간[호모 소시오쿠스]을 파괴할 수 있다. 이에 비해 선물 관계는 사회적 결속을 강화한다. 이런 점에서 사회 성원 사이의 무조건적 선물 관계의 확대는 마셜이 제시한 보편적 시민권의 사상과 연결된다. 선물 경제에서 나타나는 상호협력의 사고가 없다면 복지국가는 만들어지지 않았을 것이다. 더 큰 그림을 보면, 선물 관계 없이 유지되는 사회는 없다. 주고받기의 정신을 강조한 티트머스의 위대성은 지속적으로 사람들의 관심을 끌 것이다. 그의 저서 《선물 관계》도 그럴 것이다.

영국 복지국가를 만든 사람들

관계도

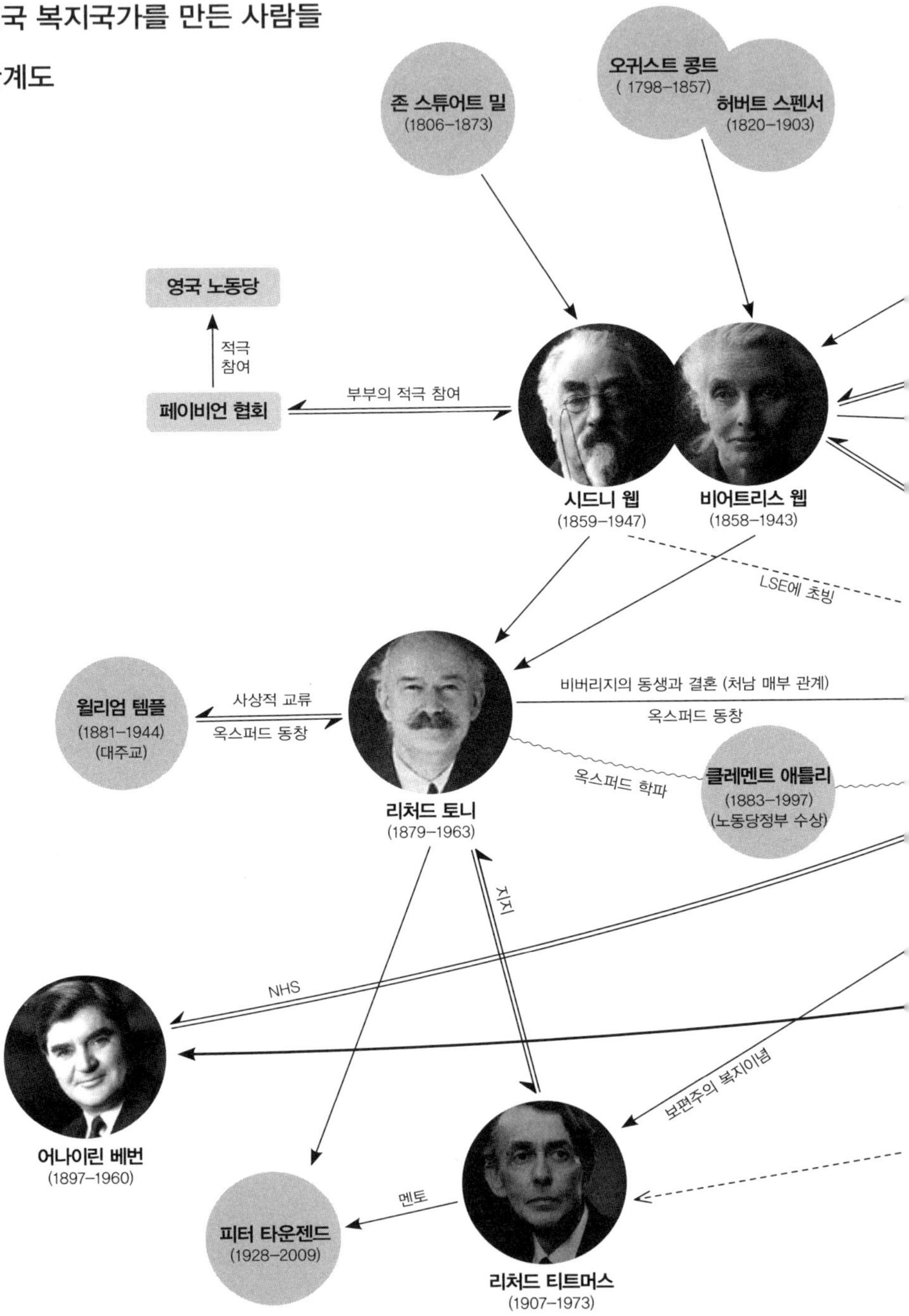

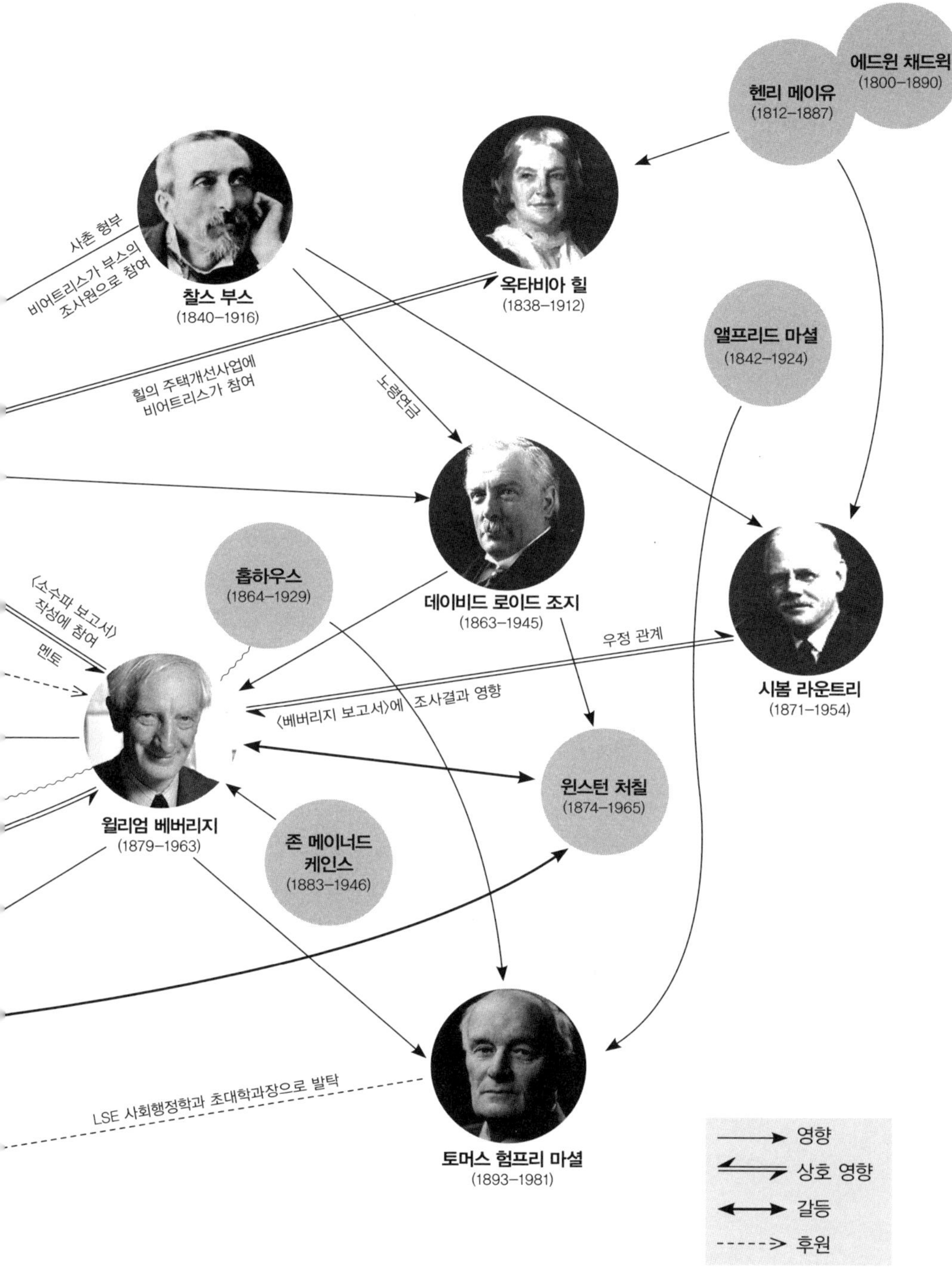

에드윈 채드윅 (1800–1890)
헨리 메이유 (1812–1887)
찰스 부스 (1840–1916)
사촌 형부
비어트리스가 부스의 조사원으로 참여
옥타비아 힐 (1838–1912)
힐의 주택개선사업에 비어트리스가 참여
앨프리드 마셜 (1842–1924)
노령연금
데이비드 로이드 조지 (1863–1945)
홉하우스 (1864–1929)
시봄 라운트리 (1871–1954)
〈소수파 보고서〉 작성에 참여
멘토
우정 관계
〈베버리지 보고서〉에 조사결과 영향
윈스턴 처칠 (1874–1965)
윌리엄 베버리지 (1879–1963)
존 메이너드 케인스 (1883–1946)
LSE 사회행정학과 초대학과장으로 발탁
토머스 험프리 마셜 (1893–1981)
영향
상호 영향
갈등
후원

용어 색인

인명 색인

이 창 곤

〈한겨레〉 선임기자. 한겨레경제사회연구원장 겸 〈한겨레〉 논설위원.

〈한겨레〉 기자로 한겨레사회정책연구소장, 논설위원 등을 지냈다. 한겨레신문사에서 사회부 기동취재팀장, 정치부 대선기획팀장, 지역편집장, 편집국 인사협력 부국장, 콘텐츠협력 부국장 등 주요 보직을 거쳤다, 지난 2012년부터 중앙대학교 사회복지대학원 겸임교수로 〈한국의 복지정치〉, 〈언론과 사회정책〉, 〈사회복지 사상과 역사〉 등의 수업을 맡고 있다. 비판과 대안을 위한 사회복지학회 부회장, 한국사회정책학회 부회장을 거쳐 현재 두 학회의 이사이며, 시민건강연구소와 한국빈곤문제연구소, 한겨레통일문화재단에서 이사를 했으며, 현재 복지법인 〈나눔과 미래〉, 〈롯데복지재단〉, 〈우분투 재단〉 등의 이사를 맡고 있으며, 한국보건사회연구원, 한국조세재정연구원, 보건복지인력개발원, 사회보장정보원 등에서 자문위원을 맡고 있다. 사회보장위원회 민간위원이기도 하다.

연세대 행정학과를 나와 영국 버밍엄대학에서 사회정책과 복지국가, 복지정치를 공부했고, 박사학위를 받았다. 펴낸 책으로는 〈불평등 한국, 복지국가를 꿈꾸다〉(편저, 2015), 〈어떤 복지국가에서 살고 싶은가〉(편저, 2010), 〈진보와 보수 미래를 논하다〉(편저, 2010), 〈추적 한국 건강불평등〉(편저 2007), 〈복지한국만들기〉(공저, 2013, 〈18 그리고 19: 18대 대선으로 본 진보개혁의 성찰과 길〉(편저, 2013), 〈비삐와 스웨덴 아동복지〉(2014) 등이 있다.

복지국가를
만든
사람들 영국편

지은이 · 이창곤

펴낸이 · 이명묵
꾸민이 · 이혜영
표　지 · 이현정

1쇄 펴낸날 · 2014. 10. 1
3쇄 펴낸날 · 2021. 3. 22
펴 낸 곳 · 인간과복지
신　　고 . 제 406-251002011000054 호
주　　소 . 경기도 파주시 회동길 145
아시아출판문화정보센터 301호
전　　화 . 02-383-0743
팩　　스 . 02-382-3486
이 메 일 . hwbook22@daum.net
카　　페 . https://cafe.daum.net/hwbook1

값 · 13,000원

ISBN 978-89-8007-202-6 93330